REIHE SPORTWISSENSCHAFT
ANSÄTZE UND ERGEBNISSE

HERAUSGEGEBEN VON OMMO GRUPE

Bewegungsanalyse im Sport

Ein Bezugssystem zur Analyse sportlicher Bewegungen
unter pädagogischen Aspekten

ULRICH GÖHNER

VERLAG KARL HOFMANN SCHORNDORF

CIP-Kurztitelaufnahme der Deutschen Bibliothek

Göhner, Ulrich:
Bewegungsanalyse im Sport: e. Bezugssystem zur Analyse sportl. Bewegungen unter päd. Aspekten / Ulrich Göhner. —
Schorndorf: Hofmann, 1979.
   (Reihe Sportwissenschaft; 13)
   ISBN 3-7780-6621-8

Bestellnummer 662

© *1979 by Verlag Karl Hofmann, 7060 Schorndorf*
Alle Rechte vorbehalten. Ohne ausdrückliche Genehmigung des Verlags ist es nicht gestattet, die Schrift oder Teile daraus auf fototechnischem Wege zu vervielfältigen. Dieses Verbot — ausgenommen die in § 53, 54 URG genannten Sonderfälle — erstreckt sich auch auf die Vervielfältigung für Zwecke der Unterrichtsgestaltung. Als Vervielfältigung gelten alle Reproduktionsverfahren einschließlich der Fotokopie

Umschlagentwurf: Prokot, Köln

Gesamtherstellung in der Hausdruckerei des Verlags
Printed in Germany · ISBN 3-7780-6621-8

VORWORT 9

I. FUNKTIONALES BEWEGUNGSVERSTÄNDNIS
UND FUNKTIONALE BEWEGUNGSANALYSE . . . 12

1. Einordnung der Problemstellung 12
   Bewegungsanalyse als Lehrstoffanalyse (13) — Die grundlegenden Analyseinteressen (14) — Funktionales Bewegungsverständnis (15)

2. Leitlinien einer funktionalen Bewegungsanalyse 17
   Bewegungsziele als wichtigster Bestandteil der Bezugsgrundlage (18) — Weitere Bestandteile der Bezugsgrundlage (18) — Konsequenzen für den Aufbau der Arbeit (19)

II. GEGENWÄRTIGE BEWEGUNGSANALYTISCHE
KONZEPTE IM SPORT 20

1. Die Interessen bei der Analyse sportlicher Bewegungen . . . 20
   Zum Interesse von Inhaltsanalysen (22) — Zum Interesse der Ordnungsanalysen (23) — Zum Interesse der Optimierungsanalysen (24) — Zum Interesse der Aufgabenanalysen (26) — Zusammenfassung und Ausblick (26)

2. Die Methoden der verschiedenen Bewegungsanalysen . . . 27

2.1 Inhaltsanalysen 27
   Die quantitative Bewegungsbeschreibung als objektzentrierte Inhaltsanalyse (28) — Die qualitative Bewegungsbeschreibung als subjektzentrierte Inhaltsanalyse (30) — Folgerungen (33)

2.2 Ordnungsanalysen 34
   Ordnungsanalytische Überlegungen zur Gliederung der sportartspezifischen Stoffülle (35) — Ordnungsanalytische Konzepte zur

Unterstützung sportartspezifischer Terminologien (38) — *Ordnungsanalytische Überlegungen unter methodischem Aspekt (42)* — *Ordnungsanalytische Überlegungen aus didaktischer Perspektive (44)* — *Folgerungen (46)*

2.3 Optimierungsanalysen 47
Allgemeine Optimierungsanalysen (47) — *Spezielle Optimierungsanalysen (51)* — *Folgerungen (55)*

2.4 Aufgabenanalysen 57
Die Typisierung von Bewegungsaufgaben (57) — *Die Zerlegung in Aufgabenbestandteile (63)* — *Folgerungen (67)*

III. DIE ANALYSE DER ABLAUFRELEVANTEN BEZUGSGRUNDLAGEN 70

1. Bewegungsziele 72
Elementare, situationsspezifische Bewegungsziele (75) — *Mehrfachziele (81)* — *Situations-unspezifische Bewegungsziele (83)* — *Die Hierarchisierung der Bewegungsziele (85)*

2. Movendumbedingungen 87
Movendum-Typen (88) — *Bewegungsverhalten und Bewegbarkeitscharakteristik beim passiv-reaktiven Movendum (90)* — *Bewegungsverhalten und Bewegbarkeitscharakteristik beim aktiv-reaktiven Movendum (94)*

3. Bewegerbedingungen 95
Instrumentell-unterstützte Beweger (97) — *Partner-unterstützte Beweger (100)* — *Gegner-behinderte Beweger (104)*

4. Umgebungsbedingungen 105

5. Regelbedingungen 109

6. Ablaufrelevante Bezugsgrundlagen am Beispiel eines Tennisrückschlags 112

IV. DIE GLIEDERUNG DER BEWEGUNGSABLÄUFE IN FUNKTIONALE VERLAUFSBESTANDTEILE . . . 116

1. Funktionen und Funktionsphasen 119
Bisherige Funktionsphasencharakterisierungen (120) — *Das Problem der Funktionscharakterisierung (123)* — *Funktionen als*

Teilziele alternativer Bewegeroperationen (125) — Ablaufimmanente Funktionen (126)

 2. Operationscharakteristika einer Funktionsphase 129
    Wann gibt es keine Operationsalternativen? (130) — Wann gibt es alternative Bewegeroperationen? (133) — Wie lassen sich Operationsalternativen deskriptiv abgrenzen? (137)

 3. Verlaufscharakteristika der Operationen einer Funktionsphase . 139
    Zum Beginn von Fph-Operationen (140) — Zum Verlauf von Fph-Operationen (145) — Zum Ende einer Fph-Operation (152)

 4. Funktionale Verlaufsanalyse am Beispiel der
    Schwungkippen am Reck 154
    Welche Bezugsgrundlagen bestimmen den Verlauf der Schwungkippen (155) — Welche Funktionsphasen lassen sich festlegen? (156) — Durch welche Bewegeroperationen können die Funktionen erfüllt werden? (157) — Welche Verlaufsmerkmale lassen sich für die verschiedenen Fph-Operationen angeben? (160) — Zusammenfassung (163)

V. FUNKTIONALE BEWEGUNGSEIGENSCHAFTEN . . 165

 1. Aufgabenstrukturen 169
 2. Funktionsstrukturen 176
    Funktionale Abhängigkeit und Unabhängigkeit als Grundlage der Typisierung verschiedener Funktionsphasen (178) — Haupt- und Hilfsfunktionsphasen (181) — Vorbereitende Hilfsfunktionsphasen (185) — Unterstützende Hilfsfunktionsphasen (187) — Überleitende Hilfsfunktionsphasen (190) — Lehrpraktische Konsequenzen (194)
 3. Folge-Abhängigkeiten 197
    Streng gesetzmäßige Folge-Abhängigkeiten (199) — Bedingtgesetzmäßige Folge-Abhängigkeiten (200) — Statistisch gesicherte Folge-Abhängigkeiten (202) — Lehrpraktische Konsequenzen (203)
 4. Zerlegbarkeit von Bewegungen 204
    Die Zerlegung in funktional abgeschlossene Teilbewegungen (205) — Funktional abgeschlossene Teilbewegungen des Grundschwungs im Skilauf (206)

5. Lokale Bewegungseigenschaften 208
   Funktionsschwellen (208) — Funktionslimitierung (211)

SCHLUSSBEMERKUNGEN 214

LITERATUR 217

Vorwort

Leibesübungen und Sport vollziehen sich durch Bewegung. Sportunterricht ohne Bewegung ist nicht denkbar. Sport und Sportunterricht beschränken sich jedoch stets auf bestimmte menschliche Bewegungen. Viele davon haben eine lange Tradition, manche sind gerade erst in den Sportunterricht aufgenommen worden, dafür sind andere wieder verschwunden.

Die Fülle der Formen sportlicher Bewegungen und die Vielfalt der Faktoren, die diese Formen bedingen, scheint unüberschaubar. Die Arbeit versucht, der Vielfalt dieser Faktoren nachzugehen und ihren Einfluß auf die Formen sportlicher Bewegungen zu bestimmen. Sie ist daher in jenen Bereich sportwissenschaftlicher Forschung einzuordnen, der sich mit Problemen der Analyse sportlichen Bewegens befaßt.

Ziel der Arbeit ist die Entwicklung eines Bezugssystems, das zur Strukturanalyse der vielfältigen Formen sportlicher Bewegungen[1] verwendet werden kann. Die Einsicht in die Bewegungsstrukturen soll dabei genutzt werden, um beim Lehren und Lernen sportlicher Bewegungen die strukturell bedingten Notwendigkeiten beachten, aber auch die jeweils enthaltenen Bewegungsspielräume ausschöpfen zu können.

Die gewählte Vorgehensweise ist weder ausschließlich biomechanisch noch ausschließlich biologisch-physiologisch oder psychologisch orientiert. Eine strenge Ausrichtung nach diesen Wissenschaftsdisziplinen erscheint, wenn von Fragestellungen ausgegangen wird, die möglichst nahe mit der Unterrichtspraxis verbunden sind, nicht angebracht. Unterrichtspraktische Probleme im Sport sind zu vielschichtig. Sie lassen sich nicht in nur einen disziplin-spezifischen Rahmen einfügen.

Von ihrer Konzeption her ist die Arbeit jedoch am ehesten einer Biomechanik des Sports zuzuordnen, wenn diese als eine Wissenschafts-

---

[1] Unter den Strukturen sportlicher Bewegungen wird vorläufig die Menge der Beziehungen verstanden, die sich unter den bei sportlichen Bewegungen erkennbaren Elementen auffinden lassen. Als Strukturanalyse kann daher die Analyse solcher Elemente sowie die Untersuchung der Beziehungen verstanden werden, die zwischen diesen Elementen bestehen bzw. bestehen können.

disziplin aufgefaßt wird, in der man auch mit molaren physikalischen Begrifflichkeiten und mit primär qualitativen Schlußweisen operieren kann[2].

Die Anstöße zur Konzeption eines unterrichtspraktisch orientierten Analyse-Bezugssystem ergaben sich vor allem aus zwei Gedankengängen. Zum einen haben sich Form und Inhalt der spezifisch bewegungsanalytischen Arbeiten seit 1960 in einer Weise verändert[3], die unterrichtspraktischen Anforderungen nur noch in ganz spezifischen Fällen gerecht wird: Nahezu alle diesbezüglichen Arbeiten orientieren sich an der Untersuchung der Verlaufsformen von Höchstleistungen im Sport. Das pädagogisch mindestens ebenso bedeutsame „normale" sportliche Bewegen war analytisch uninteressant geworden.

Damit hängt ein zweiter Gedankengang zusammen. Wer im Skilaufen, im Gerätturnen, im Tennis oder in irgendeiner anderen Sportart unterrichtet, weiß, wie unterschiedlich die — vielfach schriftlich gar nicht vorliegenden — Auffassungen darüber sind, *was* aus der Vielfalt an sportartspezifischen Bewegungen mit *welchen* Verlaufsdetails und in *welcher* Reihenfolge zu unterrichten ist. Diese Unterschiede sind oftmals unbedeutend. Insofern ist es besonders problematisch, wenn unter den Unterrichtenden nicht einmal dort eine Verständigung zustande kommt, wo sie leicht möglich wäre: Sie gelingt nicht, weil es an *Bezugssystemen* mangelt, die darauf verweisen können, welche Bewegungsbestandteile in welchen Bewegungssituation welche Funktion haben und warum es angebracht erscheint, sie an dieser oder jener Stelle im Unterricht besonders zu beachten.

Beide Überlegungen führten zu dem Konzept einer funktionalen Bewegungsanalyse. In diesem Konzept wird davon ausgegangen, daß sportliche Bewegungen zielgerichtete Bewegungen sind und daß es schlechterdings keine beobachtbaren Aktivitäten während einer Bewegungsausführung gibt, die im Hinblick auf die zu erreichenden Bewegungsziele und die dabei einzuhaltenden Rahmenbedingungen nicht als sinnvoll zu bezeichnen sind. Wichtigste Bestandteile dieser Analyse sind daher

— das Bezugssystem zur Analyse der ablaufrelevanten Bezugsgrundlagen, die für sportliche Bewegungen charakteristisch sind, und

---

[2] G. Kaminski verdankt Verf. den Hinweis, daß man die Arbeit auch unter psychologischer Sichtweise einordnen kann: Im Sinne der Problemlösungspsychologie behandelt sie die Strukturen von (objektiven) Problemräumen, die dadurch gekennzeichnet sind, daß (sportliche Bewegungs-)Aufgaben als Probleme und die (Bewegungs-)Abläufe als Problemlösungen gesehen werden.

[3] Das Jahr 1960 ist insofern zu nennen, als in ihm mit der „Bewegungslehre" von Meinel (1960) erstmals in der Sporttheorie ein Konzept vorgestellt wurde, das in einem bislang unbekannten Umfang auf die Analyse sportlicher Bewegungen unter pädagogischen Aspekten einging.

— das Verfahren zur Analyse der Bewegungsabläufe, die auf solche Bezugsgrundlagen hin ausgerichtet sind bzw. sein sollen.

Im Aufbau der Arbeit ist die Beschreibung dieses Bezugssystems bzw. dieses Analyseverfahrens in den Vordergrund gerückt. Im ersten Teil wird die Problemstellung diskutiert und ein erstes vorläufiges Analysekonzept beschrieben.

Im zweiten Teil schließt sich ein Überblick über den gegenwärtigen Stand bewegungsanalytischer Konzepte an. Eine entsprechende Bestandsaufnahme ist bisher noch nicht durchgeführt worden. Mit diesem Überblick werden zum einen die Hinweise über Anstoß und Konzeption der Arbeit vertieft und Verbindungen zwischen bereits Geleistetem und noch zu Leistendem hergestellt.

Dritter, vierter und fünfter Teil sind die konstruktiven Teile dieser Arbeit. Im dritten wird den verlaufsbestimmenden Bezugsgrundlagen nachgegangen. Wichtigste Aufgabe ist hier, die vielfältigen Anregungen, die sich aus den vorliegenden bewegungsanalytischen Konzepten — aber auch aus den praktischen Unterrichtserfahrungen des Verfassers — ergeben bzw. ergeben haben, in ein geordnetes System zu bringen.

Im vierten Teil wird dann das Verfahren entwickelt, das zur unterrichtsrelevanten Verlaufsanalyse von sportlichen Bewegungen unter Berücksichtigung solcher Bezugsgrundlagen verwendet werden kann.

Aus der Analyse der ablaufrelevanten Bezugsgrundlagen und aus der Untersuchung der entsprechenden Bewegungsabläufe lassen sich dann Konsequenzen für den Lernprozeß erkennen, die primär auf die Besonderheiten des Lehrgegenstands „sportliche Bewegung" zurückgehen. Ihre Darstellung im fünften Teil verweist abschließend auf Möglichkeiten, wie bewegungsanalytische Einsichten bei der Gestaltung von Lehr-Lern-Situationen im Sport genutzt werden können.

Das Analysemodell wäre in der vorliegenden Form ohne die ständige Diskussion mit Kollegen und Studierenden nicht zustandegekommen. Ihnen allen und insbesondere Ommo GRUPE und Gerhard KAMINSKI gilt herzlicher Dank.

Die Arbeit wurde 1978 von der Fakultät für Sozial- und Verhaltenswissenschaften der Universität Tübingen als Habilitationsschrift angenommen. Sie erhielt im Wettbewerb um die Carl-Diem-Plakette 1977/78 des Deutschen Sportbundes in der Sektion Geistes- und Sozialwissenschaften die Carl-Diem-Plakette und den Ersten Preis. Auch dafür ist zu danken.

I. Funktionales Bewegungsverständnis und funktionale Bewegungsanalyse

1. Einordnung der Problemstellung

Jede Analyse der menschlichen Bewegung ist abhängig vom Analyseinteresse. Wenn man sich, wie in der funktionellen Anatomie, für die Muskeln oder Muskelschlingen interessiert, die an dem äußerlich beobachtbaren Vorgang der menschlichen Bewegung beteiligt sind, so wird man die Analyse anders anlegen, als wenn man, wie in der Biomechanik, die Weg-, Zeit- oder Kraftverlaufskurven bestimmen möchte, die für ein optimales Bewegungsresultat maßgeblich sein könnten. Und man wird ebenso anders vorgehen, wenn man, wie in der Krankengymnastik, bestimmte Bewegungsinsuffizienzen zu ergründen und zu beheben versucht, als wenn man, wie in der Arbeitspsychologie, die Aufgabenstruktur ermitteln möchte, die bestimmten berufstypischen Bewegungshandlungen zugrundeliegt und für die die notwendigen Qualifikationsmerkmale gesucht werden. Die verschiedenen an der menschlichen Bewegung interessierten Forschungsrichtungen haben offensichtlich je spezifische Vorstellungen darüber, wie der Ablauf der menschlichen Bewegung zu analysieren ist[4].

Auch die Analyse der sportlichen Bewegung ist immer an bestimmte Absichten und Interessen gebunden und von bestimmten Erwartungen abhängig. Wenn man die Verlaufsformen von Bewegungen ermitteln will, die im sportlichen Wettbewerb das beste Resultat liefern können, so geht man anders vor, als wenn man die Formen wissen will, die die besten körperbildenden Wirkungen haben können. Und wenn danach gefragt wird, welche Bewegungen für den Schulsport oder für den Freizeit- oder Breitensport ausgewählt werden sollen, so werden andere Analyseüberlegungen anzustellen sein, als wenn die Möglichkeiten zu bestimmen sind, wie ausgewählte sportliche Bewegungen *am einfachsten* zu erlernen sind.

---

[4] Zu den genannten Analyseschwerpunkten vgl. TITTEL (1974), DONSKOI (1975), KLEIN-VOGELBACH (1976), VOLPERT (1973). Einen Einblick in das, was an der menschlichen Bewegung als Forschungsproblem interessiert bzw. interessieren sollte, geben BUYTENDIJK (1956) und CURL (1973).

Bewegungsanalyse als Lehrstoffanalyse

In dieser Arbeit wird die Bewegungsanalyse durch sportpädagogische, speziell *unterrichtspraktische* Interessen bestimmt. Bewegungsanalyse unter diesen Interessen kann ihrerseits nun wiederum auf verschiedene Weise verstanden und infolgedessen auch unterschiedlich vorgenommen werden. Man kann sie verstehen als eine Analyse von realem Bewegungsgeschehen: Wenn der Lernende, angeregt oder angeleitet durch Anweisungen des Lehrers, sportliche Bewegungen zu vollziehen versucht, wenn bei diesen Versuchen „richtiges" oder „fehlerhaftes" Verhalten „von außen" beobachtet werden kann und wenn Berichte und Äußerungen des Lernenden über dieses beobachtbare Verhalten auf „innere Vorgänge" schließen lassen, so ist es naheliegend, eine Bewegungsanalyse als eine Analyse von *Bewegungshandlungen* zu verstehen[5]. Im Zentrum solcher Analysen können dann beispielsweise die Fragen stehen, ob und gegebenenfalls mit welchen Strategien der Lernende gegebene Anweisungen zu bewältigen versucht, weshalb es zu Fehlhandlungen kommt (KAMINSKI 1972, 1973), oder aber auch welche Merkmale eine gekonnte Bewegungshandlung charakterisieren (REED 1971, MEINEL / SCHNABEL 1976).

Man kann die auf unterrichtspraktische Interessen ausgerichtete Bewegungsanalyse aber auch verstehen als eine Analyse von sozusagen „abstrakten", nicht realen Bewegungen: Wenn im Sportunterricht eine Kippe, ein Umschwung, eine bestimmte Wurf- oder Sprungtechnik oder allgemeiner eine mehr oder weniger genau bestimmte sportliche Bewegung gelehrt bzw. gelernt werden soll, dann kann unter einer Bewegungsanalyse auch die Analyse der zu *erlernenden* „*Sache*" bzw. des zu *lehrenden Stoffs* verstanden werden. Im Zentrum solcher Analysen stehen dann beispielsweise die Fragen nach der Struktur des zu lehrenden Sachverhalts (KLAUER 1976), nach dessen Elementen und nach den Beziehungen, die unter den einzelnen Elementen eines solchen Sachverhalts, oder aber auch zwischen den Sachverhalten selbst bestehen.

In dieser Arbeit wird die Bewegungsanalyse als *Lehrstoffanalyse* verstanden. Wenn daher von sportlichen Bewegungen gesprochen wird, dann sind damit der mit dem Lehrstoff identifizierbare *Sachverhalt*, die mehr oder weniger präzise beschriebene (Bewegungs-)*Aufgabe*, deren Bestandteile, zugleich aber auch die vorliegende oder denkbare *Lösungsmannigfaltigkeit* (etwa im Sinne der in Lehrbüchern vorliegenden Bewegungsbeschreibungen)

---

[5] Vgl. KAMINSKI (1972, 1973, 1976). Andere Gründe, die dafür sprechen, sportliche Bewegungen als (Bewegungs-)Handlungen zu verstehen, werden von MEINEL (1971, 1976) und VOLPERT (1971) genannt.

gemeint, nicht aber die einzelnen, vom Lernenden ausgeführten, realen Lösungshandlungen bzw. die zur Lösung führenden Lernhandlungen.

Die Arbeit ordnet sich daher im weitesten Sinne in die Untersuchungen zum Lehren und Lernen sportlicher Bewegungen ein. Sie erfaßt aber aus diesem Problemfeld nur einen Teilaspekt, der zwar in der allgemeinen (vgl. KLAUER 1976) wie auch in der fachspezifischen (vgl. FETZ 1975) Unterrichtstheorie als notwendig angesehen wird, der im konkreten Fall der sportlichen Bewegungen jedoch bislang nicht hinreichend genau bearbeitet worden ist[6]. Eine solche — je nach Unterrichtssituation — hinreichend genaue Bearbeitung wird für möglich gehalten, wenn bei der Analyse bestimmte *Interessen* und ein bestimmtes *Bewegungsverständnis* zugrundegelegt werden.

Die grundlegenden Analyseinteressen

Der Bewegungsanalyse als Lehrstoffanalyse sollen *methodische* und (im engeren Sinne) *didaktische* Interessen zugrundegelegt werden. Erstere werden berücksichtigt werden, weil die Analyse des Lehrgegenstands Einsichten zu liefern hat, die für Entscheidungen zur Organisation des Lernens und Lehrens sportlicher Bewegungen verwendet werden können.

Didaktischen Interessen wird entsprochen, weil durch die Analyse auch Einsicht in die Struktur der Bewegungsaufgabe gewonnen werden muß. Solche Einsicht ist bei den Entscheidungen über die (Bewegungs-)Ziele, die in konkreten Unterrichtssituationen verfolgt werden, und bei der Beantwortung der Frage, in welcher Weise sportliche Bewegungen „thematisiert" werden können, nicht ohne Bedeutung.

Bewegungsanalyse als Lehrstoffanalyse soll daher einerseits auf die notwendigen Konsequenzen bei den Lösungen verweisen, soweit diese aus der Aufgabe ermittelt werden können. Sie soll aber andererseits zugleich auch jene möglichen Alternativen aufzeigen, die sich aus der Aufgabenstellung ableiten lassen und die für unterrichtliche Zwecke genützt werden können.

Eng mit den bisherigen Interessen ist ein drittes, als „*institutionskritisch*" bezeichenbares Interesse zu verbinden. Für die Ausführung sportlicher Bewegungen liegen in der Sportpraxis vielfach Bewegungsvorschriften vor, die über die jeweils zu leistende Bewegungsaufgabe allein nicht zu rechtfertigen sind. So schreiben Lehrpläne einzelner Fachverbände, wie etwa die Ski-

---

[6] Im Detail wird darauf später noch genauer einzugehen sein. Als vorläufigen Beleg für die aufgestellte Behauptung kann der Kongreßbericht „Sport — Lehren und Lernen" (Ausschuß Deutscher Leibeserzieher 1976) angeführt werden, indem nur wenige Referate auf Analysen im genannten Sinne eingehen.

lehrpläne des Deutschen Verbands für das Skilehrwesen, vor, daß die zu lehrenden Bewegungen in einer relativ eng begrenzten Art und Weise auszuführen sind. Oder es bestimmen, wie vor allem in den Budo-Sportarten Judo, Karate u. a., traditionelle Überlieferungen, daß diese oder jene Bewegung auf diese oder jene Weise auszuführen ist. Oder es werden in Lehrreihen Bewegungen behandelt (vgl. KRUBER / FUCHS / CORDS 1976), ohne daß auf Alternativen, mit denen dieselbe Bewegungsaufgabe gelöst werden kann, eingegangen wird. Daß man eine Bewegung in dieser oder jener Weise ausführen muß oder daß man mit bestimmten Bewegungsformen (nur) diese oder jene Aufgabe bewältigen kann, ist bei der Komplexität und Vielgliedrigkeit des menschlichen Körpers und bei der damit verbundenen Vielzahl an Bewegungsmöglichkeiten durchaus nicht selbstverständlich. Einiges weist darauf hin, daß die in der Sportpraxis bisher vorliegenden Lösungsmöglichkeiten nicht immer kritisch genug geprüft wurden[7]. Die Bewegungsanalyse als Lehrstoffanalyse soll daher zugleich auch noch unter einem kritischen Interesse vorgenommen werden.

Funktionales Bewegungsverständnis

Um Bewegungsanalysen unter solchen Interessen ausführen und die sich ergebenden Einsichten für das Lehren und Lernen sportlicher Bewegungen auch nutzen zu können, wird von einem Bewegungsverständnis ausgegangen, das die bisherigen Ausführungen zwar nahelegen, das in den später noch zu besprechenden bewegungsspezifischen Analysekonzepten jedoch bislang nur ungenügend berücksichtigt wurde. Die im Raum und in der Zeit bei sportlichen Bewegungen beobachtbaren Veränderungen werden als *Lösungsmöglichkeiten von Aufgabenstellungen* gesehen, bei denen

— zum einen unter unterschiedlichen *Rahmenbedingungen bestimmte (Bewegungs-)Ziele* zu erreichen sind, bei denen
— zum andern aber auch die Bedingungen und die Ziele in der jeweiligen Lehr-Lern-Situation *nicht überdauernd festgelegt* oder in einer stets *gleichbleibend präzisen* Charakterisierung vorgegeben sein müssen.

Wenn der beobachtbare Ablauf unter einer solchen Perspektive gesehen wird, dann soll von einem *funktionalen Bewegungsverständnis* bzw. — was sogleich noch näher zu erklären ist — von einem *bedingt-funktionalen* Bewegungsverständnis gesprochen werden.

---

[7] Vgl. für den Skilauf die kritischen Bemerkungen von EHNI / SCHMIDT (1974), für das Gerätturnen die Auseinandersetzung zwischen WIEMANN (1962) und HANEBUTH (1963) oder für den Judo-Sport die Vorwürfe des holländischen Olympiasiegers GEESINK („in meinen Wettkämpfen konnte ich beobachten, daß die mir im Training gelehrten Techniken in dieser Form nicht durchführbar waren" [GEESINK o. J., 1]).

Das Charakteristische dieser Perspektive ist, daß man davon ausgeht, daß den beobachtbaren Veränderungen — also etwa den Raumveränderungen von Fußballspielern und den dabei erkennbaren Aktivitäten des Beugens und Streckens der Beine oder des Rumpfs — eine *Funktion* hinsichtlich der zu erreichenden Ziele und der dabei einzuhaltenden Rahmenbedingungen zugeordnet werden kann. Damit hängt unmittelbar zusammen, daß man annimmt, daß solche Funktionen nicht notwendig nur durch *eine* Aktivität erfüllt werden können, daß es also auch so etwas wie *funktional gleichwertige Alternativaktivitäten* geben kann und daß einzelne Funktionen hinsichtlich der zu erreichenden Ziele und der dabei einzuhaltenden Rahmenbedingungen unterschiedlich zweckvoll, gelegentlich vielleicht sogar auch irrelevant sind.

So werden beispielsweise den bei Saltobewegungen erkennbaren Aktivitäten unterschiedliche Funktionen zugeordnet: Einmal dient das Beugen der Beine der Einnahme einer (günstigen) Ausgangsstellung für die nachfolgende Absprungbewegung, die ihrerseits wiederum die Funktion hat, den Ausführenden sowohl in einen Dreh- als auch in einen Flugzustand zu versetzen. In einem anderen Verlaufsabschnitt erfüllt das Beugen der Beine dagegen die Funktion, die Massenverteilung zu verändern, um hierdurch die Drehgeschwindigkeit zu regulieren. Diese Funktion der Veränderung des Trägheitsmoments ist nun wiederum nicht nur durch ein Beugen der Beine erreichbar. Andere Aktivitäten können durchaus dieselbe Funktion haben. Wenn sie bei manchen Saltobewegungen nicht genutzt werden, dann kann das daran liegen, daß bei diesen nicht nur das Ziel der $^1/_1$-Drehung zu erreichen ist, sondern daß während des Erreichungsvorgangs auch noch Aktions- oder Haltungsvorschriften einzuhalten sind.

Das Aufdecken solcher Überlagerungen, die kritische Überprüfung der tatsächlich notwendigen Aktivitäten, vor allem aber die in der Unterrichtspraxis häufig notwendig werdende Veränderung der Ziele bzw. der zusätzlichen Rahmenbedingungen erfordern das, was als *bedingt-funktionales* Bewegungsverständnis bezeichnet werden soll: Die aus den Zielen und den Rahmenbedingungen bestehende *Bezugsgrundlage*, die den einzelnen Ausführungshandlungen bei einer sportlichen Bewegung einen Sinn geben kann, soll *nicht als unveränderlich* gesehen werden.

Eine solche bedingt-funktionale Betrachtungsweise der sportlichen Bewegung berücksichtigt damit einerseits Überlegungen, die in der allgemeinen Theorie der menschlichen Bewegung durch das Eingehen auf die Bedeutung von Bewegungen bereits mehrfach reflektiert wurden (BUYTENDIJK 1956, STREICHER 1942, 1958, GRUPE 1976). Sie distanziert sich andererseits von einem Bewegungsverständnis, das vor allem bei den Analysen in der Biomechanik und der Bewegungslehre des Sports, aber auch in der Theorie des sensomotorischen Lernens verfolgt wurde.

2. Leitlinien einer funktionalen Bewegungsanalyse

Wie soll nun sportliche Bewegung unter einem funktionalen Bewegungsverständnis analysiert werden? Wie können einerseits die mit der (Bewegungs-)Aufgabe verbundenen Notwendigkeiten erfaßt, andererseits aber zugleich auch die Lösungsalternativen erkannt werden? Worauf muß ein solches Verfahren eingehen, wenn es zugleich auch noch eine kritische Überprüfung der in der Sportpraxis bevorzugten Lösungsmannigfaltigkeit erlauben soll?

Ehe ein solches, im folgenden als *funktionale Bewegungsanalyse* bezeichnetes Verfahren expliziert wird, sollen vorab dessen Leitlinien umrissen werden. Dabei wird berücksichtigt, daß auf Grund der im Sport schon vorliegenden Erfahrungen und Erkenntnisse an dieses Analysekonzept verschiedene Erwartungen geknüpft werden. So wird man vor allem Aufschluß darüber haben wollen, ob und inwiefern die in den Lehrbüchern zur Methodik einzelner Sportarten stets genannten motorischen Aktivitäten des Ausführenden so etwas wie die zentralen Analysebestandteile sind. Oder man will wissen, ob diese Aktivitäten in ihrer räumlichen und zeitlichen Verlaufsform genau festliegen bzw. wie weit sie gegebenenfalls modifiziert werden können. Es werden daher Aussagen über *ablaufrelevante Bezugsgrundlagen* erwartet; d. h., Aussagen über jene Größen, die dafür verantwortlich sein müssen, daß bei sportlichen Bewegungen an dieser oder jener Raum- oder Zeitstelle bzw. in diesem oder jenem Zeitabschnitt bestimmte motorische Aktivitäten[8] in einer mehr oder weniger eng umrissenen Verlaufsmodalität zu vollziehen sind. Daß in dieser Arbeit das Interesse (nur) auf die motorischen Aktivitäten (und hier auch wiederum nur auf die großmotorischen) eingeschränkt wird, kann, nachdem vor allem durch die Arbeiten von KAMINSKI aufgezeigt wurde, wie sehr bei sportlichen Bewegungsaufgaben auch nichtmotorische Aktivitäten notwendig bzw. erkennbar sind, hinreichend genau gar nicht begründet werden. Es ist eine Einschränkung, die naheliegt, wenn man den Lehrstoff des Sportunterrichts vom Lehrstoff in anderen Unterrichtsfächern abzugrenzen versucht[9].

---

[8] Es wird später auch vielfach von motorischen Operationen gesprochen werden. Dies soll besonders dann erfolgen, wenn eine motorische Aktivität bereits näher umschrieben, also — wie etwa beim Kicken, Springen oder Laufen — schon in bestimmter Weise codiert ist.

[9] Vgl. hierzu auch die Ausführungen von CRATTY (1975) zur Abgrenzung des Interessens- und Aufgabenbereichs eines Sportlehrers gegenüber den Interessen

Bewegungsziele als wichtigster Bestandteil der Bezugsgrundlage

Wenn man davon ausgeht, daß sportliches Bewegen zielgerichtetes Bewegen ist, dann muß man auch davon ausgehen, daß die beobachtbaren motorischen Aktivitäten in ihrer Art und Weise von den jeweiligen *Bewegungszielen* geprägt werden. In der Analyse einer sportlichen Bewegung ist daher zunächst zu ermitteln, welche Bewegungsziele im einzelnen verfolgt werden oder verfolgt werden sollen.

Für die sportlichen Bewegungen scheinen diese Fragen im Vergleich zu anderen Bewegungen nicht allzuschwer zu beantworten zu sein. Wer weit- oder hochspringen will, und wer möglichst schnell laufen oder schwimmen will, weiß, welche Bewegungsziele er zu erreichen hat. In der allgemeinen Lehr-Lern-Situation des Sports ist dies jedoch nicht immer so einfach zu entscheiden. Es wird daher noch eingehend zu prüfen sein, was unter einem Bewegungsziel im Sport verstanden wird bzw. verstanden werden kann.

Weitere Bestandteile der Bezugsgrundlage

So wichtig die Kenntnis des zu erreichenden Ziels ist, sie allein genügt noch nicht, um alles ermitteln und erklären zu können, was in der Realität des Lerngeschehens an Verlaufsvariationen vom Lehrenden genutzt und vom Lernenden beachtet werden kann bzw. muß: Wenn dem Schüler empfohlen wird, sich beim Aufschwung am Reck *senkrecht unter* die Reckstange und nicht *vor* die Reckstange (was Anfänger zu tun pflegen) zu stellen, so kann der Sinn dieser Einschränkung nicht unmittelbar aus dem Bewegungsziel des Aufschwungs abgeleitet werden. Wenn dem Lernenden bei der Kenterrolle im Kajakfahren geraten wird, nicht mit Kopf oder Oberkörper, sondern zuerst mit den Hüften aus der Kenterlage nach oben zu schwingen (auch hier neigen Anfänger immer zur ersten Alternative), so ist auch diese Einschränkung nicht alleine aus dem Bewegungsziel der Kenterrolle, die Normallage wieder zu erreichen, ableitbar. Und wenn im Skilauf darauf geachtet wird, daß der Anfänger beim Überqueren eines Hanges nicht irgendeine, sondern nur die im Lehrplan beschriebene Position einzunehmen hat, so ist diese Beschränkung nicht allein über das Ziel, einen bestimmten Ort auf der anderen Seite des Hanges zu erreichen, zu rechtfertigen. Es muß neben dem Bewegungsziel noch weitere Faktoren geben, die die Art und Weise der Ausführungshandlungen beeinflussen und die

---

und Aufgaben anderer an der menschlichen Bewegung Interessierter. „Leibeserzieher sollten sich in der Hauptsache mit dem Aspekt menschlichen Verhaltens befassen, dessen charakteristisches Merkmal beobachtbare, absichtliche, willkürliche Bewegungen sind, ... Hauptsächlich sollte er (der Leibeserzieher, d. Verf.) sich mit weiträumigen Bewegungen befassen, an denen die großen Skelettmuskeln beteiligt sind" (CRATTY 1975, 7).

mehr oder weniger explizit in verschiedenen *Rahmenbedingungen* bei der Erreichung der Bewegungsziele, nicht aber schon in der Beschreibung des Bewegungsziels, enthalten sind. Solche Einflußfaktoren lassen sich auffinden, wenn beachtet wird,

— daß bei sportlichen Bewegungen stets ein materielles Objekt, ein Gegenstand oder der Körper (bzw. Körperteile) des Ausführenden *auf das Bewegungsziel* hin zu bewegen ist, daß es also eine zu bewegende Größe — ein *Movendum* — gibt, an dessen Veränderungen im Raum und in der Zeit das Erreichen des Ziels ermittelt werden kann,

— daß dieses Movendum *von jemandem bewegt werden* muß, daß es also einen *Beweger* oder ein *Bewegersystem* geben muß (der bzw. das in manchen Fällen auch mit dem Movendum übereinstimmen kann),

— daß gegebenenfalls auch die *Umgebung* einzubeziehen ist, in der das Movendum zu bewegen ist und von der es unterstützt, aber auch behindert werden kann,

— daß der Vorgang der Zielerreichung fast ausnahmslos an gewisse *Regeln* gebunden wird, die die Möglichkeiten, das Bewegungsziel zu erreichen, einschränken oder auch erweitern, jedenfalls beeinflussen sollen.

Konsequenzen für den Aufbau der Arbeit

Die knappe Darstellung der Leitlinien konnte — allerdings nur sehr vergröbert — den Ansatz verdeutlichen, mit dem die Analyse sportlicher Bewegungen unter unterrichtspraktischen Interessen in dieser Arbeit verfolgt werden soll. Danach erscheint es angebracht, bei der jetzt zu leistenden Differenzierung in jeweils einem Teil auf die für sportliche Bewegungen typischen Bewegungsziele und Rahmenbedingungen einerseits, und auf die dadurch bestimmten Lösungsmöglichkeiten andererseits einzugehen.

Bei dieser Differenzierung sollen Ideen, Konzepte und Ergebnisse, die verschiedentlich schon zur Analyse sportlicher Bewegungen entwickelt wurden, eingearbeitet werden. Da diese Vorschläge und Ergebnisse sehr unterschiedlicher Natur sind und da es bislang auch noch keine Arbeiten gibt, in denen diese systematisch erfaßt und kritisch bearbeitet worden wären, ist es notwendig, sie in einem eigenen Teil darzustellen. Es wird daher zunächst im zweiten Teil über verschiedene Konzepte zur Bewegungsanalyse im Sport berichtet.

II. Gegenwärtige bewegungsanalytische Konzepte im Sport

Versucht man den gegenwärtigen Stand der Verfahren und Konzepte, die zur Analyse der Bewegungen im Sport verwendet werden, zu beschreiben, so sieht man sich infolge der Komplexität und der Heterogenität des Analysegegenstands und infolge der unterschiedlichen Interessen nicht unerheblichen Schwierigkeiten gegenüber. Das Spektrum vorliegender Analysen reicht von Konzepten, die die Vielfalt sämtlicher Bewegungsformen im Sport unter didaktischen Interessen strukturieren sollen, bis hin zu solchen, mit deren Hilfe zum Beispiel der Verlauf einer möglichst schnell auszuführenden Bewegung eines einzelnen Körperteils berechnet werden kann.

Auf die Darstellung dieses breiten Spektrums kann insofern kaum verzichtet werden, als viele der vorliegenden Analysen Anregungen liefern, die zur weiterführenden Behandlung des funktionalen Analysekonzepts verwendet werden können. So wird ein Teil der Analysen vorwiegend Einblick in die verlaufsbestimmenden Rahmenbedingungen geben können, während andere wieder eher für die Untersuchung von ablaufimmanenten Besonderheiten verwendbar sind.

Geht man nun vom Ansatz dieser Arbeit aus, wonach die Art und Weise des zu entwickelnden Analyseverfahrens bestimmten Interessen unterzuordnen ist, dann erscheint es konsequent, die Darstellung der vorliegenden Analysekonzepte ebenfalls nach ihren jeweils verfolgten Interessen auszurichten. Es wird daher zunächst auf die verschiedenen Interessen eingegangen, unter denen Bewegungsanalysen im Sport bisher durchgeführt wurden. Die hierbei erkennbare Gruppierung wird dann dem zweiten Kapitel zugrundegelegt. In ihm werden die verschiedenen Analyseverfahren beschrieben und hinsichtlich ihrer Folgen für die funktionale Bewegungsanalyse geprüft.

1. Die Interessen bei der Analyse sportlicher Bewegungen

Wenn man die Interessen abzuklären versucht, die bei den Analysen sportlicher Bewegungen verfolgt werden, so lassen sich bei aller Unterschiedlichkeit im Detail vier Grundtypen herausstellen.

(1) Es gibt Analysen, die in der Regel durchgeführt werden, um die *Inhalte* eines Bewegungsablaufs möglichst umfassend bzw. hinreichend genau ermitteln zu können.

Bei dieser Art von Analyse wird davon ausgegangen, daß der beobachtbare Verlauf einer sportlichen Bewegung ein komplexes, aus einer nur schwer übersehbaren Vielfalt von Einzelheiten bestehendes Gebilde ist und daß das, was in diesem Verlauf enthalten ist, erst einmal einer gründlichen deskriptiven Analyse bedarf. Es soll daher in diesen Fällen von *Inhalts- oder deskriptiven Bewegungsanalysen* gesprochen werden.

(2) Es gibt Analysen, die sich dadurch charakterisieren lassen, daß sie auf der Menge der sportlichen Bewegungen bzw. auf der Menge der Bewegungen einer Sportart für die Auffindung einer *Ordnung* durch Bildung von Strukturklassen bzw. von Bewegungsverwandtschaften entwickelt und verwendet werden.

Hierbei wird davon ausgegangen, daß die Menge der sportlichen Bewegungen bzw. die Menge der Bewegungen mancher Sportarten einerseits so vielfältig ist, daß anordnende Unterteilungen den Überblick verbessern, daß andererseits in dieser Vielfalt aber auch Beziehungen erkennbar sind, die eine Anordnung erkennen lassen. Es wird in diesen Fällen von *Ordnungsanalysen* gesprochen werden.

(3) Es gibt Analysen, die ausgeführt werden, um die optimale Form, den optimalen Verlauf bzw. leistungsspezifische Verlaufsmerkmale von sportlichen Bewegungen charakterisieren zu können.

Bei solchen Analysen wird davon ausgegangen, daß der beobachtbare Verlauf einer sportlichen Bewegung in einem erkennbaren Zusammenhang mit der dabei zu erreichenden sportmotorischen Leistung[10] steht. Das Interesse solcher Analysen richtet sich daher auf die Beschreibung und Erklärung jener Verlaufsformen, die die besten Leistungen erwarten lassen. Es wird in diesem Fall von *Optimierungsanalysen* gesprochen.

(4) Schließlich ist noch eine vierte Gruppen von Analysen zu nennen, die insofern miteinander vergleichbar sind, als bei ihnen die sportliche Bewegung — entsprechend dem in dieser Arbeit zugrundegelegten Analyseinteresse — hinsichtlich ihrer *aufgabenspezifischen* Besonderheiten und hinsichtlich ihrer *lernrelevanten* Merkmale untersucht wird. Es wird hier von *Aufgabenanalysen* gesprochen werden[11].

---

[10] Der Begriff der Leistung wird hier nicht für den Prozeß, sondern für das aus dem Bewegungsablauf hervorgehende (Ergebnis-)Produkt verwendet.

[11] Mit Ausnahme des Begriffs der Optimierungsanalyse sind die verschiedenen Analysebegriffe in der sportwissenschaftlichen Terminologie nicht gebräuchlich. Man hat bislang vorwiegend nach der Verfahrensweise gruppiert (bio-

Zum Interesse von Inhaltsanalysen

Analysen mit der Zielsetzung, möglichst umfassend und dennoch hinreichend genau das zu beschreiben, was in einem Bewegungsablauf enthalten ist, werden in recht unterschiedlichen Situationen für notwendig erachtet: Man fordert sie für die Bewegungen des Kugelstoßens oder des Weitspringens genau so wie für die Bewegungen in der Gymnastik oder im Tanz. Die Motive und Gründe für diese Forderungen sind allerdings nicht dieselben. Gleichwohl führen sie in allen Fällen zur Konsequenz der umfassenden bzw. hinreichend exakten Beschreibung.

So gehen im Falle des Kugelstoßens, des Weit- oder Hochspringens und ähnlicher Bewegungen die Anregungen zu einer Inhaltsanalyse darauf zurück, daß das, was Trainer und Lehrer, aber auch die Sporttreibenden selbst bei der Realisierung einer Bewegung aufnehmen können, was sie also über die sogenannte „Eindrucksanalyse" (MEINEL 1971, 125) erfassen können, in vielen Fällen nicht ausreicht, um wesentliche Einsichten für den Lern- und vor allem für den Trainingsprozeß zu erhalten. Die Ergänzung durch Informationen, die über eine Analyse mit dem spezifischen Interesse der umfassenden und hinreichend genauen Inhaltserfassung gewonnen werden kann, wird insbesondere dort für unabdingbar gehalten, wo Bewegungen so *schnell* und mit so *geringen räumlichen, zeitlichen und dynamischen Verlaufsvariationen* ablaufen, daß das optische und kinästhetische Wahrnehmungsvermögen des Menschen ohne weitere Hilfen überfordert ist. BALLREICH spricht daher in diesem Zusammenhang von der Bewegungsanalyse als diagnostischem Instrument, über das der im Sport Unterrichtende verfügen sollte, um Bewegungsabläufe hinreichend genau erfassen zu können (vgl. BALLREICH 1972, 24). Ziel solcher Analysen ist die „umfassende und differenzierte, möglichst exakte Beschreibung sportlicher Bewegungsabläufe" (BALLREICH 1972, 28)[12].

Dasselbe Interesse der umfassenden und doch genügend differenzierten Deskription ist aber auch bei Bewegungsanalysen zu finden, die in wesentlich anderen Bewegungssituationen Anwendung finden. Im Tanz, in der Gymnastik oder allgemeiner bei Bewegungen, deren Ziel nicht wie bei den eben genannten in der Erreichung einer möglichst großen Sprung- oder Wurfweite, sondern in der *Präsentation* bestimmter Verlaufsformen zu sehen ist, sind deskriptive Analyseverfahren entwickelt worden, mit deren Hilfe Bewegungsvorgänge über die Einmaligkeit einer Vorführung hinaus

---

mechanische, kinematographische, sensomotorische Bewegungsanalysen; vgl. RÖTHIG 1976, 53).

[12] Vgl. auch BAUMANN (1972, 85), BALLREICH / KUHLOW (1974).

erhalten werden sollen[13]. Der Bewegungsablauf muß hierzu so beschrieben werden, daß er jederzeit wieder reproduzierbar ist und entsprechend dem schriftlich Erfaßten neu dargeboten werden kann.

Ein damit vergleichbares Interesse liegt auch jenen Bewegungsbeschreibungen zugrunde, die in der Fachliteratur der einzelnen Sportarten bei der Darstellung ihrer spezifischen Bewegungen zu finden sind. Trotz der heute vorhandenen Möglichkeiten, über Bildreihen beispielsweise die einzelne Bewegung vorzustellen, wird in der Regel nicht darauf verzichtet, in mehr oder weniger differenzierter Weise den Bewegungsablauf zu beschreiben. Typische Beispiele dieser Art sind für leichtathletische Bewegungen in KRUBER / FUCHS / CORDS (1975), für Bewegungen aus dem Gerätturnen bei TIMMERMANN (1977) und für die Grundschlagarten im Tischtennis bei GRUMBACH (1975) zu finden. Allerdings sind bislang noch für keine Sportart Konzepte entwickelt worden, die wie bei Tanz-Beschreibungen die Art und Weise der Deskription der jeweiligen Bewegung regeln könnten[14].

Zum Interesse der Ordnungsanalysen

Bereits seit Beginn der Leibesübungen der Neuzeit läßt sich ein großes Interesse an bewegungsanalytischen Überlegungen zur Anordnung und zur systematisch gegliederten Darstellung der Vielfalt der Leibesübungen erkennen. GUTSMUTHS bemerkt beispielsweise, daß er die eigentlichen gymnastischen Übungen „zuvörderst in ein S y s t e m bringen, und sie dann nach einer daraus abgeleiteten Ordnung beschreiben" will GUTSMUTHS 1793, 212). Er benennt verschiedene mögliche Standpunkte, von denen aus die Übungen „übersehen" und geordnet werden können, ehe er sich für eine „generische" Art der Zusammenstellung entschließt, die die Ähnlichkeit des äußeren Verlaufs, das „Gleichartige" der Übungen in den Vordergrund stellt. Damit unterscheidet sich GUTSMUTHS von anderen Leibeserziehern, die nach mathematisch-mechanischen Leitlinien oder anatomisch-physiologischen und anderen Prinzipien den Übungsstoff der Leibesübungen gegliedert haben[15].

---

[13] Vgl. HUTCHINSON (1970, 1—5).
[14] Inwiefern hierzu erst noch ein entsprechendes Problembewußtsein zu entwickeln ist, zeigen die Ausführungen von FETZ (1975, 107).
[15] Die Fülle der Vorschläge zur Ordnung der Bewegungsvielfalt in den Leibesübungen dieser Zeit wird eindrucksvoll dokumentiert in der Habilitationsschrift von GROLL (1955). Dort ist nicht nur auf die Vielzahl der bis Anfang dieses Jahrhunderts entwickelten Systematisierungsvorschläge aufmerksam gemacht worden. Es ist zugleich auch der Einfluß herausgestellt worden, den solche Gliederungen auf die Art der jeweiligen Leibesübungen gehabt haben.

Man hat das intensive Systematisierungsinteresse der Leibeserzieher des 18. und 19. Jahrhunderts mit der analytischen, mathematisch-mechanischen Denkweise jener Zeit und mit ihrem Hang zur Verwissenschaftlichung zu erklären versucht (EICHBERG 1973, 96). Es ist auch mehrfach auf die Erfolge in der wissenschaftlichen Entwicklung der Zoologie, der Botanik und der Physiologie verwiesen worden[16]. Heute wird die Berechtigung zu ordnungsanalytischen Überlegungen durch terminologisch-methodische und didaktische Gesichtspunkte gestützt. Der terminologisch-methodische Gesichtspunkt wird vor allem bei jenen Ordnungsanalysen angeführt, die für die Bewegungen einzelner Sportarten entwickelt wurden. RIELING (1967), WIEMANN (1971), BUCHMANN u. a. (1972) und LEIRICH (1976) verweisen beispielsweise hinsichtlich der Übungen des Gerätturnens auf die Folgen für den Turnunterricht, die entstehen, wenn Klassifikationen (und in der Folge damit auch meist entsprechende Bezeichnungen) vorgenommen werden, die auf ungenügenden Bewegungsanalysen beruhen: Wenn Überschläge fälschlicherweise als Rollen oder Aufschwünge als Kippen oder Umschwünge als Felgen bezeichnet und eingeordnet werden, so liegt es nahe, daß auch Lehrwege entwickelt werden, die solche Unterschiede nicht berücksichtigen und die daher von der Sache her nicht zu rechtfertigen sind.

Didaktische Gesichtspunkte zur Rechtfertigung von Bewegungsanalysen unter Klassifikationsinteressen werden zwar nicht explizit formuliert. Sie werden jedoch implizit bei den Überlegungen zur Auswahl der im Schulsport zu berücksichtigenden Bewegungen verwendet (DIETRICH 1973, MEUSEL 1976, KURZ 1977). Hierbei geht es nun allerdings nicht mehr wie etwa bei GUTSMUTHS um eine übersichtliche Anordnung der gesamten für den Schulsport in Frage kommenden Bewegungen. Das Interesse hat sich vielmehr auf jene Ordnungsanalysen verlegt, die zur *Auswahl* von Bewegungen bzw. von Bewegungssituationen verwendet werden können. Die über Ordnungsanalysen erreichbaren Systematiken sind daher so etwas wie ein heuristisches Instrument geworden, mit dem die Ausgewogenheit der Inhalte des Sportunterrichts beurteilt werden kann.

Zum Interesse der Optimierungsanalysen

Das Interesse an Bewegungsanalysen zur Ermittlung der optimalen Form bzw. zur Auffindung leistungsrelevanter Merkmale einer sportlichen Bewegung ist nicht so alt wie das an der systematischen Anordnung; es wird erst mit dem Aufkommen der Olympischen Spiele der Neuzeit verknüpft (MEINEL 1971). Dieser erste internationale Leistungsvergleich hatte

---

[16] Vgl. BUYTENDIJK (1956, 57), FETZ (1964, 32), MEINEL (1971, 96—98).

aus bewegungsanalytischer Sicht zur Folge, daß die Leistung, die im Wettkampf zu erreichen ist, vor allem in Abhängigkeit von der Art und Weise gesehen wurde, wie der (äußerlich beobachtbare) Ablauf der Bewegung gestaltet wurde (MEINEL 1971, 41). Das Interesse an solchen Optimierungsanalysen ist bis heute geblieben[17], auch wenn die Bemühungen zur Erforschung der sportmotorischen Leistung sich inzwischen mehr auf die Untersuchung der motorischen Eigenschaften wie Kraft, Ausdauer und Schnelligkeit verlagert haben[18].

Unter den Optimierungsanalysen lassen sich nun zwei unterschiedliche Auffassungen erkennen. Im einen Fall kann man von *disziplin- oder fertigkeitsspezifischen*, im andern Fall von *allgemeinen* oder *fertigkeitenübergreifenden* Optimierungsanalysen sprechen. Zu den disziplin- oder fertigkeitsspezifischen Bewegungsanalysen gehören diejenigen, mit deren Hilfe untersucht werden soll, wie der optimale Weitsprung, der optimale Kugelstoß oder die optimale Schwimmbewegung aussieht bzw. aussehen soll. Es sind Analysen, die sich mit den Lösungen jener Bewegungsaufgaben auseinandersetzen, die im organisierten Sport unter wettkampfmäßigen Bedingungen gestellt werden. In der Regel wird dabei das Interesse auch noch auf diejenigen Bewegungsaufgaben eingeschränkt, deren Lösungen ohne Schwierigkeiten in eine Rangordnung gebracht werden können, weil die jeweils erbrachte Leistung im cgs-Maßsystem ermittelt werden kann. Die gewählten Analysemethoden sind infolgedessen zunächst einmal nur für die analysierte Bewegung verwendbar. Bei der sogleich noch zu leistenden Beschreibung der entsprechenden Analyseverfahren werden jedoch verallgemeinerungsfähige Leitlinien erkennbar.

Im zweiten Fall der allgemeinen oder fertigkeitenübergreifenden Optimierungsanalysen geht es dagegen um die Charakterisierung der optimalen Verlaufsform *aller* sportlichen Bewegungen, unabhängig von der jeweils zu untersuchenden Einzelbewegung. Einem solchen Vorgehen liegt die Annahme zugrunde, daß derartige Charakterisierungen überhaupt möglich sind, daß also für die optimale Bewegungsausführung Merkmale beschreibbar sind, die nicht an der einzelnen konkreten Verlaufsform festgemacht werden dürfen.

---

[17] Vgl. BALLREICH (1972), MARTIN (1977, 179), sowie die verschiedenen in der Zeitschrift „Leistungssport" veröffentlichten Bewegungsanalysen.

[18] Auf eine solche Verlagerung deuten ca. 45 Veröffentlichungen in der seit 1971 erscheinenden Zeitschrift „Leistungssport" über motorische Eigenschaften hin gegenüber ca. 20 über Bewegungsanalysen. Eine genaue Zahl kann nicht angegeben werden, da manche Veröffentlichungen nicht eindeutig einzuordnen sind.

Zum Interesse der Aufgabenanalysen

Hinter allen Bewegungsanalysen, die sich als Aufgabenanalysen verstehen lassen, steht letztlich immer die Auffassung, daß beim Lehren und Lernen von Bewegungen ein Wissen über den Bewegungsablauf notwendig ist, das nicht über Optimierungsanalysen alleine erreicht werden kann. In verkürzter Form könnte man auch davon sprechen, daß bei den Aufgabenanalysen nicht die leistungsspezifischen, sondern die *lern*spezifischen Merkmale einer Bewegung gesucht werden.

Im Vorgriff auf die noch zu beschreibende Vorgehensweise kann festgestellt werden, daß das Interesse der vorhandenen Aufgabenanalysen sich vor allem auf das Erkennen der Möglichkeiten richtet, die zu erlernende Bewegung in Teil- oder Unteraufgaben zu zerlegen. Das eine Mal wird dabei stärker auf das Erkennen der hierarchischen Ordnung der Unteraufgaben geachtet (SINGER / DICK 1974), das andere Mal wird eher das Herausfinden von „kritischen" Aufgabenbestandteilen in den Vordergrund gestellt (ROBB 1972). In beiden Fällen dienen die Analysen jedoch dazu, die Dominanz- und Abhängigkeitsverhältnisse unter den Aufgabenbestandteilen genau zu erkennen. Demgegenüber geht es beim Analyseverfahren, das in der Theorie des sensomotorischen Lernens entwickelt wurde, nicht so sehr um das Erkennen hierarchischer Zusammenhänge als vielmehr um das Ermitteln der vom Lernenden gerade noch erfolgreich verarbeitungsfähigen Aufgabenbestandteile. Die Interessen der sensomotorischen Bewegungsanalyse sind insofern auf das Ermitteln einer Folge von eben noch erlernbaren Bestandteilen, auf die Analyse der sensomotorischen „Schlüsselsequenzen" also, gerichtet (UNGERER 1973, 138).

Zusammenfassung und Ausblick

VOLPERT hat bei der Abwägung des Problems, welche Verfahren zur Analyse industrieller Tätigkeiten angebracht sein könnten, festgestellt, daß es eine für alle Zwecke geeignete „Universal-Tätigkeitsanalyse" nicht geben kann (VOLPERT 1973, 6). Die Auflistung der verschiedenen Interessensschwerpunkte, die bei der Analyse sportlicher Bewegungen verfolgt werden, läßt einen analogen Schluß zu: Eine Bewegungsanalyse im Sport kann wohl nie eine alle Zwecke befriedigende Analyse sein. Die Interessen sind zu unterschiedlich, als daß sie alle durch ein Analyseverfahren eingelöst werden könnten.

Daß das Interesse der funktionalen Bewegungsanalyse mit den Interessen der Aufgabenanalysen im wesentlichen übereinstimmt, ist im ersten Teil beschrieben worden. Daß für eine funktionale Bewegungsanalyse die Inhalts-, Ordnungs- oder Optimierungsanalysen aber dennoch nicht als uninteressant abgetan werden können, läßt sich aus den in den Leitlinien angestellten Vorüberlegungen ableiten: Wenn über die Analyse der Aufgabenbedingungen erkennbar wird, daß es Situationen im Sport gibt, in denen Bewegungen zu erlernen sind, die genau so auszusehen haben, wie eine vorgegebene Bewegung — was zum Beispiel beim Einstudieren einer gymnastischen Vorführung oder beim Kopieren eines bestimmten Fahrstils im Skilauf der Fall sein kann —, dann wird man bei der entsprechenden Aufgabenanalyse nicht ohne die Berücksichtigung inhaltsanalytischer Konzepte vorgehen. Und wenn erkennbar wird, daß es Situationen gibt, in denen ausschließlich die bei einer Bewegung erreichbare Sprung- oder Wurfleistung zu verbessern ist, dann wird man auch hier Verfahren und Ergebnisse von Optimierungsanalysen nicht negieren können.

Es erscheint daher gerechtfertigt, im weiteren nicht nur die Verfahren der Aufgabenanalysen zu berücksichtigen. Es ist vielmehr davon auszugehen, daß auch aus der Darstellung der weiteren Analyseverfahren Anregungen erwartet werden können, die bei der Konzeption einer funktionalen Bewegungsanalyse verwendbar sind.

2. Die Methoden der verschiedenen Bewegungsanalysen

Wenn nun — gruppiert nach den genannten Analyseinteressen — die verschiedenen Verfahren zur Analyse sportlicher Bewegungen dargestellt werden, so ist vorweg darauf hinzuweisen, daß es sich dabei zum Teil auch um oberflächliche Konzepte handelt. Solche Verfahren werden aus zwei Gründen berücksichtigt. Zum einen kann deutlich werden, daß die entsprechenden Fragestellungen bislang oft nur unvollständig bearbeitet werden. Wichtiger aber ist, daß sich zum andern trotz der Oberflächlichkeit solcher Analyseüberlegungen erkennen läßt, in welcher Richtung Antworten bei der Konzeption der funktionalen Bewegungsanalyse erwartet werden können.

Letzteres verweist zugleich darauf, daß der leitende Gesichtspunkt für die Auswahl der nachfolgend berücksichtigten Konzepte die mögliche Verwendbarkeit beim Verfahren der funktionalen Bewegungsanalyse gewesen ist.

2.1 Inhaltsanalysen

Wenn der Inhalt eines Bewegungsablaufs dem Interesse von Inhaltsanalysen entsprechend umfassend, differenziert und möglichst genau beschrieben werden soll, so muß bei der Komplexität der im Sport sich bewegenden Objekte geklärt werden, welche Teile oder Punkte der Objekte in welchen Verlaufssituationen bzw. in welchen Verlaufsabschnitten der mehr oder weniger umfangreichen Geschehensfolge bei der Analyse berücksichtigt und mit welchen Mitteln, mit welchen Parametern oder Kategorien die Veränderungen an diesen Stellen bzw. in solchen Abschnitten erfaßt werden sollen.

Sieht man die sportliche Bewegung als eine Veränderung von Körpern oder Körperteilen im *Raum* und in der *Zeit* an (BALLREICH 1972), so müssen zur Deskription dieses Geschehens vor allem *Raum-* und *Zeitstellen* (und gegebenenfalls noch die daraus ableitbaren Geschwindigkeiten oder Beschleunigungen) erfaßt werden. Da das sich bewegende Objekt im Sport vielfach kein starrer Körper ist, darf sich die Erfassung dieser Stellen dann auch nicht nur auf einen einzigen Körperpunkt (gleichgültig, ob es sich dabei um einen realen oder idealen Punkt, wie etwa den Körperschwerpunkt[19], handelt) einschränken. *Alle* gegeneinander beweglichen Teile sind gegebenenfalls einzeln zu berücksichtigen. Beachtet man darüber hinaus noch, daß jede Bewegungsveränderung nur durch Einwirken von (mechanischen) Kräften zustandekommt, so erscheint eine Deskription ohne Berücksichtigung von dynamischen Merkmalen nicht umfassend genug.

Die quantitative Bewegungsbeschreibung als objektzentrierte Inhaltsanalyse

Unter Beachtung solcher Vorüberlegungen erscheint es naheliegend und konsequent zugleich, wenn sich die Deskriptionsanalysen, die in der Biomechanik des Sports vorgenommen werden, auf das Registrieren des *räumlichen* (bzw. geometrischen), des *zeitlichen* und des *dynamischen* Verlaufs von *ausgewählten Körperteilen* oder *Körperpunkten* erstrecken. Mit kinematographischen und dynamographischen Untersuchungsmethoden werden dabei einerseits *kinematische* Merkmale, also Orts-, Lage- und Gelenkwinkelveränderungen des „Bewegungsträgers" registriert, und andererseits *dynamische* Merkmale, also die auf die Stützstellen des Körpers einwirkenden und von den Muskelkräften des Ausführenden erzeugten Reaktionskräfte, erfaßt (vgl. BALLREICH 1972).

Derartige Inhaltsanalysen lassen erkennen, daß beispielsweise ein Weitspringer bei seinem ersten Versuch von 7,98 m für den Absprung 0,095 Sekunden benötigt, daß er während der letzten drei Schritte eine Geschwindigkeit von 10,7 m/s hat oder daß er seine Absprungstelle so genau wählt, daß kein Zentimeter „verschenkt" wird (vgl. NIGG 1974).

Ein einfaches Beispiel mag die Bedeutung solcher biomechanischen Inhaltsanalysen gegenüber bloßen Eindrucksanalysen verdeutlichen: Wäh-

---

[19] In der Mechanik kann man bei starren Körpern translatorische Bewegungsvorgänge mit Veränderungen des Körperschwerpunkts gleichsetzen.

rend man in der Sportpraxis der Ansicht war, daß beim 110-m-Hürdenlauf der Körperschwerpunkt nach dem Überlaufen der Hürde zu Beginn der Landephase über oder vor dem bodenfassenden Fuß sein muß, ermittelte WILLIMCZIK (1972) durch entsprechende biomechanische Erfassung dieses Bewegungsablaufs gegenteilige Ergebnisse.

In Abhängigkeit von Qualität und Quantität der zur Verfügung stehenden Meßgeräte, wohl aber auch in Abhängigkeit vom Arbeitsaufwand des Beschreibenden werden bei den biomechanischen Deskriptionsanalysen die Bewegungsquantitäten in unterschiedlichem Umfang und unterschiedlicher Differenzierung erfaßt[20]. Diskussionen, mit welcher Feinheit zu differenzieren ist, sind noch nicht geführt worden. Es lassen sich aus den vorliegenden Arbeiten lediglich Auffälligkeiten erkennen. So erscheint die Differenzierung der Deskription eines Bewegungsablaufs an einzelnen Zeitpunkten bzw. an einzelnen Raumstellen erst dann zu interessieren, wenn diesen Momentsituationen im Hinblick auf die zu lösende Bewegungsaufgabe besondere Bedeutung unterstellt wird. BALLREICH (1970) erfaßt aus diesem Grunde vermutlich Geschwindigkeiten und zahlreiche Gelenk- und Lagewinkel zu Beginn oder am Ende des Absprungs beim Weitsprung, nicht aber etwa zum Zeitpunkt der größten Schwerpunkterhöhung während des Flugs. Letztere ist dagegen eine Momentsituation, die beim Hochsprung von Interesse ist und daher in den vorliegenden Untersuchungen auch stets genau beschrieben wird[21]. Ähnliche Gründe dürften auch für die Differenzierung bei der Deskription einzelner Operationen gelten. So wird beispielsweise bei Weitsprungdeskriptionen sehr genau die Dauer des Beugens und Streckens des (Sprung-)Beins während des Abspringens ermittelt; es wird jedoch nirgends beispielsweise auf die Dauer des Beugens und Streckens der Beine oder Arme während des Flugs oder der Landung eingegangen.

Während die bisher beschriebenen Merkmale und Vorgehensweisen alle der sogenannten „äußeren" Biomechanik zugeordnet werden, gibt es weitere Deskriptionskonzepte, die man zum Objektbereich der „inneren" Biomechanik zählt[22]. Hier handelt es sich einmal um die Erfassung der an

---

[20] Die Untersuchung von WILLIMCZIK (1972) ist mit der Auflistung von 241 Merkmalen beispielsweise die zur Zeit differenzierteste Deskription der Hürdentechnik.
[21] Vgl. KUHLOW (1971), NIGG (1974).
[22] BALLREICH sieht eine Unterscheidung in äußere und innere Biomechanik gemäß der Trennung in Phänomen (Bewegungsablauf) und „partielles Transphänomen" (neuromuskuläres Funktionssystem) für sinnvoll an (BALLREICH 1972, 10—12). HATZE (1976 b) hält dagegen eine solche Trennung für unangebracht.

einer Bewegung beteiligten Muskeln und zum andern um die Bestimmung der statischen und dynamischen Muskelkräfte des Ausführenden.

Die Zuordnung der an einer Bewegung beteiligten Muskeln kann über theoretische Plausibilitätsbetrachtungen geschehen, indem die Ansätze und der Verlauf der Muskeln, die zu bewegenden Körperglieder und die bewegungsermöglichenden Gelenkverbindungen den entsprechenden Überlegungen zugrundegelegt werden (vgl. TITTEL 1976).

Die Frage, welche Muskeln an einem Bewegungsgeschehen beteiligt sind, kann aber auch empirisch über Elektromyogramme ermittelt werden. In diesem Fall wird die Aktivität der Muskeln dadurch bestimmbar, daß das Aktionspotential der Muskelinnervation meßtechnisch genutzt wird. Dabei kann nicht nur festgestellt werden, welcher Muskel an einer Bewegung beteiligt ist, sondern auch, zu welchen Zeiten dies zutrifft.

Solche biomechanisch orientierten Deskriptionen einer Bewegung, die vor allem dann naheliegen, wenn man den Bewegungsablauf als eine Veränderung von (physikalischen) Körpern im Raum und in der Zeit auffaßt und wenn man die Ursache der Bewegung in dem physikalischen Kräftesystem sieht, können als *objektzentrierte* Deskriptionsanalysen bezeichnet werden: Der Sporttreibende wird als ein Objekt gesehen, dessen Veränderungen mit Größen beschrieben werden, die in den Naturwissenschaften für Bewegungsbeschreibungen üblich sind. Wird die Bewegung dagegen mit Beschreibungsmitteln erfaßt, die nur aus der Perspektive des sich Bewegenden verstanden werden können, so soll von einer *subjektzentrierten* Deskription bzw. von einer subjektzentrierten Inhaltsanalyse gesprochen werden.

Die qualitative Bewegungsbeschreibung als subjektzentrierte Inhaltsanalyse

Ein solches subjektzentriertes Beschreibungsverfahren ist die „Kinetographie LABAN" (im amerikanischen auch als Labanotation bezeichnet)[23]. Es ist als ein Verfahren zu verstehen, bei dem notwendigerweise eine subjektzentrierte Perspektive eingenommen werden muß. Dies ist deshalb notwendig, weil davon ausgegangen werden muß, daß der Ausführende es ist, der *sich* bewegt, der *seine* Arme, *seinen* Rumpf, *seine* Beine, *seine* Schultern bewegt, der *sich* in einem Raum bezogen auf *seinen* Standort und *seine* jeweilige Position oder Lage vorwärts, rückwärts oder seitwärts bewegt. Das Beschreibungssystem von LABAN basiert auf Beschreibungskategorien, die vom sich Bewegenden aus zu verstehen sind.

Die Auswahl der zu beachtenden Stellen wird jedoch nicht wie bei der biomechanischen Deskription in das Ermessen des Beschreibenden gestellt.

[23] LABAN (1956), HUTCHINSON (1970), KNUST (1973).

Es existiert ein Regelwerk, das festlegt, an welchen Stellen, zu welchen Zeiten und mit welchen Kategorien das Bewegungsgeschehen zu erfassen ist. Hierbei ist zugleich eine gewisse Beschreibungsökonomie berücksichtigt, indem nicht mehr als eben nötig erfaßt werden soll.

Auch wenn es nicht unproblematisch ist, ein so differenziertes Regel- und Kategoriensystem in der hier notwendigen Kürze hinreichend genau darzustellen, so sind die wesentlichen Merkmale dieses Systems mit der Skizzierung der folgenden vier Punkte erfaßt[24].

1. Grundlegender Gedanke der Kinetographie ist die Erfassung des Bewegungsvorgangs durch *subjektbezogene Bewegungsrichtungen*. Es wird festgehalten, ob sich der Ausführende oder ein Körperteil des Ausführenden vorwärts, aufwärts, seitwärts-abwärts usw. bewegt. Für die Erfassung der Richtungen stehen bei LABAN 27 Kategorien zur Verfügung, die gegebenenfalls noch auf das Doppelte erhöht werden können.

2. Als zweites Merkmal ist die Regel zur Auswahl der zu beschreibenden Stellen zu nennen. Hier wird hierarchisch vorgegangen. Zunächst ist festzustellen, in welche Bewegungsrichtung der Ausführende sich als „Ganzes" bewegt, ob er also beispielsweise sich mit seinem gesamten Körper vorwärts oder seitwärts bewegt. Auf dieser ersten Stufe sind allerdings zugleich noch bestimmte Grundbewegungen zu unterscheiden: Das „Sich-Als-Ganzes-Bewegen" ist auf die Bewegungsformen des Gehens, des Springens und des Drehens eingeschränkt. Weitere Möglichkeiten werden nicht genannt. Es scheint so, als wären sie im Tanz und in der Gymnastik auch nicht notwendig.

Da diese erste Angabe selten schon zur Beschreibung der Gesamtbewegung ausreicht, sind entsprechende Erweiterungsmöglichkeiten vorgesehen. Man hat zu überprüfen, ob die an der Ausführung der eben beschriebenen Grundbewegungen in der jeweils genannten Richtung *nicht notwendig* zu beteiligenden Körperteile ihrerseits nicht auch *zusätzliche* Bewegungen vornehmen: Wenn man vorwärtsgeht, brauchen die Arme ja nicht notwendig die üblichen Ausgleichsbewegungen zu vollziehen und selbst das jeweilige Spielbein hat noch Freiheiten, besondere von der üblichen Gehbewegung abweichende Bewegungen auszuführen. Im Beschreibungssystem von LABAN ist daher als nächstes auf die sogenannten „Arm-, Bein- oder Oberkörpergesten" zu achten. Es ist festzuhalten, ob sich diese „freien" Körperteile in einer von der üblichen Bewegungsrichtung abweichenden Weise bewegen.

---

[24] Zur Grundlage der Zusammenfassung wurden HUTCHINSON (1970) und KNUST (1973) herangezogen.

Wenn nun aber nicht nur seitwärts zu gehen und beide Arme vorwärts zu bewegen, sondern auch noch etwa die Hände aufwärts zu führen sind, so reicht das bislang beschriebene Vorgehen noch immer nicht zur hinreichend genauen Beschreibung der Bewegung aus. Es ist von einer weiteren Differenzierung Gebrauch zu machen. LABAN führt noch „Körperzeichen" ein. Mit ihnen werden die Bewegungsrichtungen der Schultern, der Ellbogen, der Handgelenke, der Finger usw. erfaßbar. Dabei ist der Bezugspunkt der Bewegungsrichtung jeweils genau festgelegt. Eine Vorwärtsbewegung der Hände beispielsweise bezieht sich auf die Position des Handgelenks, eine Bewegung des Handgelenks auf die des Ellenbogens usw.

3. Ein drittes wesentliches Merkmal der Kinetographie LABAN ergibt sich aus der Tatsache, daß jede richtungsbezogene Bewegungsangabe nur dann sinnvoll ist, wenn die Ausgangsposition des Ausführenden bekannt ist. Man berücksichtigt auch hier wieder eine hierarchische Beschreibungstechnik. Als erstes ist die „Stelle" bzw. der „Standort" (place) festzuhalten. Man markiert damit jenen Punkt, über dem der Schwerpunkt des Ausführenden sich befindet. Als zweites ist dann noch die Haltung oder Position zu beschreiben, die an dieser Stelle vom Ausführenden eingenommen wird. Für diese Positionsbeschreibung müssen keine neuen Kategorien eingeführt werden, da man das Ende einer gerichteten Körperteilbewegung auch als Positionsbeschreibung verwenden kann. So kann die Hoch- oder Seithalte der Arme auch als das Ende einer aufwärts bzw. seitwärts gerichteten Armbewegung gesehen werden.

4. Mit der vierten Merkmalsgruppe wird schließlich noch der zeitliche Aspekt des Bewegungsvorgangs berücksichtigt. Zum Teil sind dabei keine neuen Zeichen mehr notwendig, da bei Simultanbewegungen die entsprechenden Bewegungssymbole nebeneinander und bei sukzessiven Bewegungen übereinander notiert werden. Die Darstellungstechnik verwendet also eine von unten nach oben gerichtete Schreibweise.

Für die Dauer der Bewegungsvorgänge müssen jedoch zusätzliche Überlegungen angestellt werden. Hier ist in Anlehnung an die in der Musik verwendete Beschreibungsweise ein Taktsystem gewählt worden, mit dessen Hilfe verschiedene Zeitlängen beschrieben werden. Durch waagrechte Querstriche in der senkrechten Spaltenschreibweise kann so die Zeitdauer der einzelnen Aktionen fixiert werden.

Der kurze Abriß über die Kinetographie LABAN kann nur näherungsweise verdeutlichen, daß dieses Verfahren als ein differenziertes Beschreibungssystem zu sehen ist. Er macht jedoch klar, daß dabei keine quantitativen, sondern ausschließlich qualitative Bewegungsmerkmale verwendet werden. Es ist eine Deskriptionsanalyse, bei der nicht gemessen, sondern beobachtet wird.

Folgerungen

Die Ausführungen über die verschiedenen Verfahren zur Inhaltsanalyse bei sportlichen Bewegungen zeigen auf, daß solche Analysen in zweifacher Weise zu verstehen sind. Sie sind zum einen zur Erfassung des Inhalts von Bewegungs*realisierungen* gedacht, während sie im andern Fall zur Erfassung des Inhalts von noch zu *realisierenden* Bewegungen verstanden werden müssen.

Dem ersten Fall sind die biomechanischen Deskriptionsanalysen zuzurechnen. Grundlage der Inhaltsbeschreibung ist hier immer die realisierte Bewegung. Dem zweiten Fall ist das Verfahren von LABAN zuzuordnen. Zur Grundlage dieser Beschreibungen müssen nicht notwendig realisierte Bewegungen genommen werden.

Mit der Analyse im ersten Fall ist die Absicht verbunden, das unmittelbar und oft auch nur zufällig Beobachtete an einem Bewegungsablauf durch systematische Beobachtung oder durch möglichst genaue Messungen zu objektivieren und zu ergänzen. Im zweiten Fall geht es darum, daß das, was gemacht werden soll, möglichst genau bzw. nur jeweils so genau beschrieben werden soll, daß unerwünschte Alternativen ausgeschlossen werden. Inhaltsanalysen beschreiben daher im einen Fall (möglichst genau) das, was war, während sie im andern Fall (möglichst genau) das beschreiben, was sein soll[25].

Vergleicht man nun diese Intentionen mit den Interessen von Analysen unter funktionalem Bewegungsverständnis, so läßt sich folgern, daß Inhaltsanalysen und funktionale Bewegungsanalysen nur recht wenig miteinander zu tun haben können: Wenn es (nur) auf die Erfassung der Inhalte ankommt, so läßt sich nicht erkennen, was beschreibungsnotwendig ist, aus welchen Gründen es notwendig ist und was und warum etwas gegebenenfalls verändert werden kann. Da eine Analyse unter funktionalem Bewegungsverständnis aber gerade zur Beantwortung solcher Fragen beitragen soll, muß sie über die inhaltliche Erfassung dessen, was geschehen ist bzw. geschehen soll, hinausgehen. Sie muß Mittel bereitstellen und Wege aufzeigen, durch die erkannt werden kann, weshalb ein Bewegungsablauf in

---

[25] Das Problem, ob bei Inhaltsanalysen *quantitative* oder *qualitative* Beschreibungsmittel verwendet werden sollen, ist unter dieser Perspektive nicht — wie man es aus BALLREICH (1972) ableiten könnte — schon von vornherein zugunsten der quantitativen Beschreibung entschieden. Eine solche Entscheidung kann nur in der jeweils vorliegenden Situation getroffen werden.

dieser oder jener Weise vorgenommen wird bzw. vorgenommen werden sollte und inwieweit er unter welchen Umständen verändert werden kann.

Daß ein solches Analyseverfahren dennoch nicht ganz unabhängig von inhaltsanalytischen Verfahren entwickelt werden kann, wird deutlich, wenn folgende Überlegungen berücksichtigt werden. Zum einen gehen alle Beschreibungssysteme, die das erfassen, was vom Ausführenden erreicht werden soll, davon aus, daß das, was beschrieben wird, auch auszuführen ist, während das, was in der Beschreibung nicht erwähnt wird, sich entweder „automatisch" in einer eindeutigen Weise ergibt, oder aber in unterschiedlichen Ausführungsweisen zugelassen werden kann. In solchen Fällen muß daher berücksichtigt werden, daß es Vorstellungen über notwendige Verlaufsbedingungen gibt. Eine funktionale Bewegungsanalyse darf insofern diese Bedingungen nicht unberücksichtigt lassen. Sie sollte allerdings überprüfen, auf welche Weise und vor allem bis zu welcher Differenzierung diese Verlaufsnotwendigkeiten beschrieben werden. Zum andern gehen die Beschreibungssysteme, die das erfassen, was vom Ausführenden erreicht worden ist, davon aus, daß die ermittelten Größen auch eine Bedeutung im Hinblick auf das zu Erreichende haben. Wenn im Weitsprung beispielsweise die Kontaktzeit und die Anlaufgeschwindigkeit erfaßt werden (vgl. NIGG 1974), so wird dabei angenommen, daß diese Beschreibungsgrößen einen angebbaren Einfluß auf die Weitsprungleistung haben. Die Inhaltsanalyse ist in diesem Fall daher mehr oder weniger nur als notwendige Voraussetzung für eine Analyse zu sehen, über die der Einfluß einzelner Bestandteile einer Bewegung oder einzelner Modalitäten einer Bewegung auf die mit dem Bewegungsablauf verknüpfte sportliche Leistung bestimmt werden kann. Eine funktionale Bewegungsanalyse wird die Ergebnisse solcher Deskriptionsanalysen daher insofern berücksichtigen müssen, als der Einfluß einzelner Bestandteile oder Modalitäten einer Bewegung auf deren Resultat zumindest indirekt auf die Funktion dieser Bestandteile oder Modalitäten verweisen kann.

Zusammenfassend läßt sich feststellen, daß die Verfahren zur Erfassung der Inhalte von Bewegungen zwar nicht die Grundlage funktionaler Bewegungsanalysen sein können, daß sie aber dennoch bei der Analyse von Bewegungen unter funktionalem Verständnis berücksichtigt werden müssen.

2.2 Ordnungsanalysen

Vergegenwärtigt man sich, daß JAHN schon vor mehr als 150 Jahren in der „Deutschen Turnkunst" allein bei den Schwungübungen am Reck auf 132 verschiedene Aufschwünge verwiesen hat (JAHN / EISELEN 1816, 87), daß unter dem Einfluß der Elementargymnastik von PESTALOZZI 380 verschiedene Kopf- und 1434 einfache und zusammengesetzte Armbewegungen entwickelt worden sind (vgl. GROLL 1955, 44), daß aber auch heute noch, wie die Übungen am Stufenbarren der Turnerinnen beispielsweise zeigen, ständig neue Elemente erfunden werden, und beachtet man, daß daneben immer wieder neue Sportgeräte entwickelt werden, die zu immer neuen Bewegungsmöglichkeiten und auch gelegentlich zu neuen Sportarten führen, so wird verständlich, warum die Forderungen nach planvoller und sachgemäßer Ordnung der Bewegungen der Leibesübungen und des Sports immer wieder erhoben wurden[26]. Die Argumente sind dabei im wesentlichen stets dieselben geblieben:

— Die Darstellung der Vielfalt sportlicher Bewegungen wird übersichtlicher, wenn sie von einer fundierten Gliederung getragen werden kann. In diesem Fall sind die ordnungsanalytischen Überlegungen zur *Stoffgliederung* verwendet worden.

— Die Auswahl aus der Vielfalt sportlicher Bewegungen (die zum Beispiel notwendig wird, wenn — wie im Schulsport — diese Vielfalt in ihrer Gesamtheit nicht berücksichtigt werden kann) wird leichter, wenn sie durch Ordnungsanalysen vorbereitet werden kann. Hier hat die Ordnungsanalyse den Charakter einer *Taxonomie*.

— Bei der Kommunikation zwischen Lehrendem und Lernendem lassen sich Begriffsverwirrungen vermeiden, wenn für die vielfältigen Bewegungsformen möglichst genaue Bezeichnungen gefunden werden. Ordnungsanalytische Konzepte werden hier zur Grundlage von *Terminologien* herangezogen.

— Die methodische Aufbereitung von Bewegungen gelingt leichter, wenn man etwas über die Anordnung und Reihenfolge weiß, in der die einzelnen Bewegungsbestandteile miteinander verbunden werden können, wenn man also Ordnungsanalysen zu *methodischen* Überlegungen heranzieht.

Ordnungsanalytische Überlegungen zur Gliederung der sportartspezifischen Stoffülle

Gliederungsvorschläge, die — wie jene der „Systematiken der Leibesübungen" im 18. und 19. Jahrhundert — zur Darstellung einer mehr oder weniger genau abgegrenzten Gesamtheit von Bewegungen verwendet werden sollten, sind heute nur noch im Bereich bestimmter Sportarten zu finden. Es sind Sportarten, die — wie das Geräteturnen, die Sportspiele oder der Judosport — eine Vielfalt von verschiedenen Bewegungen umfassen.

[26] Vgl. GROLL (1955, 7 ff.), RIELING (1967, 225), DIETRICH (1973), KURZ (1977, 67).

Hinsichtlich der jeweils verwendeten ordnungsanalytischen Gesichtspunkte lassen sich eine Reihe von Gemeinsamkeiten nennen.

1. Nahezu übereinstimmend richten sich die sportartspezifischen Ordnungsüberlegungen auf die Anordnung solcher Bewegungsabläufe, die man gemeinhin im Sport als die sportartspezifischen Fertigkeiten bezeichnet. Diese Fertigkeiten werden bei der Darstellung der Bewegungsvielfalt einer Sportart in der Regel als die kleinsten, sinnvollen, sportartspezifischen Bewegungseinheiten gesehen. Sie sind meistens auch durch eine besondere Bezeichnung erfaßt. Im Gerätturnen handelt es sich etwa um den Handstützüberschlag, um die Rolle vorwärts, um den Umschwung vorlings vorwärts oder um den Flick-Flack; im Skilaufen berücksichtigt man den Pflugbogen, den Grundschwung, den Kurz- oder Tiefschwung; im Tennis geht es um den Vorhandschlag, um den Stop oder um den Lob und im Judo um den Deashi Barai, den Kouchi Gari oder den Harai Goski.

2. Es ist beinahe durchweg üblich, als Einteilungsgesichtspunkte lediglich oberflächliche Merkmale heranzuziehen. Darunter sind Merkmale zu verstehen, die am äußerlich erkennbaren Geschehensablauf beobachtet werden können.

— So wird häufig nach typischen (oder vermeintlich typischen) *motorischen Operationen* geordnet: Man schleudert, kippt, stemmt oder überschlägt sich im Turnen; man steigt um, schleudert oder schneidet im Skilaufen; man stoppt, paßt oder sperrt im Fußball; man springt, wirft, läuft oder stößt in der Leichtathletik.

— Oder es wird nach dem *Gerät* geordnet, das *zu bewegen* ist: Das ist beim Kugelstoßen, beim Speer-, Diskus- oder Hammerwerfen, aber auch beim Rhönradturnen oder beim Rollbrettfahren der Fall.

— Oder es wird nach der *Position des jeweils verwendeten Hilfsinstruments* geordnet, wie das bei der Rück- oder Vorhand im Tennis oder beim offenen oder geschlossenen bzw. gestemmten Fahren im Skilauf der Fall ist.

— Oder es wird nach den (hauptsächlich) beteiligten *Körperteilen* geordnet. So versucht man im Judo durch Fuß- oder Hüfttechniken den Gegner zu Fall zu bringen, während man im Fußball durch Brust, Oberschenkel oder Fuß den Ball zu stoppen und in der Zweckgymnastik die Arme, die Beine oder den Rumpf zu bewegen hat.

— Gelegentlich wird nach der *spezifischen Umgebung*, in der die Bewegung stattfindet, geordnet: Man turnt Reck, Barren oder Seitpferd und man fährt Torlauf, Buckelpiste oder Tiefschnee.

— Manchmal wird auch zur Anordnung von Bewegungen auf *typische Bahnkurven* zurückgegriffen. So kann man im Skilaufen den S-Schwung, im Eislaufen den Achter oder Dreier fahren.
— Oder es wird auf das *Bewegungstempo* eingegangen. Man kann Stützüberschläge beim Boden- oder Schwebebalkenturnen langsam oder schnell ausführen, und man kann im Skilaufen ohne, aber auch mit schnellendem Abstoß Umsteigeschwünge fahren.
— Oder es wird auf die Art der *Kontaktstelle*, an der der Ausführende die Verbindung zur Umgebung aufnimmt, eingegangen. Man kippt zum Beispiel im Rist-, Kamm- oder Zwiegriff, man beendet bzw. beginnt Sprünge auf dem Trampolin in der Bauch- oder Rückenlage, im Sitz oder im Stand, und man bewegt sich in der Gymnastik oder im Tanz in verschiedenen, nach der Fuß- oder Beinstellung unterschiedenen Grundpositionen.
— Und schließlich ist auch noch die Anordnung von Bewegungen auf Grund ihrer *Funktion* zu erwähnen. Man spielt im Tennis einen Slice, weil man dem Ball einen bestimmten Drall (Schnitt) mitgeben will; man fährt im Skilaufen Ausgleichsschwünge, weil man Geländeformationen ausgleichen will, und man bildet im Volleyball einen Block, weil man den vom Gegner geschmetterten Ball nicht erst ins eigene Feld kommen lassen, sondern bereits vorne am Netz abblocken will.

3. Neben dieser Vielfalt der in der Sportpraxis verwendeten Ordnungsmerkmale ist noch die Art zu nennen, mit der diese bei der Anordnung von sportartspezifischen Bewegungen verwendet werden. Es ist selten, daß eine Anordnung innerhalb einer Sportart ausschließlich nach *einem* Merkmal vorgenommen wird. Es ist vielfach so, daß *mehrere* Merkmale zugleich berücksichtigt werden. Dabei wird zum einen so vorgegangen, als wären diese Merkmale unabhängig voneinander verwendbar. So wird im Turnen gekippt oder gestemmt, unabhängig davon, ob man im Rist- oder Kammgriff, oder ob man am Barren oder Reck turnt. Ebenso spricht man von Überschlägen, gleichgültig ob die Bewegungen nach vorwärts oder rückwärts verlaufen. Und auch im Fußball stoppt oder paßt man einen Ball, unabhängig davon, ob dies mit dem Kopf, dem Oberschenkel oder dem Fuß vollzogen wird. Andererseits aber scheint man auch Abhängigkeit berücksichtigen zu müssen. In der Leichtathletik beispielsweise ist die Ordnung nach den Geräten der Ordnung nach motorischen Operationen unterstellt. Man stößt, aber wirft die Kugel nicht, und man wirft, aber schleudert den Speer nicht. Ähnliches läßt sich zwischen der Gliederung nach den beteiligten Körperteilen bzw. nach den motorischen Operationen beobachten: Im Fußball etwa steht die

motorische Operation „über" dem beteiligten Körperteil, da man vom Stoppen spricht, unabhängig davon, ob dazu Rumpf oder Fuß verwendet werden. In der Zweckgymnastik dagegen wird zunächst nach dem zu bewegenden Körperteil und erst dann nach der Art der motorischen Operation geordnet.

Es kann nun sogar vorkommen, daß man innerhalb einer Sportart in einzelnen Fällen zur Anordnung von Bewegungen Merkmale heranzieht, die in anderen Fällen wiederum nicht beachtet werden. So unterscheidet man beispielsweise im Skilaufen beim Umsteigeschwingen die Ausführung im „Normaltempo" von der Ausführung mit „schnellendem Abstoß". Dieselbe auf dem Ordnungsmerkmal „Bewegungstempo" beruhende Unterscheidung wird aber beim Parallelschwingen nicht mehr vollzogen, obgleich sie dort im Prinzip genau so möglich wäre. Oder man ordnet beim Kurzschwingen nur diejenigen Richtungsänderungen mit kleinem Schwungradius und hoher Aktionsfrequenz ein, die mit Hoch-, nicht aber mit Tiefentlastung ausgeführt werden, obgleich auch hier entsprechende Formen gefahren werden können. Oder man gruppiert beim Ausgleichsschwingen nur die Parallelschwünge, nicht aber ausgleichende Umsteigeschwünge ein[27].

Gerade die letzten Beispiele können verdeutlichen, daß die Verwendung von Oberflächenmerkmalen bei der Anordnung der Bewegungen einer Sportart dazu führen kann, daß Nebensächliches für bedeutend, Wichtiges dagegen für unbedeutend oder nicht erwähnenswert gehalten wird. Um solche Folgen zu vermeiden, ist das im nächsten Abschnitt dargestellte Ordnungsverfahren von RIELING / LEIRICH / HESS (1967—69) entwickelt worden. Mit ihm sollte beschränkt auf die Übungen des Gerätturnens ein primär für terminologische Zwecke verwendbares Ordnungsgefüge geschaffen werden, das statt peripherer Gliederungsaspekte nur „wesentliche" Merkmale berücksichtigt.

Ordnungsanalytische Konzepte zur Unterstützung sportartspezifischer Terminologien

Ordnungsanalysen, die primär zur Klärung terminologischer Probleme beitragen sollen, sind nur im Gerätturnen und beim Trampolinspringen angestellt worden. In diesen Sportarten wird die Begriffszuordnung nicht ohne differenzierte Bewegungsanalyse vorgenommen.

---

[27] Vgl. Deutscher Verband für das Skilehrwesen (1975): Skilehrplan 2 — Umsteigeschwingen; Skilehrplan 3 — Parallelschwingen.

Beim Trampolinspringen liegt die Art der Ordnungsanalyse infolge einer gewissen Gleichartigkeit des Aufbaus der einzelnen Bewegungen relativ nahe. Die Bewegungen lassen sich gegeneinander abgrenzen, wenn
— die jeweilige *Absprungposition* des Ausführenden angegeben wird (hierbei werden mit der Fuß-, Sitz-, Rücken- und Bauchposition die wichtigsten Positionen abgegrenzt); wenn
— das Ausmaß der *Drehung um die Körperbreitenachse* erfaßt wird (hierbei wird in der Praxis mit den Vielfachen von halben Drehungen, bei SOBOTKA (1976) mit den Vielfachen von Achtel-Drehungen gearbeitet); wenn
— das Ausmaß der *Drehungen um die Körperlängsachse* beschrieben wird (hierbei geht man von den Vielfachen halber Drehungen aus); wenn
— das Ausmaß der *Drehungen um die Körpertiefenachse* genannt wird (auch hierbei geht man von den Vielfachen halber Drehungen aus); wenn
— die *Bewegungsrichtung* der Drehung um die Körperbreitenachsen hinzugefügt wird (was bei den Drehungen um die anderen Körperachsen nicht erwähnt wird) und wenn schließlich noch
— die *Körperhaltung* während des Flugs angegeben wird (hierbei kennt man die gestreckte, die gehockte und die gewinkelte bzw. gegrätschtgewinkelte Flughaltung).

Wenn daher ein Sprung als ein ¹/₁ Salto vorwärts gehockt aus der Rückenlage beschrieben wird, so ist — wenn man berücksichtigt, daß Saltobewegungen Drehungen um die Breitenachse sind und daß nicht zu vollziehende Drehungen um andere Achsen auch nicht genannt werden — die terminologische Abgrenzung vollständig und der Sprung gegenüber anderen hinreichend genau charakterisiert.

Verschiedene Bewegungsgruppen lassen sich bilden, wenn lediglich ein Teil der zur eindeutigen terminologischen Charakterisierung verwendeten Merkmale herausgegriffen wird. Man kann so beispielsweise von Saltobewegungen oder von Sitz- oder Fußsprüngen sprechen.

Bei den Bewegungen des Gerätturnens ist die terminologische Abgrenzung ungleich schwieriger. Während beim Trampolinspringen die Bewegungsvielfalt sich im wesentlichen nur über die Variation der Absprung- bzw. Landepositionen und der Flugbewegungen (die sich immer aus den Drehungen um die drei genannten Schwerpunktachsen zusammensetzen müssen) ergibt, ist dies im Gerätturnen nicht mehr der Fall. Verschiedene Terminologien und das ständige Bemühen um deren Verbesserung können als äußeres Merkmal der Schwierigkeiten gesehen werden[28].

---

[28] Vgl. BERTRAM (1964), BUCHMANN (1972), HEROLD / GÖHLER (1973).

Auf den differenziertesten Vorschlag, der von RIELING / LEIRICH / HESS (1967—69) entwickelt wurde und der auf Grund der verwendeten bewegungsanalytischen Grundlagen auch als der fundierteste angesehen werden kann, ist im folgenden einzugehen. Die Überlegungen „zur strukturellen Anordnung der Übungen des Gerätturnens" basieren auf der Annahme, daß alle Bewegungen des Gerätturnens eine *vergleichbare Verlaufsstruktur* haben. Einzelne Strukturgruppen können dadurch gebildet werden, daß innerhalb dieser Verlaufsstruktur an bestimmten Stellen Unterschiede erkennbar sind.

In Anlehnung an bereits vorliegende Konzepte[29] geht RIELING (1967) von *funktionell* begründbaren Bewegungsphasen aus, die als grundlegende, nicht nur an eine einzelne Bewegung oder auch nicht nur an bestimmte Gruppen von Bewegungen gebundene Verlaufseinheiten gewählt werden können. Diese als *Funktionsphasen* bezeichneten Bewegungsabschnitte werden als funktionelle Einheiten aus elementaren Gelenkbewegungen charakterisiert, bei denen es zu „zielgerichteten Verlagerungen der Teil- und Gesamtmasse des (an der turnerischen Bewegung beteiligten — d. Verf.) Systems kommt" (RIELING 1967, 229).

Die Funktionsphasen lassen sich gewichten. Diese Gewichtung ist gegeben durch die Funktion der Phase hinsichtlich des zu erreichenden Ziels bzw. hinsichtlich ihres Zusammenhangs mit „den der jeweiligen Bewegung zugrundeliegenden prinzipiellen Charakteristika" (RIELING 1967, 230). Es können *einleitende, überleitende, Haupt-* und *aussteuernde* Funktionsphasen unterschieden werden. In der Hauptfunktionsphase wird aus einer durch einleitende und überleitende Funktionsphasen erreichbaren Ausgangsposition die *angestrebte Endlage* erreicht, wobei gegebenenfalls die in dieser Endlage noch enthaltene (kinetische) Energie durch die aussteuernde Funktionsphase zu amortisieren oder aber in eine nachfolgende Bewegung überzuleiten ist. Hieraus wird ersichtlich, daß die peripher angeordneten Phasen einer Bewegung infolge ihrer Abhängigkeit von der Hauptfunktionsphase in möglicherweise verschiedenartiger Form realisiert werden können. So bieten sich für die terminologische Charakterisierung nur die Hauptfunktionsphasen an: Es wird beispielsweise von einer *Überschlag*bewegung immer dann gesprochen, wenn sich der Ausführende in einer Flugphase um seine Breitenachse dreht. Unwesentlich ist dabei im Hinblick auf die terminologische Abgrenzung dieser Bewegungen etwa gegenüber den *Umschwung*bewegungen, auf welche Weise der Ausführende die Flugphase und die Drehung eingeleitet hat.

---

[29] RIELING schließt an Überlegungen von DONSKOI (1961), FETZ (1964), HANEBUTH (1964), MEINEL (1960) und UKRAN (1960) an.

Rieling / Leirich / Hess erhalten nun die Anordnung der Übungen des Gerätturnens, in dem sie die Hauptfunktionsphase zu erfassen und zu differenzieren versuchen. Die in der Definition der Hauptfunktionsphase erwähnte Ausgangs- und Endlage scheint dabei nicht auszureichen: Einen Aufschwung kann man beispielsweise nicht alleine damit charakterisieren, daß er vom Stand oder Hang in den Stütz führt. Es gibt viele Bewegungen, die diesen Übergang ermöglichen, die man aber nicht als Aufschwünge verstehen möchte. Es wird daher auch die Art und Weise des Übergangs in die Charakterisierung der verschiedenen Hauptfunktionsphasen mit einzubeziehen sein. Dies wird im Konzept von Rieling u. a. dadurch geleistet, daß der Bewegungsvorgang in der Hauptfunktionsphase als eine aus *Rotationen* (um zu beschreibende Drehachsen) und aus *Translationen* (in bestimmten Richtungen bzw. auf bestimmten Bahnen) sich zusammensetzende Ortsveränderung des Ausführenden bzw. seiner Körperteile gesehen wird. Die Unterschiede in der simultanen und sukzessiven Verknüpfung von Translation und Rotation und die Differenzierung der jeweiligen Drehachse werden als strukturelle Merkmale angesehen; sie ergeben auch die Grundlage zur Differenzierung und terminologischen Abgrenzung einer Strukturgruppe.

So ist beispielsweise die Gruppe der Umschwungbewegungen charakterisiert als eine in senkrechter Ebene verlaufende Ganzrotation, bei der sich die Gesamtmasse des Ausführenden um eine zu seiner Breitenachse parallel liegende feste Drehachse bewegt, während die Gruppe der Überschlagbewegungen als eine in senkrechter Ebene mit Translation verbundene Rotation um die zumindest zeitweilig freie Breitenachse beschrieben wird, und die Gruppe der Kippbewegungen als eine aus einer spezifischen Ausgangslage — der sogenannten Kipplage — aufwärtsgerichtete Beschleunigung der Gesamtmasse zu sehen ist, die mit einer Teilrotation um die Breitenachse des Ausführenden verbunden ist[30].

Auf diese Weise werden für die Bewegungen des Gerätturnens acht (wesentliche) Strukturmerkmale[31] differenziert, und eine Bewegung ist genau dann einer von acht Strukturgruppen zuzuordnen, wenn sie in ihrer Hauptfunktionsphase das entsprechende Strukturmerkmal aufweist. Der Vollständigkeit halber ist hinzuzufügen, daß es auch Übungen gibt, die sich nicht ausschließlich einer solchen Strukturgruppe zuordnen lassen. Am Reck oder am Barren können Bewegungen geturnt werden, die sowohl Merk-

---

[30] Eine solche knappe Charakterisierung der Hauptfunktionsphasen gibt — auf der Basis der Überlegungen von Rieling u. a. — Buchmann (1972).
[31] Hierzu gehören die Auf-/Umschwung-, Stemm-, Kipp-, Felg-, Roll-, Beinschwung-, Überschlag- und Sprungbewegungen (Rieling / Leirich / Hess 1967—69 und Buchmann 1972).

male der Kipp-, als auch Merkmale der Aufschwungbewegungen haben. Insofern ist es konsequent, hier von Kippaufschwüngen zu sprechen[32].

Im Unterschied zu anderen im Gerätturnen verwendeten Ordnungskonzepten und im Unterschied zu den oben genannten Anordnungen in anderen Sportarten (Trampolinspringen ausgenommen) haben RIELING / LEIRICH / HESS damit ein Ordnungskonzept entwickelt, das nicht mehr von zufälligen und unwesentlichen Oberflächenmerkmalen abhängig ist. Die Anordnung der Übungen des Gerätturnens und damit verbunden auch ihre terminologische Erfassung wird hier auf der Basis eines für *alle* turnerischen Bewegungen gleichermaßen gültigen Analyseverfahrens vorgenommen.

Ordnungsanalytische Überlegungen unter methodischem Aspekt

Bei den ordnungsanalytischen Überlegungen, die zu methodischen Zwekken angestellt werden, interessiert primär die Frage, in welcher Reihenfolge beispielsweise Bewegungen nacheinander gelehrt und gelernt werden sollen. Es interessiert zum andern aber auch, ob vom (früheren) Erlernen bestimmter Bewegungen günstige oder aber auch weniger günstige Konsequenzen auf das Erlernen anderer Bewegungen erwartet werden können.

Die Lösungsvorschläge, die in der Literatur zur Methodik der einzelnen Sportarten zu finden sind, geben zwar stets Lehrwege an. Diese stützen sich jedoch auf eine Bewegungsanalyse, bei der die Art der Analyse nicht reflektiert und insofern auch nicht allgemein verwendbar ist. Die Begründung der dargestellten Lehrsequenz liegt in der Regel unausgesprochen in der praktisch erfahrenen Brauchbarkeit.

In der Sporttheorie wird die Frage der lernrelevanten Anordnung von Bewegungen bislang von der allgemeinen Methodik der Leibesübungen unter dem Problembereich der *methodischen Reihe* behandelt. Unter einer solchen Reihe wird die Folge von Übungen oder Tätigkeiten verstanden, die nach *methodischen Gesichtspunkten* gestuft und auf ein *konkretes Unterrichtsziel* ausgerichtet ist[33]. Was eine methodische Reihe ist und wie sie aufgebaut werden kann, wird daher erst dann klar, wenn man das Unterrichtsziel explizit kennt und wenn man über methodische Gesichtspunkte informiert ist.

Da man in der allgemeinen Methodik der Leibesübungen bislang davon ausging, daß das Unterrichtsziel eine (nur) didaktisch zu rechtfertigende Größe ist, sind innerhalb der Methodik auch keine Untersuchungen hinsichtlich dieser Größe angestellt worden. Im Falle der sportlichen Bewegung

---

[32] Entsprechend kann von Felgumschwüngen, von Stemmschwüngen oder von Sprungüberschlägen gesprochen werden.
[33] Vgl. STIEHLER (1974, 203—220), FETZ (1975, 150—162).

bedeutete dies, daß man im Rahmen methodischer Überlegungen über die Bewegung in ihrer Eigenschaft als Unterrichtsziel nicht reflektiert hat. Reflektiert wurde lediglich, wie man für den als festes Unterrichtsziel vorgegebenen Bewegungsablauf eine Lehrreihe „unter methodischen Gesichtspunkten" aufstellen kann. Diese Gesichtspunkte bestehen zum Teil aus allgemeinen Leitsätzen („Vom Leichten zum Schweren", „Vom Einfachen zum Komplexen"). Sie verweisen zum Teil aber auch auf konkrete Prinzipien, die nicht ohne bewegungsanalytische Konsequenzen angewendet werden können.

So wird beim „Prinzip der verminderten Lernhilfe" (FETZ 1975, 155) beispielsweise davon ausgegangen, daß der vollständige Bewegungsablauf bzw. die Übung als Ganzes vom Lernenden unter Bedingungen realisiert werden soll, die gerade so eingerichtet sind, daß das jeweilige Unterrichtsziel vom Lernenden auch erreicht werden kann. Dieses Prinzip setzt daher voraus, daß man als Lehrender in der Lage ist, diejenigen Phasen (oder Stellen) im Ablauf der zu lehrenden Bewegung zu kennen, die sich durch Veränderung der jeweiligen Rahmenbedingungen auch erleichtern lassen. FETZ beschreibt hierzu das Beispiel der Nackenkippe (1975, 156—8), bei der in der Phase des Kippstoßes energetische Reduktionen (und damit Erleichterungen) möglich sind, wenn man den Lernenden von einer erhöhten Basis herab die Bewegung ausführen läßt. Diese externe Hilfsmaßnahme kann dann wieder abgebaut werden, wenn die unterstützte Bewegungsphase sich beim Ausführenden in entsprechender Weise verbessert hat, wenn also im genannten Fall die Kippbewegung schneller und richtungsstabiler geworden ist.

Beim „Prinzip der graduellen Annäherung" (FETZ 1975, 158) wird ausgenutzt, daß verschiedene Bewegungen „formverwandt" sein können. Durch ständige Formveränderung bestimmter Bewegungsmerkmale kann dann nach diesem Prinzip aus einer vom Schüler bereits realisierten Bewegung eine neue Bewegung erreicht werden. Das Prinzip der graduellen Annäherung setzt daher (zumindest bei komplexen Bewegungen) voraus, daß die Frage der Formverwandtschaft zwischen verschiedenen Bewegungen über entsprechende Bewegungsanalysen hinreichend genau geklärt ist. FETZ zeigt dieses Prinzip am Beispiel der Kreishocke am Barren auf: Diese Übung braucht, wenn sie am Barrenende geturnt wird, nur mit einer kleinen Kreisbewegung (kleiner Radius und geringes Drehausmaß) ausgeführt zu werden. Durch stetige Vergrößerung dieser Kreisbewegung (Vergrößern des Radius und Vergrößern des Drehausmaßes) läßt sie sich dann allmählich an die gewünschte Bewegungsform der Kreishocke annähern (FETZ 1975, 158—161).

Ein drittes Prinzip, das „Prinzip der Aufgliederung in funktionelle Teileinheiten", wird lediglich im Zusammenhang mit dem Erlernen sportspielspezifischer Bewegungen genannt. Die komplexe Spielhandlung ist danach in ihre wesentlichen Grundformen, in kleinste funktionelle Einheiten zu gliedern. Der Lehrweg führt über das jeweils getrennte Einüben zum Zusammenfassen dieser Einheiten zu komplexeren Gebilden (FETZ 1975, 161/2). Lehrwege nach diesem Prinzip hängen daher davon ab, ob und wie man einen Bewegungsablauf in funktionelle Teileinheiten gliedern kann. Dies ist insofern nicht ohne Bedeutung, als es in der Methodik der Sportspiele gerade in dieser Frage zu unterschiedlichen Konsequenzen gekommen ist. Diese Unterschiede lassen sich darauf zurückführen, daß die Unterteilung in funktionelle Einheiten unterschiedlich gedeutet wurde[34].

Ordnungsanalytische Überlegungen aus didaktischer Perspektive

Gleichgültig, welche didaktische Position man einnimmt — gleichgültig also, ob man Leibesübungen und Sport als Erziehungsmittel und Bildungsanlaß[35], ob man sie als Vorbereitung zur Bewältigung von Lebenssituationen[36], ob man sie als Lerngelegenheit[37] oder als Möglichkeit zur Erreichung und Erweiterung von Handlungsfähigkeit[38] betrachtet — pädagogische Verantwortung und erziehungswissenschaftliches Problembewußtsein scheinen stets zu einer aufgabengemäßen wie auch sachgerechten Sichtung und Ordnung der Vielfalt sportlicher Bewegungen zu zwingen. In der reformpädagogisch-, in der bildungstheoretisch-orientierten wie auch in der curriculumtheoretisch ausgerichteten Phase und vor allem in neueren Ansätzen einer integrativen Fachdidaktik des Sports ist stets, wenn auch in unterschiedlichster Weise, auf ordnungsanalytische Überlegungen zurückgegriffen worden.

Für die noch auf reformpädagogische Überlegungen zurückgehende wie auch für die bildungstheoretisch orientierte Didaktik der Leibeserziehung ging es darum, die Bildungsabsichten und die Bildungsaufgaben einer Leibeserziehung durch entsprechende Anordnung und Systematisierung des Bildungsguts zu konkretisieren. Eine solche Systematik wäre allerdings mißverstanden, wenn ihr Blick nur am jeweils angeführten „Stoff" hängen bliebe; sie muß zu erkennen geben, daß primär die verfolgten Bildungsabsichten die Anordnung prägen (GROLL 1955, 74). Als gemeinsames Ordnungsprinzip für die Vielfalt der Leibesübungen und des Sports wird

---

[34] Vgl. DIETRICH (1964), STÖCKER (1966), LANDAU (1969).
[35] Vgl. BURGER / GROLL (1971).
[36] Vgl. DIECKERT (1972), BALLREICH / BECKER / KAYSER (1971, 1973).
[37] Vgl. v. HENTIG (1972).
[38] Vgl. KURZ (1977).

daher die Absicht, der „Sinn" gesehen, der sich für den ergibt, der Leibesübung selbst betreibt. Die Unterschiede in der Sinngebung sind auch die Unterscheidungsmerkmale des Übungsguts. Sie führen zu „Grundformen" von Leibesübungen und Sport. So wird bei BURGER / GROLL (1971), die stellvertretend für die von vorrangig reformpädagogischen Gedankengängen geprägte didaktische Richtung des österreichischen Schulturnens genannt werden sollen, in Ergänzungs-, formende, Leistungs- und sozialbildende Übungen gruppiert[39].

In der bildungstheoretisch-geprägten Phase der schulischen Leibesübungen sind die Anordnungen an charakteristische Strukturmerkmale des Sports, an „Grundformen des Verhaltens" (MESTER 1962), an „Grundformen" (BERNETT 1965) oder an „Dispositionen" (SCHMITZ 1967) gebunden. Kategorien wie „Spielen", „Leisten", „Gestalten", „Üben", „Kämpfen" und „Tanzen" werden vorgeschlagen. Dennoch wird die durch die Sportarten bereits vorgegebene Ordnung bei der Auswahl der schulrelevanten Leibesübungen nicht verändert. Man versucht lediglich, mit dem Gerätturnen, mit der Leichtathletik und mit einzelnen Spielen ein den Strukturmerkmalen des Gestaltens, des Leistens oder des Spielens mehr oder weniger gut entsprechendes Bewegungsspektrum zu berücksichtigen.

Diese Auffassung ist erst in jüngster Zeit aufgegeben worden. Neuere Ansätze in der Fachdidaktik des Sports richten sich bei der Auswahl der Elemente des Schulsports weder ausschließlich nach möglichen Sinnrichtungen noch nach sportartgebundenen Strukturierungen (EHNI 1977, KURZ 1977). Es wird vielmehr von der Vielfalt der vorliegenden Gliederungen und Anordnungen ausgegangen, gleichgültig welcher Art sie auch sein mögen. Dabei ist allerdings zu prüfen, welche Vor- und Nachteile sich für das Problem der Auswahl der Elemente ergeben können. So diskutiert KURZ (1977) *verschiedene* Möglichkeiten der Gliederung und Strukturierung der Vielfalt sportlicher Situationen. Dabei sind Gliederungen, die sich durch Differenzierung des *Bewegungs-* oder *Interaktions*aspekts ergeben, ebenso interessant wie Gliederungen, die sich durch die verschiedenen *Sinnrichtungen*, unter denen Sport betrieben werden kann, und durch die unterschiedlichen *Anforderungen*, die mit sportlichen Bewegungen verbunden sind, erkennen lassen. Wesentlichstes Merkmal dieser Konzeption ist die Abkehr von der *sportartgebundenen Klassifizierung* und die Hinwendung

---

[39] Bei den Ergänzungsübungen sieht man den Sinn im Ausgleich, in der Vorbeugung und in der Konditionsförderung, bei den formenden Übungen in der Haltungs- und Bewegungsformung, bei den Leistungsübungen ist der Ausführende auf Leistung, beim Spiel, Tanz und bei der Wanderung ist er dagegen auf soziales Lernen ausgerichtet (BURGER / GROLL 1971).

zu einer Anordnung, die von der Auflistung einer Reihe von *situativen Rahmenbedingungen* geprägt wird.

Folgerungen

Aus dem Abriß über die verschiedenen im Sport angestellten ordnungsanalytischen Überlegungen wird deutlich, daß es bei aller Unterschiedlichkeit der einzelnen Ansätze zum einen um das Erkennen von *Gemeinsamkeiten*, um das Herausstellen von „prinzipiell Gleichem" (BUCHMANN u. a. 1972), zum andern um das Markieren von typischen *Unterschieden* zwischen einzelnen Bewegungen geht. Ordnungsanalytische Überlegungen haben nun insofern etwas mit funktionalen Bewegungsanalysen zu tun, als durch die Kennzeichnung von typischen Gemeinsamkeiten und von typischen Unterschieden zwischen sportlichen Bewegungen bestimmte Merkmale einer Bewegung als wichtig (im Sinne von ordnungsrelevant) bzw. als weniger wichtig oder gar als unwichtig bestimmt werden und wichtige (bzw. für wichtig gehaltene) Bewegungsmerkmale bei einer Bewegungsanalyse, die Notwendigkeiten wie Freiheiten gleichermaßen zu ermitteln hat, nicht übergangen werden dürfen.

Daß die meisten der genannten ordnungsrelevanten Bewegungsmerkmale auf Grund der in den Leitlinien skizzierten Konzeption einer funktionalen Bewegungsanalyse (vgl. Teil 1) nicht übergangen werden können, zeigen die drei folgenden Überlegungen:

1. Durch die (vorgesehene) Bearbeitung der Bewegungsziele und durch die Untersuchung der von Movendum, Beweger und Umgebung geprägten Rahmenbedingungen kann vor allem auf die didaktisch interessierenden Ordnungsmerkmale Rücksicht genommen werden. Die Liste der von KURZ (1977) aufgezeigten Situationen, die sich für die Auswahl der Elemente des Schulsports über die Differenzierung des Bewegungsaspekts erkennen lassen, führt im wesentlichen Merkmale auf, die bei der Aufarbeitung der *verlaufsrelevanten Bezugsgrundlagen* zu beachten sind.

2. Durch die Anlehnung der funktionalen Bewegungsanalyse an das Konzept von RIELING u. a. (vgl. 40 f.) im Hinblick auf die Analyse des Verlaufsgeschehens ergibt sich konsequenterweise die Berücksichtigung der dort herausgestellten terminologisch interessierenden Ordnungsmerkmale. Daß dabei das Bewegungsgeschehen innerhalb einer Funktionsphase nicht immer wie bei RIELING u. a. mit Hilfe der mechanischen Bewegungsarten der Translation und Rotation beschrieben werden kann, wird selbstverständlich, wenn man das Konzept der Bewegungsanalyse nicht nur auf Bewegungen des Gerätturnens einschränken will.

3. Die vorgesehene Gliederung des Bewegungsablaufs in funktionstragende Verlaufsbestandteile wird auch die verwirrende Vielfalt der Aspekte, die zu sportartspezifischen Stoffgliederungen verwendet werden, berücksichtigen können. Dabei wird es — gemäß dem institutionskritischen Interesse der funktionalen Bewegungsanalyse — möglich sein, diese Ordnungsmerkmale nicht nur zu berücksichtigen, sondern auch auf ihre tatsächliche oder auch nur vermeintliche Oberflächlichkeit hin zu prüfen.

Die Aufarbeitung der Vielfalt ordnungsanalytischer Überlegungen hat so einerseits deutlich gemacht, welche Merkmale bei einer funktionalen Bewegungsanalyse auf Grund vorliegender Anordnungen zu berücksichtigen sind. Sie hat andererseits aber auch bestätigen können, daß dies mit der vorgesehenen Konzeption im wesentlichen zu leisten sein dürfte.

2.3 Optimierungsanalysen

Sportliche Bewegung ist in der Regel mit einem meß- oder beobachtbaren *Ergebnis* verbunden. Sportliches Bewegen kann auf das Verbessern solcher Ergebnisse gerichtet sein. Versteht man Sport und Sportunterricht unter dem Aspekt der Leistungs- bzw. Ergebnis-Optimierung, so muß auch die Bewegungsanalyse als Optimierungsanalyse verstanden werden. Unter dieser Voraussetzung sind verschiedene Analyseverfahren im Sport entwickelt worden. Je nachdem, ob diese Verfahren für die Analyse einer *einzelnen* sportlichen Bewegung oder aber für die Untersuchung verschiedener bzw. *aller* sportlichen Bewegungen konzipiert sind, soll von *spezifischen* bzw. *allgemeinen Optimierungsanalysen* gesprochen werden.

Allgemeine Optimierungsanalysen

Die Kennzeichnung der „wesentlichen Merkmale einer optimalen Ausführung sportlicher Bewegungsabläufe" ist nach MEINEL (1971, 133) eine der Hauptaufgaben einer pädagogisch ausgerichteten Bewegungslehre des Sports. Kernstück zur Lösung dieser Hauptaufgaben ist die kategoriale Erfassung und Charakterisierung des optimalen Bewegungsablaufs. Eine kategoriale Erfassung hebt im Unterschied etwa zur Deskription des konkreten Einzelfalls „aus dem verwirrenden Netz der Erscheinungen die wichtigsten Züge heraus", wobei die konkreten und besonderen Einzelheiten des Ablaufs vieler Bewegungen „gleichsam zum Wesentlichen ‚umgeschmolzen' " (MEINEL 1971, 144) werden. Mit ihrer Hilfe soll der Sportpädagoge in die Lage versetzt werden, unabhängig von den je spezifischen quantitativen Merkmalen der einzelnen Bewegung eine „große Anzahl von Einzelheiten gleichsam mit einem Blick" (MEINEL 1971, 145) zu übersehen.

MEINELS Kategoriensystem ist in drei Merkmalsgruppen unterteilt: Die erste Gruppe der *figuralen* Merkmale soll den äußeren, räumlich-zeitlichen Verlauf, die zweite Gruppe der *dynamischen* Merkmale den (vom Ausführenden aus zu beurteilenden) Krafteinsatz und die dritte Gruppe soll Merkmale der *psychischen Einstellung*, die zur Steuerung des optimalen Bewegungsablaufs notwendig sind, wiedergeben.

Wichtigstes *figurales* Merkmal einer optimal ausgeführten Bewegung ist ihre richtige räumlich-zeitliche Gliederung, ihre „Phasenstruktur". Jeder sich nicht ständig wiederholende, d. h. jeder azyklische Bewegungsablauf kann in eine *Vorbereitungs*phase, in eine *Haupt*phase und in eine *End*phase gegliedert werden; dabei ist die Hauptphase jener Verlaufsabschnitt, in der die *eigentliche Bewegungsaufgabe* unmittelbar bewältigt wird[40]. Bei sich wiederholenden, d. h. zyklischen Bewegungsabläufen kommt es dagegen bei optimaler Ausführung zu einer *Phasenverschmelzung* von Vorbereitungsphase und Endphase, wobei dann von einer *Zwischenphase* gesprochen wird. Die Vorbereitungsphase dient der optimalen Vorbereitung der Hauptphase, die Endphase dient der Überführung der in der Hauptphase erreichten, möglicherweise instabilen Endsituation in eine relativ stabile Gleichgewichtssituation oder aber in eine neue, für nachfolgende Bewegungen brauchbare Ausgangsposition. Die bereits angesprochene Phasengliederung von RIELING u. a. ist eine Weiterentwicklung dieser Gliederung, die speziell für die Bewegungen des Gerätturnens angelegt wurde.

Ein zweites, relativ allgemeines figurales Merkmal der optimalen Ausführung ist die „Harmonie" einer Bewegung. Mit diesem Merkmal soll auf den Umstand verwiesen werden, daß Bewegungsabläufe im Sport als nicht optimal angesehen werden, wenn sie auch nur an wenigen Stellen in ihrer räumlich-zeitlichen Verlaufsform gestört, also „disharmonisch" sind[41].

Die Gruppe der *dynamischen* Merkmale umfaßt die Kategorien „Bewegungsrhythmus", „Bewegungsfluß", „Bewegungselastizität" und

---

[40] In MEINEL (1971) wird auf eine weitere Erklärung der Hauptphase und auf verdeutlichende Beispiele verzichtet. Erst in MEINEL / SCHNABEL (1976) wird in diesem Zusammenhang von „grundsätzlich zwei Möglichkeiten" gesprochen: „Zum einen besteht die Aufgabe darin, dem gesamten Körper einen Bewegungsimpuls zu erteilen und diesen rationell auszunutzen". Hierbei ist etwa an das Springen, Gehen oder Schwimmen gedacht. „Zum anderen wird ein Endglied der Gliederkette des Körpers durch einen Kraftimpuls aus dem gesamten Körper beschleunigt und dadurch einem Gerät oder Gegner ein Bewegungsimpuls erteilt" (MEINEL / SCHNABEL 1976, 103). Hierzu gehören zum Beispiel alle Wurf-, Stoß- oder Schlagbewegungen.

[41] In MEINEL / SCHNABEL (1976) wird die Bewegungsharmonie nicht mehr als ein Bewegungsmerkmal gesehen. Es wird dort nur dann noch von Bewegungsharmonie gesprochen, wenn „ein ausgewogenes Verhältnis in der Ausprägung aller Merkmale" vorliegt (MEINEL / SCHNABEL 1976, 197).

„Bewegungsübertragung". Auch bei dieser Gruppe wird ein Teil der Kategorien, nämlich Bewegungsübertragung und Bewegungsrhythmus, als besonders bedeutungsvoll gegenüber den anderen hervorgehoben. Mit der Kategorie des Bewegungsrhythmus soll die richtige dynamische Struktur eines Bewegungsablaufs erfaßt werden. Im Unterschied zur zwei- bzw. dreifachen Gliederung der räumlich-zeitlichen (Phasen-)Struktur kann jedoch hier keine allgemeine Gliederungsregel angegeben werden. MEINEL erwähnt lediglich den periodischen Wechsel von Spannung und Entspannung (der Muskulatur), wobei die Übergänge zwischen diesen beiden Zuständen bei einer optimal ausgeführten Bewegung fließend sein müssen. Für eine unrhythmische Bewegung ist daher eine ständige Spannung oder ein Nachlassen der Spannung an der falschen Stelle charakteristisch. Die Kategorie der Bewegungsübertragung verallgemeinert Beobachtungen, denen zufolge innerhalb einer Phase die (Teil-)Bewegungen der einzelnen Glieder oft so aufeinanderfolgen, daß man den Eindruck gewinnt, die Bewegung des einen Glieds würde auf die Bewegung eines anderen übertragen werden. Wenn solche Übertragungen nicht oder nur unvollständig zustandekommen, so kann nicht von einer optimalen Ausführung gesprochen werden[42].

Zur dritten Gruppe der Merkmale, die sich auf psychische Besonderheiten beziehen, gehört die Kategorie der „Bewegungsvorausnahme" und der „Bewegungsgenauigkeit". Erstere zeigt sich im äußeren Erscheinungsbild des Ablaufs „in der Abstimmung der vorausgehenden Bewegungsphase oder des gesamten Bewegungsablaufs auf die folgende Bewegungsaufgabe" (MEINEL 1971, 214). Letztere soll berücksichtigen, daß die optimale Ausführung einer Bewegung sich auch dadurch auszeichnet, daß sie bei Wiederholungen ziel- und ablaufgenau realisiert werden kann[43].

---

[42] Die Kategorie der Bewegungsübertragung ist von GUTEWORT (1967) und FETZ (1972) kritisiert bzw. weiter präzisiert worden. Bewegungsübertragungen sind danach „Impulsübertragungen, die sich durch innere Kräfte innerhalb des menschlichen Gliederkettensystems (unter Einbeziehung verwendeter Sportgeräte oder Werkzeuge) abspielen" (FETZ 1972, 311). Sie lassen sich durch Geschwindigkeitsdiagramme von Teilschwerpunkten veranschaulichen. Diese Präzisierung ist wiederum von KASSAT kritisiert worden. Er weist darauf hin, daß man im Einzelfall zwischen Impuls- und Drehimpulsübertragung zu unterscheiden hat (KASSAT 1977).

[43] In MEINEL / SCHNABEL (1976), der Neubearbeitung von MEINEL (1971), sind hinsichtlich der Bewegungskategorien Veränderungen vorgenommen worden. War ursprünglich noch die Bearbeitung der Bewegungsmerkmale pädagogisch legitimiert worden (die optimale Bewegung ist die pädagogisch wertvolle Bewegung), so wird sie jetzt lediglich im Zusammenhang mit der Beschreibung und Untersuchung der gut koordinierten Bewegung gesehen („Wie werden die Aspekte und Gesetzmäßigkeiten der Bewegungskoordination in bestimmten

In der Zielsetzung durchaus mit der Entwicklung des Kategoriensystems von MEINEL vergleichbar sind die Ansätze zur Definition und zur Erforschung von „Geschicklichkeit und Übung", über die REED (1971) berichtet. Wenngleich dort geschicktes und geübtes menschliches Verhalten auch nicht auf das Ausführen-Können von optimalen sportlichen Bewegungen eingeschränkt wird, so hat der Beschreibungsversuch von REED mit MEINELs Kategoriensystem dennoch vieles gemeinsam.

Das erste der sechs von REED (1971, 123—125) genannten Merkmale betrifft die *Schnelligkeit der Verrichtung*, wobei hier nicht nur der (minimale) Zeitaufwand (time), sondern auch die richtige zeitliche Regelung (timing) gemeint ist. Damit wird auf das eingegangen, was MEINEL unter der zeitlichen Regelung der Phasenstruktur erfaßt hat. Das zweite Merkmal wird umschrieben mit der *Ausschaltung überflüssiger Bewegungen* bzw. mit der Unterdrückung von Schnörkeln. Hier ist das gemeint, was MEINEL unter der Kategorie der Bewegungsharmonie einordnet. Als drittes Merkmal einer geübten und geschickten Bewegung wird das *nachlassende Bedürfnis nach Selbstkontrolle und Bestätigung* gesehen. Hier scheint bei MEINEL keine Entsprechung vorzuliegen. Dagegen wird mit der *Antizipation* wieder wie bei MEINELs Bewegungsvorausnahme ein Merkmal genannt, mit dem das Vorausdenken und die solcher Vorausplanung entsprechenden und rechtzeitig begonnenen motorischen Aktivitäten umschrieben werden. REED nennt als Beispiel den Tennisspieler, der nicht nur einen guten Schlag ausführen, sondern unmittelbar danach auch stets eine taktisch gute Position einnehmen kann. MEINEL nennt den Handballspieler, der schon bei der Ballannahme die Beine und den Körper in eine für den nachfolgenden Wurf geeignete Ausgangsposition bringen kann. Als fünftes Merkmal erwähnt REED die *Automatisierung* der Reaktionen. Der Geübte braucht nicht mehr notwendig an alles, was er gerade zu tun hat, zu denken. Und als sechstes Merkmal wird schließlich auf die *Zuverlässigkeit* verwiesen, mit der Leistungen auch unter ungewohnten Bedingungen erbracht werden. Eine Analogie zu MEINEL bei den beiden letzten Merkmalen (aber auch beim dritten) läßt sich erst dann herstellen, wenn beachtet wird, daß bei REED vor allem der Prozeß zum Erwerb von Geschicklichkeit von Interesse ist. Berücksichtigt man dies und beachtet man auch, daß MEINEL bei seinem Vorschlag zur Gliederung des motorischen Lernens die letzte Lernphase als die Phase der *Automatisierung* und der Festigung und Anpassung an wechselnde

---

Merkmalen des Bewegungsablaufs sichtbar?" (MEINEL / SCHNABEL 1976, 60). Ferner sind neue Kategorien aufgenommen worden: Unter dem *Bewegungsumfang* wird die räumliche Ausgedehntheit eines Bewegungsablaufs, unter dem *Bewegungstempo*, die Schnelligkeit und unter der *Bewegungsstärke* die Größe des Krafteinsatzes verstanden.

Bedingungen kennzeichnet, so kann auch hier eine gute Übereinstimmung mit REED festgestellt werden.

Faßt man diese Ähnlichkeiten zusammen, so darf man wohl davon ausgehen, daß es Merkmale gibt, mit deren Hilfe die optimale Ausführung eines Bewegungsablaufs umrissen werden kann, *ohne* daß auf die je spezifisch vorgegebene Bewegungsaufgabe eingegangen werden muß. Inwiefern solche Analysen noch durch *spezielle* Optimierungsanalysen ergänzt werden müssen, sollen die nachfolgenden Ausführungen aufzeigen.

Spezielle Optimierungsanalysen

Hinsichtlich der Optimierungsanalysen, die sich ausschließlich auf *eine* zu analysierende Bewegungsaufgabe beschränken, lassen sich drei Richtungen unterscheiden: Es gibt Analysen, die die Merkmale des optimalen Ablaufs auf theoriegeleitete Interpretationen oder Plausibilitätsbetrachtungen zurückzuführen; es gibt Analysen, in denen mit Hilfe biostatistischer Methoden nach leistungsspezifischen und leistungsindifferenten Merkmalen des optimalen Bewegungsablaufs gesucht wird, und es gibt Analysen, die den optimalen Ablauf auf der Basis systemtheoretischer Modellbetrachtungen zu berechnen versuchen.

Allen ist gemeinsam, daß sportliche Bewegung als Orts-, Positions- und Bewegungszustandsveränderung unter physikalisch beschreibbaren Bedingungen verstanden wird.

Analysen auf der Grundlage theoriegeleiteter Interpretationen: Spezielle Optimierungsanalysen werden vielfach (nur) auf der Grundlage theoriegeleiteter Interpretationen durchgeführt. Das hierbei verfolgte Vorgehen ist zwar bislang noch nirgends explizit als ein mögliches Analyseverfahren dargestellt worden. Nach ihm wird in der Regel aber sowohl vom theoretisch interessierten Praktiker als gelegentlich auch umgekehrt vom praktisch interessierten Theoretiker vorgegangen[44]. Eine solche Vorgehensweise besteht, verkürzt dargestellt, aus zwei Gedankengängen.

Man versucht als erstes, vorhandenen und beobachtbaren oder aber auch nur konstruierten (und noch nicht realisierten) Teiloperationen einer Bewegung bestimmte, in der Regel *biomechanische Funktionen* im Hinblick auf das Gesamtziel der Bewegung zuzuordnen. Man diskutiert dann im zweiten Schritt in Abhängigkeit von dieser (angenommenen) Funktion die optimale Verlaufsform dieser Teiloperation. Dabei wird die Diskussion

---

[44] Als typische Beispiele können — was den praktisch interessierten Theoretiker anbelangt — alle Bewegungsanalysen in HAY (1973) und — was den theoretisch interessierten Praktiker anbelangt — alle Bewegungsanalysen in SÖLL (1975) angesehen werden.

mit Argumenten vollzogen, die auf (in der Regel biomechanische) Bewegungstheorien gestützt werden.

Als Beispiel sollen bewegungsanalytische Überlegungen gewählt werden, die WIEMANN im Gerätturnen bei der Besprechung von „Felgen" angestellt hat. Unter Felgen sind bei WIEMANN (1971, 99) „alle turnerischen Bewegungsformen zusammengefaßt, denen ein Schwung im Sturzhang zugrundeliegt"[45]. Bei diesen Schwüngen lassen sich (bei den bislang bekannten Ausführungsformen) zwei Teiloperationen beobachten: Während des Abschwungs wird der Körper von der Drehachse weg- und während des Aufschwungs wieder zu ihr hinbewegt. Der erstgenannte Analyseschritt wird nun dort erkennbar, wo WIEMANN diese Teiloperation als Pendelverlängerung bzw. als Pendelverkürzung interpretiert und die damit verbundene Wirkung als eine nach den (mechanischen) Impulsgesetzen[46] erklärbare Änderung der Winkelgeschwindigkeit beschreibt. Die biomechanische Grundlage bzw. der bewegungstheoretische Hintergrund ist in diesem Fall die Gesetzmäßigkeit: Je weiter der Körperschwerpunkt von der Drehachse im Abschwung entfernt ist, desto größer ist das Drehmoment der Schwerkraft; je größer dieses Drehmoment ist, desto größer wiederum ist die am Ende des Abschwungs erreichte Winkelgeschwindigkeit. Der beobachtbaren Teiloperation wird damit eine bestimmte (mechanische) Funktion zugeordnet, sie erfüllt — so wird angenommen — einen bestimmten Zweck: Sie dient der Pendelverlängerung und bewirkt somit eine Erhöhung der Drehgeschwindigkeit.

Diese Funktionszuordnung erlaubt nun gemäß dem zweiten Analyseschritt, den *optimalen Verlauf* der entsprechenden Operation vor dem ausgewählten bewegungstheoretischen Hintergrund zu diskutieren: Im Falle des Sturzhangschwingens führt dies zu der Aussage, daß während der gesamten Abwärtsbewegung die Masse des Ausführenden so weit, wie es körperliche und aufgabenspezifische Gegebenheiten zulassen, von der Drehachse zu entfernen ist, während im Aufschwung genau das Gegenteil ausgeführt werden soll[47].

---

[45] Daß WIEMANN sich hier von der Auffassung von RIELING u. a. unterscheidet (vgl. 41), ist für die nachfolgende Betrachtung unerheblich. Der Unterschied geht nicht auf das theoriegeleitete Analysevorgehen zurück (dieses Vorgehen wird auch von RIELING u. a. verwendet).

[46] Vgl. HOCHMUTH (1967, 57), DONSKOI (1975, 221 ff.).

[47] In vergleichbarer Weise ordnet COUNSILMAN (1968, 1971) im Kraulschwimmen dem räumlichen Verlauf des Armzugs und der Handposition unter Wasser bestimmten Funktionen zu. Auf Grund dieser Zuordnung kann COUNSILMAN dann bestimmte Raumbahnen (S-förmiger Unterwasserzug) und bestimmte Handgelenkpositionen als besonders antriebsgünstig herausstellen.
Daß man hierbei auch zu viel (oder zu wenig) in eine Bewegung „hinein-

Analysen auf der Grundlage biomathematischer Modellbildung: Über bloße Interpretation hinaus reicht ein Verfahren, das erst in jüngerer Zeit zur Ermittlung des optimalen Ablaufs einer sportlichen Bewegung entwickelt und an einem Modellbeispiel explizit durchgeführt wurde. Das Verfahren basiert auf biomathematischer Modellbildung, und mit ihm soll im Unterschied zu den weiteren Verfahren die optimale Bewegungsform ausschließlich deduktiv aus einer entsprechenden Aufgabenstellung bestimmt werden.

Grundlage dieser Optimierungsanalyse ist die Transformation des realen Verlaufsgeschehens in ein biomechanisch-mathematisches Modell. Hierzu ist das System der die Bewegung bewirkenden (physikalischen) Größen durch ein System von Differentialgleichungen zu beschreiben. Dabei sind die bewegungsunterstützenden und die bewegungsbehindernden (Muskel- und Reibungs-)Kräfte ebenso zu berücksichtigen wie die zu bewegenden Massen und Drehmassen, und es sind die Bedingungen über Anfangs-, Zwischen- und Endstellungen der zu bewegenden Teile exakt festzulegen. Mit Hilfe entsprechender Berechnungsverfahren können dann im Modell die Probleme von Zeit- oder Wegoptimierung berechnet werden[48].

Dieses Verfahren ist im Zusammenhang mit einer Bewegungsaufgabe vorgestellt worden, bei der der Ausführende (unter ungewöhnlich einengenden Laborbedingungen, die verfahrensbedingt wohl auch kaum geändert werden können) eine am Fuß befestigte 10-kg-Masse aus einer exakt vorgeschriebenen Ausgangsstellung in eine genau beschriebene Endstellung *möglichst schnell* zu kicken hatte (vgl. HATZE 1976 a, b). Durch das geschilderte Verfahren konnte für den Probanden Raumweg und Minimalzeit der optimalen Kick-Bewegung berechnet werden.

Angeregt durch diesen Erfolg formulierte HATZE eine *Fundamentalhypothese* für die Bewegungslehre des Sports, wonach es für jede sportliche Leistungsaufgabe und für jedes Individuum einen — und nur einen — Bewegungsablauf gibt, durch den bei entsprechenden Nebenbedingungen das aufgabenspezifische Leistungskritierium minimiert oder maximiert wird (HATZE 1976 b).

Analysen auf der Grundlage biostatistischer Methoden: Im Gegensatz zu den eben behandelten Verfahren geht die Optimierungsanalyse auf der Grundlage biostatistischer Methoden stets von vorliegenden Realisierungen einer sportlichen Bewegung aus. Die Merkmale des optimalen Bewegungs-

---

interpretieren" kann, zeigt zum Beispiel die Diskussion um den bogenförmigen Anlauf bei der Flop-Technik im Hochsprung, die in der Fachzeitschrift des Deutschen Leichtathletik-Verbands „die Lehre der Leichtathletik" zwischen 1969 und 1973 geführt wurde.

[48] Vgl. HATZE (1976 a); in ähnlicher Weise geht auch BAUER (1976) vor.

ablaufs werden durch eine spezielle Methodenkombination aus biomechanischer Datengewinnung und statistischer Datenverarbeitung bestimmt. Analysegegenstand sind die im Wettkampf oder im Experiment realisierten Bewegungsabläufe, die eine Personenstichprobe aus Sportlern unterschiedlicher Leistungsstärke liefert. Die Abläufe werden über biomechanische Deskriptionsanalysen erfaßt (vgl. 28 f.), so daß je nach Untersuchungsaufwand eine mehr oder weniger große Vielzahl von Daten zur statistischen Verarbeitung gegeben ist. Diese Datenverarbeitung läßt sich im Rahmen der biomechanischen Optimierungsanalyse nach BALLREICH in vier, vom verwendeten Datenverarbeitungsverfahren abhängigen Abschnitten vollziehen[49].

Im ersten Abschnitt, in dem ein „komparativ-analytisches Untersuchungsziel" verfolgt wird, werden die in der Deskriptionsanalyse erfaßten Bewegungsmerkmale in leistungsindifferente und leistungsrelevante bzw. leistungsbestimmende (WILLIMCZIK 1972) unterschieden. Leistungsrelevant ist ein Merkmal, wenn seine Intensität gleich- bzw. gegensinnig mit der sportmotorischen Leistung variiert (BALLREICH 1972, 28). Beispiele solcher leistungsrelevanten Merkmale sind die Länge des ersten Laufschritts nach dem Überqueren der Hürde im 110-m-Lauf oder die (Vorwärts-)Neigung des Rumpfs während des Überquerens der Hürde (WILLIMCZIK 1972, 77 u. 79) oder die Anlaufgeschwindigkeit im Weitsprung (BALLREICH 1970, 168, NIGG 1974, 73). Feststellen lassen sich diese leistungsrelevanten Merkmale mit Hilfe korrelationsstatistischer bzw. varianzanalytischer Verfahren (BALLREICH 1972, 29, WILLIMCZIK 1972, 71).

Je differenzierter die Deskriptionsanalyse angelegt ist, desto umfangreicher kann die Liste der leistungsrelevanten Merkmale werden. Da nicht angenommen werden kann, daß alle diese Merkmale voneinander unabhängig sind, liegt es nahe, auch ein „dimensions-analytisches Untersuchungsziel" zu verfolgen, bei dem unter den leistungsrelevanten Merkmalen nach den „elementaren und voneinander unabhängigen" Merkmalskomplexen gefragt wird. Hierzu wird die Faktoren- oder Dimensionsanalyse eingesetzt (BALLREICH 1972, 30). Mit ihr kann, falls die zur Durchführung notwendigen Voraussetzungen gegeben sind, eine Reduzierung der Vielzahl der leistungsrelevanten Bewegungsmerkmale auf wenige leistungsbestimmende Faktoren erreicht werden. Als Beispiel seien drei Faktoren genannt, die für das Anlaufverhalten im Weitsprung verantwortlich

---

[49] Die nachfolgend vorgenommene Einschränkung des Überblicks über die Optimierungsanalysen auf biostatistischer Grundlage auf das von BALLREICH (1972) beschriebene Verfahren ist insofern berechtigt, als B. bislang als einziger das dabei notwendige Vorgehen systematisch aufgearbeitet und explizit beschrieben hat.

sind: der Schrittlängen-Index als der Quotient aus Schritt- und Beinlänge, der Schrittfrequenz-Index als das Produkt aus Schrittfrequenz und Beinlänge und die Fußstellung (BALLREICH 1972, 30).

War bislang nur erkennbar, *daß* bestimmte Merkmale die sportmotorische Leistung *bedingen*, so wird beim „funktional-analytischen Untersuchungsziel" auch noch auf den quantitativen Zusammenhang zwischen Merkmal und Leistung einzugehen versucht. Im Unterschied zur Optimierungsanalyse auf der Grundlage biomathematischer Modellbildung wird bei dem von BALLREICH vorgeschlagenen Verfahren dieser Zusammenhang nicht auf deterministischer, sondern auf stochastischer Grundlage ermittelt: Der statistisch gesicherte Zusammenhang wird über Regressionsanalysen quantitativ beschrieben.

Schließlich erwähnt BALLREICH auch noch ein „effektiv-analytisches Untersuchungsziel", bei dem der Einfluß ermittelt werden soll, den die *experimentelle Änderung* leistungsrelevanter Merkmale auf die Leistung hat. Bei der Analyse des Weitsprungs mußten die Probanden mit 3, 5, 7, 9 und 11 Anlaufschritten so weit wie möglich springen, so daß die Auswirkung dieser Veränderung auf die vertikale Abfluggeschwindigkeit untersucht werden konnte.

Folgerungen

Wenn bei den beschriebenen Optimierungsanalysen stets die Ermittlung der leistungsspezifischen Merkmale der Bewegungsabläufe im Vordergrund steht, so ist dies dem Interesse dieser Analysen entsprechend naheliegend. Weniger selbstverständlich ist allerdings, daß diese Verfahren durchaus auch bei funktionalen Bewegungsanalysen eingesetzt werden können. Die Art und Weise, wie mit ihnen Optimierungsprobleme analysiert werden, ist zum Teil auch auf die Probleme übertragbar, die sich bei funktionalen Bewegungsanalysen stellen, obgleich es bei diesen nicht primär um die Charakterisierung von optimalen Bewegungen geht.

Dies gilt zunächst für das Analyseverfahren von MEINEL. Durch einige der dort genannten Kategorien wird die Analyse auf Aspekte eines Bewegungsablaufs gerichtet, die nicht nur im Hinblick auf optimal ausgeführte Bewegungen von Bedeutung sind. So macht das Merkmal der Phasengliederung zunächst einmal unabhängig von einer guten oder weniger guten Ausführung darauf aufmerksam, daß ein Ablauf in Abschnitte gliederbar ist, in denen bestimmte, nebensächliche oder wichtige (Teil-)Aufgaben zu bewältigen sind: Die Aufgabe in der vorbereitenden Phase bleibt auch bei der weniger guten Ausführung weniger wichtig als die in der Hauptphase zu bewältigende. Oder die Kategorie der Bewegungsübertragung zeigt auf, daß es Abschnitte in einem Ablauf gibt, an denen Teile des Körpers des Ausführenden in Bewegung versetzt werden, um damit andere, angrenzende Körperteile nachfolgend leichter oder schneller in Bewegung versetzen zu können. Hinweise dieser Art sind auch dort zu berücksichtigen, wo es darum geht, die Notwendigkeiten und die Bewegungsspielräume von Bewegungsabläufen abgrenzen zu können.

Freilich kann das Analysekonzept von MEINEL in der vorliegenden Form für funktionales Analysieren nur bedingt Verwendung finden. Es hebt zwar durch die einzelnen Kategorien bestimmte Aspekte bei einem Bewegungsablauf heraus. Es gibt jedoch dort keine Hinweise mehr, wo man geklärt haben will, wie die Verlaufsmodalitäten zum Beispiel in einer bestimmten Phase oder im konkreten Fall einer Bewegungsübertragung auszusehen haben oder wie groß der Bewegungsumfang (oder die Bewegungsschnelligkeit) bei einem speziellen Bewegungsablauf sein muß. Dies wird gerade beim Bewegungsumfang besonders deutlich. Das Konzept verweist hier lediglich darauf, daß der Umfang nicht beliebig sein darf, daß er bei der konkreten Bewegung weder zu groß noch zu klein sein darf (MEINEL / SCHNABEL 1976, 191). Es verweist jedoch nicht darauf, *wie* groß er sein muß. Hier wird lediglich festgestellt, daß dies nur „entsprechend der jeweiligen motorischen Aufgabe" geklärt werden kann. Damit wird aber weder eine Hilfe zur genauen Charakterisierung der jeweiligen motorischen Aufgabe angeboten, noch wird angesprochen, wie man im konkreten Fall vorzugehen hat, um etwas über den richtigen bzw. über den eben noch zulässigen Bewegungsumfang zu erfahren.

Hilfe in dieser Hinsicht bieten die Analysen, die auf der Grundlage theoriegeleiteter Interpretationen vollzogen werden. Wenn bei diesen Analysen bestimmten Operationen bestimmte Funktionen zugeordnet werden und wenn die Verlaufsmodalitäten der Operationen auf Grund dieser Funktionszuordnung diskutiert werden, dann ist dieses Vorgehen nicht nur auf die Bestimmmung von optimalen Ausführungen beschränkt. Es kann überall dort verwendet werden, wo geeignete Theorien zur Verfügung stehen.

Hilfe für die Konkretisierung der Verlaufsmodalitäten könnte im Prinzip auch das Analyseverfahren auf der Grundlage biomathematischer Modellbildung leisten. Diese Vorgehensweise ist jedoch insofern nur beschränkt verwendbar, als die zur Lösungsermittlung notwendig werdende exakte Festlegung der Neben- und Randbedingungen nicht nur in den meisten Fällen nicht zu leisten ist; sie widerspricht in der Regel auch den sportspezifischen Aufgabenstellungen.

Dagegen scheint die Optimierungsanalyse auf der Grundlage biostatistischer Methoden nur im Hinblick auf die Ermittlung der optimalen

Ablaufmodalitäten anwendbar zu sein. Die optimale Ausführungsform wird hier ja gerade dadurch bestimmt, daß sie sich von den nichtoptimalen Bewegungsausführungen (statistisch gesichert) abgrenzen läßt. So sind beispielsweise die leistungsbestimmenden Merkmale im Weitsprung oder beim Hürdenlauf, die aus der Analyse von Höchstleistungen gewonnen werden, auf Grund des angewendeten Verfahrens nicht notwendig auch die leistungsbestimmenden Merkmale des Weitsprungs oder Hürdenlaufs von Schülern.

2.4 Aufgabenanalysen

Der Überblick über den Stand der Konzepte zur Analyse sportlicher Bewegungen wird mit jenen Verfahren abgeschlossen, bei denen der Bewegungsvorgang als Lösung bzw. als Lösungsmöglichkeit einer mit Bewegung verbundenen Aufgabe gesehen wird. Im Unterschied zu den Optimierungsanalysen kommt es bei solchen Aufgabenanalysen jedoch nicht auf das Erkennen von Merkmalen an, die für die Verlaufsform der optimalen Lösung charakteristisch sind. Es geht vielmehr um die *Charakterisierung* und *Typisierung* der *Aufgabenstellung* selbst und um ein *Erkennen* und *Gewichten* von *Aufgabenbestandteilen,* die vom Ausführenden jeder Könnensstufe jeweils zu realisieren sind.

Die Typisierung von Bewegungsaufgaben

Erste Hinweise über die Unterschiedlichkeit sportspezifischer Bewegungsaufgaben erhält man, wenn man von Überlegungen ausgeht, die bei MEINEL (1971) im Zusammenhang mit der Systematisierung sportlicher Bewegungen dargestellt sind. Hier wird eine Aufgabentypisierung vorgeschlagen, die von der Differenzierung der konkreten, gegenständlichen Bedingungen ausgeht. Charakteristische Unterschiede des zu bewegenden Objekts und charakteristische Merkmale der bei der Bewegung verwendeten Hilfsgeräte ergeben dabei folgende Gruppen:

Die erste Gruppe umfaßt Bewegungen, bei denen sich der Ausführende zum Zweck der Fortbewegung *ohne fremde Hilfsmittel* mit der Umwelt direkt auseinandersetzt. Dies ist zum Beispiel beim Gehen, Laufen, Springen oder Klettern der Fall.

Die zweite Gruppe beinhaltet Bewegungen, die der Ausführende direkt *auf andere Gegenstände* oder aber auch auf *Partner* und *Gegner* richtet, um diese fortzubewegen. Dies trifft für das Werfen, Stoßen oder Ziehen zu.

In der dritten Gruppe sind Bewegungen einzuordnen, bei denen der Ausführende *Geräte zu einer indirekten Übertragung* seiner eigenen Bewegungen benutzt, um die Wirksamkeit dieser Bewegungen zu erhöhen.

Dies trifft etwa beim Tennis-, Hockey- oder Golfspiel, aber auch beim Rollschuh- oder Skilauf zu.

Bewegungen an *feststehenden Geräten*, bei denen der Ausführende wie etwa beim Reck- oder Barrenturnen seine Bewegungen dem Gerät anpassen muß, gehören zur vierten Gruppe, und

Bewegungen, bei denen die verursachenden Kräfte vorwiegend *Fremdkräfte* sind und der Ausführende sich auf das Steuern und Lenken der Bewegung einschränken kann (oder muß), umfassen die letzte Gruppe (MEINEL 1971, 101 ff.).

Diese Typisierung läßt sich ohne Mühe auf zwölf Aufgabentypen erweitern, wenn die beiden zentralen Einteilungskriterien nur unabhängig voneinander gesehen werden. Unterscheidet man beim zu bewegenden Objekt in dreifacher Weise nach dem Ausführenden, nach einem materiellen Objekt und nach dem Partner oder Gegner, und unterteilt man bei den Hilfsmitteln nach solchen, die wie Werkzeuge manipulierend benutzt oder die, wie alle Umgebungsbedingungen, in die Bewegung miteinbezogen werden müssen, oder aber die, wie die Schwerkraft, die Wind- oder Motorkraft, bei der Bewegungserzeugung zur Verfügung stehen, so ergeben sich die in Abbildung 1 dargestellten zwölf Grundtypen. Es ist unschwer zu erkennen, daß damit im Unterschied zu MEINELs Einteilung beispielsweise das Ringen oder Boxen als eine ohne Hilfsmittel auf einen *Gegner* gerichtete Bewegung

zu bewegendes Objekt	ohne Hilfen	mit instrument. Hilfen	mit Umgebungshilfen	mit Wind-, Motor- bzw. Fremdkraft
der Ausführende	Schnellaufen, Weit- oder Hochspringen, ...	Eislaufen, Rollschuhlaufen, ...	alp. Skilaufen, Wellenreiten, ...	Segeln, Fliegen, Motorradfahren, ...
ein Sportgerät	Diskus-, Speerwerfen, Kugelstoßen, ...	Golf oder Tennisspielen, ...	Billard od. Tennis gegen die Wand spielen, ...	Modellfliegen, ...
der Partner bzw. Gegner	Ringen, Boxen, ...			

Abb. 1

vom Diskus- oder Speerwerfen als eine zwar gleichfalls ohne Hilfsmittel, jedoch auf ein *Objekt* gerichtete Bewegung unterschieden werden kann[50].

Ohne auf MEINEL Bezug zu nehmen kommt auch DONSKOI (1975) zu einer ähnlichen Typisierung. Bei der Bearbeitung der Biomechanik sportlicher Bewegungen unterscheidet er Bewegungen, bei denen eine bestimmte Körperhaltung beizubehalten ist von Bewegungen, bei denen die Körperteile des Ausführenden gegeneinander bewegt, aber die Kontaktstelle zur Umgebung beibehalten wird. Er charakterisiert des weiteren Bewegungen, die als Drehungen um eine Achse aufzufassen sind; er beschreibt Bewegungen, bei denen die Fortbewegung des Ausführenden bewirkt werden soll, und er verweist schließlich noch auf Bewegungen, die zur „Verlagerung eines äußeren physikalischen Körpers" führen sollen (DONSKOI 1975, 271).

DONSKOIS Gliederung wird verständlich, wenn man beachtet, daß hinter ihr (unausgesprochen) die Vorstellung steht, daß die Vielzahl der im Sport zu lösenden Aufgaben auf wenige, mechanisch unterscheidbare Grundprobleme zurückgeführt werden soll. Dieser Grundgedanke kann auch dem Vorschlag von BROER (1966) unterstellt werden, wenngleich in ihm differenzierter vorgegangen wird. Es werden zunächst vier Hauptaufgaben unterschieden: Trageaufgaben (supportive tasks); Hangaufgaben (suspension tasks); Aufgaben, die eine Fortbewegung erfordern (tasks involving motion) und Aufgaben, für die Widerstandskräfte aufgebracht werden müssen (tasks involving receiving force). Diese vier Grundaufgaben werden nun noch weiter unterteilt. Während bei den ersten beiden lediglich unterschieden wird, ob der eigene Körper oder ein fremdes Objekt zu tragen bzw. ob der Körper an einem starren oder frei beweglichen Gerät hängt, wird in der dritten Aufgabengruppe stärker differenziert. Nach der auch hier vorgenommenen Aufteilung in die Fortbewegung des eigenen oder fremden Körpers, wird bei ersterem unterschieden, ob die Fortbewegung auf fester oder beweglicher Unterlage, ob in der Luft oder im Wasser und ob sie mit bestimmten Körperteilen auszuführen ist. Dagegen wird bei der Fortbewegung des fremden Körpers unterschieden, ob dieser bei kürzester zeitlicher Einwirkung (also stoßartig) oder bei etwas längerer, aber wiederum nicht ständiger Einwirkung (also ballistisch) oder schließlich bei ständiger Kontaktaufnahme (also geführt) bewegt wird. Bei der vierten Aufgabengruppe unterscheidet BROER wieder, ob für den in Bewegung befindlichen eigenen Körper oder aber für fremde Objekte Widerstandskräfte zu entwickeln sind (BROER 1966, 4).

---

[50] Auf diese Weise könnten zum Teil die Einwände beseitigt werden, die gegen MEINELs Gliederung vorgebracht wurden. Vgl. FETZ (1964, 35—40) und KURZ (1977, 70).

Gemeinsam am Vorgehen von MEINEL, DONSKOI und BROER ist, daß bei der Charakterisierung der Aufgabentypen von vorrangig „äußeren", mit physikalischen Begrifflichkeiten beschreibbaren Gegebenheiten ausgegangen wird. Die Gruppierung bei MEINEL basiert auf der Unterscheidung der zu bewegenden bzw. der zu verwendenden Objekte, DONSKOI und BROER verweisen darüber hinaus auch noch auf die Unterschiedlichkeit der wirkenden (mechanischen) Kräfte. MEINEL, DONSKOI und BROER gewinnen ihre Typisierung insofern von einer vorrangig „externen", das ausführende Subjekt nicht berücksichtigenden Perspektive.

Dies ist bei den nachfolgend zu beschreibenden Konzepten nicht der Fall. Bei ihnen werden Einteilungskriterien herangezogen, die nur aus der Perspektive des ausführenden Subjekts beschrieben werden können. Diese subjektorientierten Typisierungen gehen vielfach auf einen Vorschlag von POULTON (1957) zurück. POULTON hat bei der Untersuchung der Voraussagbarkeit von geschicktem und gekonntem Bewegen eine Typisierung in „geschlossene" (closed skills), „offene" (open skills) und „gemischte" (mixed movements) Fertigkeiten bzw. Bewegungen vorgeschlagen. Offen wurden dabei solche Fertigkeiten genannt, bei denen sich die Umgebungsbedingungen ständig ändern, wobei man Unterfälle unterscheiden kann, je nachdem, ob diese Veränderungen unvorhersagbar oder vorhersagbar sind; geschlossene Fertigkeiten dagegen solche, bei denen die Umgebungsbedingungen während der Bewegungsausführung unveränderlich bleiben (POULTOUN 1957)[51]. KNAPP (1963) hat diese von POULTON für industrielle Fertigkeiten entwickelte Unterscheidung für die Bewegungen des Sports aufgenommen, wobei sie zugleich darauf hinweist, daß die sportlichen Bewegungsaufgaben nur in einem Kontinuum, das von geschlossenen bis zu offenen Bewegungen reichen muß, eingeordnet werden können (KNAPP 1970, 152). Auf diesem Kontinuum muß dann beispielsweise das Golfspiel bzw. der einzelne Schlag in diesem Spiel bei den geschlossenen Fertigkeiten eingeordnet werden, während der Rückschlag im Tennis als typisch offene Fertigkeit anzusehen ist.

Über diese Typisierung ist in den angloamerikanischen Veröffentlichungen, die sich mit dem Erlernen sportmotorischer Fertigkeiten auseinandersetzten, immer wieder diskutiert worden[52]. Der jüngste Diskussionsbeitrag kommt von FARRELL (1976). In diesem Beitrag sollte versucht werden, die ursprüngliche Intention von POULTON wieder in den Vordergrund zu

---

[51] POULTON rechtfertigt den Begriff „geschlossen" insofern, als die Ausführung bei den hier einzuordnenden Fertigkeiten gelingen kann, *ohne* daß die Umgebung beachtet bzw. beobachtet werden muß (vgl. LEGGE 1970, 110).

[52] Vgl. KNAPP (1963), WHITING (1969), ROBB (1972), CRATTY (1975), SINGER (1975).

rücken und den Effekt umgebungsspezifischer Bedingungen auf die *zeitliche* Organisation der Bewegungsausführung genauer zu untersuchen. Die Differenzierung von FARRELL beruht auf der Annahme, daß im Sinne POULTONs eine Bewegung als „um so offener", d. h., als um so weniger vorhersagbar in zeitlichem Sinne, einzustufen ist, je mehr sie sich der direkten Kontrollierbarkeit des Ausführenden entzieht[53]. Geht man von dieser Annahme aus, so sind für die sportliche Bewegungsaufgabe im Unterschied zu den bei POULTON interessierenden industriellen Aufgaben vor allem die Eigenbewegungen und die räumlichen Positionsveränderungen des Ausführenden in das Konzept miteinzubeziehen. Gerade bei sportlichen Bewegungen haben diese Größen entscheidenden Einfluß auf die zeitliche Gestaltung der Aufgabenlösung. Im Vorschlag von FARRELL wird daher von „fünf größeren Variablen" ausgegangen, die jeweils wieder in mehrfach unterscheidbarer Weise Einfluß auf die Organisation des zeitlichen Verlaufs haben: Bei der ersten Variablen soll der Einfluß berücksichtigt werden, den der *Körper des Ausführenden* auf die zeitliche Gestaltung hat. Bei der zweiten geht es dagegen um den Einfluß des bei der Bewegung möglicherweise benutzten *Instruments* (das die Aufmerksamkeit des Ausführenden beansprucht). Mit der dritten Variablen werden die *örtlichen Verhältnisse* des zu bewegenden Objekts miteinbezogen. Mit der vierten Variablen wird der eventuell vorhandene *Gegner* berücksichtigt und mit der fünften Variablen werden schließlich noch *Zielmodalitäten* einbezogen, die ihrerseits ebenso auf die zeitliche Gestaltung des Bewegungsablaufs Einfluß nehmen können.

Getrennt nach diesen Variablen werden nun Situationen unterschieden und in einer Reihenfolge angeordnet, die einer zunehmenden Unvorhersagbarkeit der zeitlichen Gestaltung des Bewegungsablaufs entsprechen sollen.

— Bei der ersten Variablen werden mit der ersten Situation jene Aktivitäten erfaßt, bei denen entweder wie beim Gerätturnen oder in der Gymnastik die Form, oder aber wie in der Leichtathletik oder im Schwimmen die Schnelligkeit der Körperbewegung das Bewegungsziel darstellen. Hier haben nach FARRELL alle Bewegungen vorgegebene Ziele, die in einer relativ stabilen Umgebung ausgeführt auch eine relativ exakt vorhersagbare zeitliche Verlaufsgestaltung beinhalten. In der zweiten bis vierten Situation wird dann die Variabilität des Standorts des Ausführenden bei der auf andere Objekte gerichteten Bewegung berücksichtigt. Beim Freiwurf im Basketball ist dieser Standort noch fest, was der zweiten

---

[53] Genau genommen ist eine Bewegung als um so offener einzustufen, je schlechter die Umgebungsbedingungen vorhersagbar sind. Damit verbunden ist aber, daß dann auch der Verlauf der Bewegung entsprechend schlechter vorhersagbar ist.

Situation der „set base" entsprechen soll; beim Strafstoß im Fußball dagegen bewegt sich der Ausführende auf einen festen Aktionsort hin, was der dritten Situation der „to set base" entsprechen würde und beim Dribbeln im Basketball ist der Aktionsort ständig veränderlich, was mit der vierten Situation der „continuous base" identisch ist. Diese vierte Situation ist daher auf der open-closed-Skala als die „offenste" einzuordnen. Hier ist die zeitliche Vorhersage bezogen auf den Körper bzw. auf die Körperbewegungen des Ausführenden am wenigsten möglich.

— Bei der Unterteilung der zweiten Variablen beginnt FARRELL mit der Situation, in der der Ausführende den gesamten Körper gewissermaßen als Instrument einsetzt. Dies ist etwa beim Hochspringen der Fall. Danach werden die Situationen genannt, in denen der Ausführende nur (bzw. vorrangig) die Arme bzw. die Beine verwendet und schließlich wird wiederum als die „offenste" Situation diejenige bezeichnet, in der ein zusätzliches Instrument wie beim Tennisspielen oder Skilaufen benutzt wird.

— Bei der Differenzierung der dritten Variablen, bei der auf die Ortsverhältnisse des zu bewegenden Objekts eingegangen wird, berücksichtigt man, daß der Ausführende die beste Kontrolle über dieses Objekt und damit über die Voraussagbarkeit der zeitlichen Verlaufsgestaltung hat, wenn er dieses selbst in der Hand hat (Torwart im Ballbesitz). Bereits offener ist die Situation, wenn der Ausführende dieses Objekt zwar nicht in seinem „Besitz" hat, dieses jedoch wie beim Golfspiel in stabiler Position bleibt. Der Tennisaufschlag müßte sodann beim dritten Situationstyp eingeordnet werden, bei dem das Objekt zwar nicht mehr ortsstabil, aber immer noch durch die Bewegungen des Ausführenden gesteuert wird, während die Ballbewegung durch den Gegner für die vierte Situation typisch ist, in der das Objekt nur von anderen, nicht vom Ausführenden selbst bewegt wird.

— Bei der vierten Variablen unterscheidet FARRELL die Situationen, in denen physischer Kontakt zum Gegner erlaubt ist von solchen, in denen dies nicht der Fall ist. Letztere sind ihrem Wesen nach eher geschlossen. Dennoch sind in beiden Fällen die zeitlichen Entscheidungsstellen nicht mehr nur vom Ausführenden abhängig.

— Die fünfte Variable der Zielmodalitäten gibt Anlaß zur Unterscheidung einer ersten Situation, in der das räumlich stabile und von niemandem abgeschirmte oder verteidigte Ziel als am ehesten geschlossen gilt. Dagegen sind diejenigen Situationen als offen zu bezeichnen, in denen das Ziel räumlich durch die Bewegungen und Positionen des Gegners und/oder der Mitspieler als nicht stabil bezeichnet werden kann. Auch hier weist FARRELL darauf hin, daß in dieser zuletzt geschilderten Situation die Bewegungen des Ausführenden stets zeitlich gebunden sind.

Weitere subjektorientierte Vorschläge zur Typisierung der Bewegungsaufgaben beruhen nicht mehr auf dem Konzept von POULTON. Sie berücksichtigen demgegenüber entweder die Art und Weise, mit der hauptsächlich zur Kontrolle und zur Steuerung des Bewegungsablaufs Feedback-Quellen benutzt werden, oder sie verwenden Unterscheidungsmöglichkeiten die sich aus dem Grad der erforderlichen oder gewünschten Variabilität der motorischen Operationen ergeben, oder sie verweisen schließlich auf die Gliederungsmöglichkeiten, die mit dem Ausmaß der Variabilität der bei einer Bewegung zu erreichenden Resultate zusammenhängen.

Der erste Aspekt, bei dem man zur Aufgabentypisierung die Unterschiedlichkeit der Feedback-Quelle heranzuziehen hat, wird bei ROBB (1972) und SINGER (1975) behandelt. ROBB geht davon aus, daß bei der Typisierung die *Modalität* der Feedback-Quelle miteinzubeziehen ist. Der Lehrende kann nur dann den Lernvorgang sinnvoll unterstützen, wenn er weiß, ob bei einer Bewegung vorrangig externes Feedback zu berücksichtigen ist oder ob viel eher innere, kinästhetische Rückmeldesignale zur Verlaufskontrolle heranzuziehen sind. Bei SINGER steht dagegen weniger die Modalität der Feedback-Quelle im Vordergrund des Differenzierungsinteresses. Ihm geht es vielmehr um eine Gliederung nach der *zeitlichen Verteilung*, mit der Rückmeldesignale zur Kontrolle und Steuerung der Bewegung benötigt werden. Daher unterscheidet SINGER in „kontinuierliche" und in „diskrete" Aufgaben. Erstere sind auf laufend zu beachtende Rückmeldungen angewiesen, während letztere vorrangig über die Kenntnis der Resultate geregelt werden (SINGER 1975, 19—22).

Die Zerlegung in Aufgabenbestandteile

Betrachtet man die sportliche Bewegung als eine Geschehensfolge, die hinsichtlich ihrer Bestandteile und hinsichtlich der Anordnung dieser Teile vom (Gesamt-)Ziel der Bewegung geprägt wird, so liegt es nahe, bei einer Aufgabenanalyse auch — vom Gesamtziel ausgehend — durch das Aufsuchen von *Teilzielen* auf diejenigen *Teilaufgaben* zu schließen, deren Lösungen für die Aufgabenerfüllung als notwendig und hinreichend gelten können.

Eine solche Schlußweise legen SINGER / DICK (1974) ihrer Aufgabenanalyse zugrunde. Im Rahmen eines „system approach model for instruction", das den Lehrvorgang in verschiedene Komponenten unterteilt, wird innerhalb der Komponente „Instruktionsanalyse" auf das Problem der Ermittlung von Teilzielen und Teilaufgaben eingegangen (SINGER / DICK 1974, 58 ff.). Es wird auf GAGNES „task analysis" Bezug genommen, in der davon ausgegangen wird, daß ein Lernender ein vorgegebenes Ziel stets dadurch zu erreichen versucht, daß er zunächst untergeordnete Teilziele angeht und daß infolgedessen auch der Sinn des Lehrens nur darin gesehen werden kann, daß man den Lernenden von einer Könnensstufe auf die nächsthöhere zu bringen versucht. Konsequenterweise wird daher gefordert, daß man durch die Instruktionsanalyse das der Bewegung zugrundeliegende (Gesamt-)Ziel in untergeordnete (Teil-)Ziele zu zerlegen hat, die ihrerseits wieder auf untergeordnete Teilziele abzufragen sind. Die Instruktionsanalyse ist daher im wesentlichen identisch mit dem Aufstellen einer *Lernzielhierarchie*.

Als charakteristisch für eine solche Hierarchie sehen SINGER / DICK, daß jedes in der Instruktionsanalyse genannte Teilziel auch logischerweise im nächsthöheren enthalten sein soll und daß die dem Teilziel entsprechende Fertigkeit (oder Fähigkeit) das Erreichen der übergeordneten Teilziele auch erleichtern muß. Diese Charakterisierung ist zugleich aber auch die einzige Hilfe zur Erstellung der Lernzielhierarchie[54].

Dies trifft nicht mehr für jene Aufgabenanalysen zu, bei denen die Aufgabenzerlegung durch *Berücksichtigung der Funktionsweise des Lernenden*, nicht aber durch Unterteilung der Bewegungsziele zustandekommt. ROBB (1972) und UNGERER (1973) erklären in diesem Zusammenhang das Funktionieren menschlicher Bewegung mit Hilfe kybernetisch orientierter Modellvorstellungen: Der Lernende ist als informationsverarbeitendes System zu sehen, das sowohl zur Auslösung wie auch zur Steuerung und Regelung des Bewegungsablaufs der ständigen Information bedarf. Diese Information kann, was bei ROBB in den Vordergrund gestellt wird, aus Feedback-Quellen stammen, über die der Lernende selbst verfügt; sie kann aber auch von externen Quellen wie dem Lehrer, dem Trainer oder technischen Medien stammen.

Unter dieser Perspektive erscheint es nun sinnvoll, den Ablauf einer Bewegung so in Bestandteile zu zerlegen, daß der Lernende die zu ver-

---

[54] Einen ähnlichen Vorschlag haben HECKER / HÖLTER / KUHN (1977) als Grundlage von Lehrplanentscheidungen vorgestellt. Auch hier wird empfohlen, den Lehrstoff in Teilaufgaben dadurch zu zerlegen, daß Teilziele bestimmt werden. Dabei ist für diese Teilziele gleichfalls wieder kennzeichnend, daß sie zwar als notwendige und hinreichende Voraussetzungen für das Erreichen des Gesamtziels zu sehen sind, daß zu ihrer Ermittlung jedoch keine näheren Angaben gemacht werden können. Das von HECKER u. a. besprochene Beispiel „Fußball lernen" macht besonders deutlich, wie zufällig die im Beispiel genannten Teilziele bestimmt sind.

arbeitenden Informationen auch leisten kann. Die Aufgabenbestandteile sind daher mit der eben noch zu bewältigenden Informationsmenge in Übereinstimmung zu bringen[55]. Bis zu dieser Konsequenz stimmt die Vorgehensweise von ROBB und UNGERER noch überein. In der Art jedoch, wie im einzelnen die Bestandteile einer Bewegung bzw. die damit verbundenen Informationsmengen zu gewinnen sind, welche Bestandteile daher als Teilaufgaben aus der Gesamtbewegung ausgegliedert werden, gehen die Vorschläge auseinander.

ROBB stellt den Aspekt der hierarchischen Gliederung eines Ablaufs in den Vordergrund. In Anlehnung an MILLER / GALANTER / PRIBRAM (1960) wird, so ROBB, der Bewegungsablauf von einem als „executive program" bezeichneten Plan gesteuert, dessen wesentlichste Bestandteile die „subroutines" sind. Das sind solche Bestandteile, deren Kontrolle nicht mehr bewußt geschieht, die daher — kaum flexibel und kaum adaptierbar — automatisch ablaufen. Es sind zugleich aber auch diejenigen Teile, die automatisch ablaufen müssen, damit der Lernende noch genügend informationsverarbeitende Kapazität hat, um andere Aufgaben, wie etwa die Koordination verschiedener subroutines, leisten zu können. Ziel der Aufgabenanalyse noch ROBB muß daher sein, aus dem Bewegungsablauf möglichst alle jene Bestandteile herauszufinden, die als solche subroutines aufgefaßt werden können. Sie sind dann vom Ausführenden auch vorab zu erlernen, da sie später ohne bewußte Kontrolle ausgeführt werden müssen. Von besonderem Interesse sind für ROBB dabei diejenigen, die entweder von zentraler Bedeutung für die Zielerreichung sind oder die in ihrer Wirkung auf die anderen den größten Einfluß haben. Sie werden als „critical components" bezeichnet und als die schwierigsten oder wichtigsten Aufgabenbestandteile gesehen. Ihre Ermittlung hängt von der Erfahrung des Lehrenden ab: „They may be subroutines which, in the experience of the instructor, students have the most difficulty in mastering" (ROBB 1972, 142).

Am Beispiel des Bowling-Spiels werden von ROBB mit dem Anlauf, der Kugelbeschleunigung und mit dem Loslassen der Kugel drei solcher subroutines beschrieben. Dabei wird darauf hingewiesen, daß zum Beispiel der Anlauf nicht viel mit dem normalen Laufen zu tun habe. Man müsse daher davon ausgehen, daß dieser Bewegungsbestandteil vom Lernenden noch nicht automatisch realisiert werden kann, so daß entsprechende *Vorübungen* notwendig werden.

---

[55] Es wird von 6—11 bit gesprochen, die verarbeitet werden können, „bevor die Informationsverarbeitungskapazität überschritten wird" (UNGERER 1973, 167). Zur Kritik an der Art der Quantifizierung vgl. GÖHNER (1972).

Im Unterschied zu ROBB wird von UNGERER der Weg über Vorübungen zurückgewiesen (UNGERER 1973, 78). Ebenso geschieht die Zerlegung der Bewegungsaufgabe in kleinste, lerntheoretisch und praktisch relevante Bestandteile bei UNGERER über ein anderes Einteilungskriterium. Es wird am Beispiel der Hitch-Kick-Technik im Weitspringen folgendermaßen eingeführt: Über die Betrachtung der Bahnkurve, die der Fußknöchel des Schwungbeins — unabhängig von der Bewegung bzw. von der Ortsveränderung des Gesamtkörpers — beschreibt, lassen sich „drei elementare Bewegungskonfigurationen" erkennen: Bei der ersten streckt der Springer das Schwungbein, bei der zweiten führt er es zurück, und bei der dritten führt er es wieder nach vorne in die Landeposition. Dieser Vergleich zeigt, daß „unterschiedliche Bewegungen des Schwungbeins durch verschiedene elementare Bewegungskonfigurationen des Schwungbeinknöchels beschrieben und dargestellt werden können" (UNGERER 1973, 131).

Wesentlich ist nun, daß solche Bewegungskonfigurationen durch *Entscheidungsleistungen* des Ausführenden ausgelöst werden, so daß die Aufteilung der Gesamtbewegung letztlich auf der *Unterteilung des Ablaufs nach Entscheidungsstellen* beruht. Ein für die Zerlegung interessierender Aufgabenbestandteil ist daher bei UNGERER diejenige Bewegungskonfiguration, „die durch zwei Entscheidungsstellen begrenzt wird, zwischen denen keine weitere Strukturentscheidung des sensomotorischen Systems liegt" (UNGERER 1973, 131). Die auf diese Weise gewonnenen Bestandteile werden als „sensomotorische Sequenzen" bezeichnet.

Um nun im Lernprozeß eine sensomotorische Sequenz auslösen zu können, muß auf den Lernenden eine entsprechende Information einwirken. Als zweiter wesentlicher Bestandteil der sensomotorischen Aufgabenanalyse gehört daher die „äquivalente Zuordnung von Sequenz und einwirkender Information". Hierbei wird ein weiterer Zugang zur Ermittlung von Sequenzen erkennbar. Sensomotorische Sequenzen werden durch umweltbezogene Informationen, durch „Richtungsentscheidungen" ausgelöst. Der Ausführende bewegt beispielsweise bei der Hitch-Kick-Technik das Schwungbein bei der ersten Sequenz *vorwärts*, danach *rückwärts* und dann wieder *nach vorne*. Diese vom Umweltverständnis des Ausführenden aus zu beurteilenden Richtungsänderungen könnten daher ebenfalls zur Unterteilung der Gesamtaufgabe genutzt werden: Immer dort, wo aus der Perspektive des Lernenden die Bewegungsrichtung von Körperpunkten geändert wird, beginnt eine neue sensomotorische Sequenz bzw. ein neuer Aufgabenbestandteil (UNGERER 1973, 133).

Der Bezug zur Kinetographie LABAN (vgl. 30 ff.) liegt nahe. Darauf wird bei UNGERER allerdings nicht eingegangen. Es wird auch nicht besprochen, inwieweit ein Grundrepertoire an Bewegungsrichtungen angegeben werden kann. Es wird lediglich erwähnt, daß man beim sensomotorischen Lernen davon ausgeht, „daß von einem Grundrepertoire an sensomotorischen Sequenzen auch die kompliziertesten Handlungen aufgebaut werden können" (UNGERER 1973, 135).

Das Erlernen der sportlichen Bewegungen soll dann analog dem chronologischen Aufbau in simultane und sukzessive Sequenzverknüpfungen erfolgen. Dabei ist noch eine Besonderheit zu erwähnen. Es lassen sich in einem Bewegungsablauf Sequenzen erkennen, die — über Informationen des Lehrers ausgelöst — zugleich die Auslösung anderer Sequenzen nach sich ziehen. In diesem Fall wird von „Schlüsselsequenzen" gesprochen. Sie sind für die Erstellung der Lehrfolge insofern von Bedeutung, als sie informationsreduzierend wirken. Aus dem Konzept des sensomotorischen Lernens kann allerdings nicht abgeleitet werden, wie solche Sequenzen gefunden werden können. Es wird lediglich, ähnlich dem Vorgehen bei ROBB, an praktische Erfahrungen erinnert.

Schließlich ist noch auf eine weitere Überlegung einzugehen: Mit dem Erlernen der simultanen und sukzessiven Sequenzverknüpfungen, das der zeitlichen Anordnung im Bewegungsablauf entsprechen soll, kann nur die „sensomotorische Struktur" einer Bewegung erlernt werden. Um die Bewegung in Übereinstimmung zur „idealtypischen" Verlaufsform zu bringen, bzw. in der Sprache der Sensomotorik, um sie an das Niveau der Umwelt anzupassen, ist die einzelne Sequenz noch in ihrer räumlichen und zeitlichen Form zu verändern. Sie muß hinsichtlich der Länge der sequenztypischen Bahnkurve (Sequenzweite) und hinsichtlich der Dauer des Durchlaufens dieser Kurve (Realzeit) gegebenenfalls noch modifiziert werden. Dieses Verändern gehört aber bereits nicht mehr zum sensomotorischen Lernen. Es ist dem Bereich des Übens und Trainierens zuzuordnen. Dieser adaptive Aspekt ist daher auch nicht mehr Gegenstand der sensomotorischen Aufgabenanalyse.

Folgerungen

Wenn bei der Einordnung der in dieser Arbeit verfolgten Problemstellung und bei der Konzeption entsprechender Leitlinien besonders herausgestellt wurde, daß die Analyse der verlaufsrelevanten Bezugsgrundlagen für die funktionale Bewegungsanalyse besondere Bedeutung hat, dann muß man konsequenterweise auch feststellen, daß das Verfahren von FARRELL am ehesten die Richtung aufzeigen kann, in der diese Grundlagen zu suchen sind. So wie FARRELL nach Variablen sucht, die, nach einzelnen Situationen geordnet, die zeitliche Regelung der lösungsadäquaten Aktivitäten des Ausführenden beeinflussen oder bestimmen, so wird man auch bei den funktionalen Bewegungsanalysen versuchen müssen, alle jene Faktoren aufzusuchen, die auf die beobachtbare Komplexität der verschiedenen Bewegungsabläufe im allgemeinen — also nicht nur hinsichtlich ihrer zeitlichen Verlaufsfolge — Einfluß nehmen. Über das Vorgehen FARRELLS hinaus muß hierzu jedoch zum einen noch auf jene Faktoren eingegangen werden, die die räumlichen bzw. räumlich-zeitlichen Modalitäten eines Bewegungsablaufs bedingen, und es muß zum andern auch noch geklärt werden, wodurch die Aktivitäten und nicht nur deren räumliche oder zeitliche Verlaufsmerkmale bestimmt sind.

Hierbei sind die Aufgabentypisierungen von MEINEL, DONSKOI und BROER nur wenig hilfreich. Obgleich sie ebenfalls Rahmenbedingungen beschreiben, die auf die Verlaufsgestaltung der sportlichen Bewegung Einfluß nehmen, bleiben ihre Typisierungen zu allgemein, als daß sie zu lernrelevanten Einsichten in den konkreten Verlauf genutzt werden könnten. Die Aufgabentypisierungen, wie sie SINGER / DICK und ROBB vorgenommen haben, können dagegen aus einem anderen Grunde nicht weiter verfolgt werden. Die diesen Typisierungen zugrundegelegte Unterscheidung der Feedback-Modalitäten hat ihre Bedeutung vor allem als Bezugsgrundlage für die *nichtmotorischen* Aktivitäten des Ausführenden. Da in dieser Arbeit jedoch schwerpunktmäßig nur die (beobachtbaren) motorischen Aktivitäten berücksichtigt werden sollen (vgl. 17), kann eine solche Vorgehensweise nicht weiter verfolgt werden.

Während so zumindest teilweise für die Analyse der Bezugsgrundlagen aus den genannten Aufgabenanalysen Hinweise gewonnen werden können, ist dies im Hinblick auf die Analyse des Bewegungsablaufs nicht der Fall. Die Verfahren zur Zerlegung einer Bewegung in Aufgabenbestandteile scheinen für die funktionale Bewegungsanalyse weniger konkrete Anhaltspunkte zu liefern, als etwa das Verfahren von RIELING u. a. (vgl. 40 f.). So trifft das auf einer Lernzielhierarchisierung basierende Konzept von SINGER / DICK bzw. HECKER / HÖLTER / KUHN prinzipiell das, was auch der hier verfolgten Analysekonzeption zugrundegelegt ist. Die Angaben zur Beschreibung und Auffindung der einzelnen Teilziele sind jedoch zu allgemein, als daß sie in konkreten Unterrichtssituationen helfen könnten. Hier bietet das Konzept der Phasenaufgliederung von RIELING insofern mehr Vorteile, als es vom konkreten Bewegungsablauf ausgehend auf die unterschiedliche Gewichtung der einzelnen Bewegungsbestandteile verweist (bzw. zu verweisen sucht).

Eine Gewichtung der Aufgabenbestandteile ist zwar auch in den Analysekonzepten von ROBB berücksichtigt. Beide verweisen jedoch auf die praktische Erfahrung des Lehrers (oder des Lehrprogrammierenden), wenn es darum geht, solche Gewichtungen im Bewegungsablauf zu finden. Doch nicht nur die mangelnde Information im Hinblick auf die Gewichtung einzelner Verlaufsbestandteile, auch die Art und Weise, wie diese Bestandteile zu ermitteln sind, reduziert die Brauchbarkeit dieser Verfahren im Rahmen funktionaler Bewegungsanalysen. Die Tatsache, daß ein bestimmter Bewegungsbestandteil als „subroutine" möglichst automatisch abzulaufen hat, ist in der konkreten Lehr-Lern-Situation erst dann von Bedeutung, wenn man weiß, ob dieser Bestandteil überhaupt als etwas anzusehen ist, das zum Erreichen des Bewegungsziels bzw. zur Einhaltung der Rahmenbedingungen notwendig ist. Und ebenso kann die Einsicht, daß eine Sequenz andere Sequenzen mit auszulösen vermag — daß sie also als Schlüsselsequenz in ein Lehrprogramm aufzunehmen ist —, erst dann Beachtung finden, wenn diese anderen Sequenzen oder auch die Schlüsselsequenz selbst in ihrer Bedeutung im Hinblick auf die verlaufsbestimmende Bezugsgrundlage genau umrissen sind bzw. ist.

Hinsichtlich der Analyse der Aufgabenbestandteile bzw. hinsichtlich der Analyse des Bewegungsablaufs wird daher nicht (oder nur bedingt) im Sinne bisheriger Aufgabenanalysen vorgegangen werden. Es erscheint sinnvoller, den Ablauf einer sportlichen Bewegung zunächst in Phasen zu gliedern, in denen Teilziele, die sich über das (Gesamt-)Ziel bzw. über die jeweils einzuhaltenden Rahmenbedingungen (gewinnen und) rechtfertigen lassen, zu erreichen sind. Solchen Phasen kommt also eine bestimmte Funktion zu, und es wird die zweite zentrale Analyseaufgabe sein, diejenigen Operationen des Ausführenden zu ermitteln, die solche Funktionen erfüllen können. Dies gilt schließlich auch noch für die räumlichen und zeitlichen Verlaufsmerkmale dieser funktionstragenden Operationen, so daß sich das Grundgerüst der Analyse der Abläufe unter funktionalem Bewegungsverständnis aus der Untersuchung der Funktionen, der Operationen und der Verlaufsmerkmale und der sie gegenseitig bestimmenden Beziehungen zusammensetzt. Erst aus einer derart konzipierten Verlaufsanalyse, die ihrerseits wesentlich von der Analyse der jeweiligen Bezugsgrundlagen bestimmt ist, können dann Aussagen über einzelne Aufgabenbestandteile und Aufgabenbesonderheiten gewonnen werden.

III. Die Analyse der ablaufrelevanten Bezugsgrundlagen

In Verbindung mit der Beschreibung des funktionalen Bewegungsverständnisses und der Bearbeitung der Leitlinien einer funktionalen Bewegungsanalyse im ersten Teil war darauf hingewiesen worden, daß die Operations- und Verlaufsmodalitäten bei einer sportlichen Bewegung durch eine Vielzahl von Faktoren bedingt sind. Es wurde festgestellt, daß sich dabei zwei Gruppen unterscheiden lassen. Die eine umfaßte jene Faktoren, die zur verlaufsbestimmenden Bezugsgrundlage, zur sportspezifischen (Bewegungs-) Aufgabe gerechnet werden müssen. Es konnte deutlich gemacht werden, daß hierzu neben dem wichtigsten Bestandteil des *Bewegungsziels* auch Attribute des *zu bewegenden Objekts* — des *Movendum* — und Attribute des die Movendumbewegung bewirkenden *Bewegers*, sowie *Umgebungsbedingungen* und jeweils spezifisch vorgegebene *Regeln* zu zählen sind (vgl. Abb. 2). Die zweite Gruppe erfaßte dagegen Faktoren, die erst dann ermittelt werden können, wenn auf den Bewegungsablauf selbst, auf die jeweilige Lösung eingegangen wird.

Durch die Aufarbeitung der gegenwärtigen bewegungsanalytischen Konzepte konnte festgestellt werden, daß lediglich die Rahmenbedingungen, die auf den zeitlichen Verlauf Einfluß haben, genauer untersucht und beschrieben wurden. Das Taxonomiekonzept von FARRELL, das POULTONS Unterteilung in offene und geschlossene Fertigkeiten weiter differenzierte, hat gezeigt, daß hierbei recht unterschiedliche Aspekte zu berücksichtigen sind. Da dieses Konzept sich nur auf die Einflußfaktoren der zeitlichen Regelung beschränkt, wird zugleich deutlich, daß noch weitere Faktoren zu untersuchen sind, wenn die Operations- und Verlaufsnotwendigkeiten (und die damit verbundenen Spielräume) bei einem Bewegungsablauf ermittelt werden sollen.

In diesem dritten Teil wird es nun darum gehen, die erste Gruppe der in den Leitlinien angesprochenen Faktoren zu differenzieren. Diese Differenzierung soll folgendes leisten:

Sie soll zunächst ein Bezugssystem darstellen, das zur Analyse der ablaufrelevanten Bezugsgrundlagen in der Unterrichtspraxis vom Lehrenden (und auch vom Lernenden) verwendet werden kann. Sie soll zum zweiten die Ermittlung jener Bewegungsspielräume ermöglichen, die von der Aufgabenstellung her noch zu rechtfertigen sind. Sie wird damit zum dritten die Voraussetzungen liefern können, die für eine Verlaufsanalyse unter funktionalem Bewegungsverständnis von Bedeutung sind, und sie wird dadurch auch auf die Eingriffstellen verweisen können, durch die vom Lehrstoff — von der Bewegung — aus lernrelevante Verbesserungen in Lehr-Lern-Prozessen erreichbar sind.

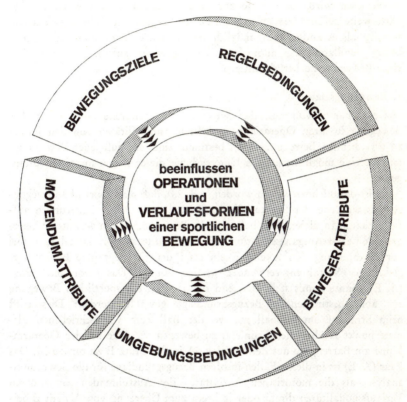

Abb. 2 Schematische Darstellung der ablaufrelevanten Bezugsgrundlagen

Eine Bemerkung über die Feinheit der Kodierung, mit welcher die Bestandteile der Bezugsgrundlagen beschrieben werden sollen, ist noch voranzustellen. Es wird die Ansicht vertreten, daß ein funktionales Bewegungsverständnis nicht nur innerhalb einer einzigen Sportart oder nur in einzelnen sportlichen Situationen angebracht erscheint. Ein solches Verständnis kann allen sportlichen Situationen zugrundegelegt werden. Daher sollen die folgenden Überlegungen auch nicht aus der Perspektive einer einzigen

Sportart heraus angestellt werden. Es wird vielmehr versucht, die Gesamtheit an Bewegungen zu berücksichtigen, die zur Zeit im Sport und Sportunterricht realisiert oder auch für realisierenswert gehalten werden. Das hat zur Folge, daß die Beschreibung der Bestandteile der Bezugsgrundlage auf einer relativ abstrakten und wenig differenzierten Stufe begonnen wird, daß sie gelegentlich zwar weiter differenziert aber doch stets an einer Stelle abgebrochen wird, an der sie zur Analyse einzelner Bewegungsaufgaben hätte weitergeführt werden müssen. Dieses Vorgehen erscheint insofern notwendig, als es anders nicht möglich wäre, zugleich die Komplexität dieser Bezugsgrundlagen wie auch deren Konsequenzen auf die Ablaufanalyse einer Bewegung zu berücksichtigen.

1. Bewegungsziele

Geht man davon aus, daß wesentliche Bestandteile einer sportlichen Bewegung in ihren Operations- und Verlaufsmodalitäten von den jeweils zu erreichenden Bewegungszielen bestimmt sind, so muß jeder Bewegungsanalyse eine möglichst genaue Untersuchung dieser Bewegungsziele vorausgehen.

Es ist darauf hingewiesen worden (vgl. 28), daß man sportliche Bewegungen als während der Sportausübung feststellbaren Ortsveränderungen auffassen kann. In diesem Fall ließe sich die Bewegung als ein gerichteter Übergang von einer Ausgangssituation A in eine Endsituation E darstellen, wobei zur Beschreibung von A und E ein etwa der Kinetographie LABAN vergleichbares Verfahren verwendet werden könnte. Das (geordnete) Paar (A, E) könnte damit stellvertretend für das Ziel der sportlichen Bewegung zur ablaufbestimmenden Bezugsgrundlage gewählt werden: Dies trifft beim Strafstoß im Fußball zu, wo der Ball vom vorgeschriebenen Elfmeterpunkt A über die Torlinie E zu bewegen ist, oder bei der Oberarmkippe am Barren, wo aus der Kipplage A in den Stütz E zu turnen ist. Das Paar (A, E) ist in diesen Fällen insofern Bezugsgrundlage für die Bewegungsanalyse, als die motorischen Aktivitäten des Ausführenden sowie deren Verlaufsmodalitäten direkt oder indirekt zum Übergang von A nach E beitragen[56].

---

[56] Mit einer solchen Charakterisierung hat Verf. erste Versuche zur Konzeption einer funktionalen Bewegungsanalyse durchgeführt (GÖHNER 1974, 1975). Die nur durch das Paar (A, E) geprägten Bewegungen werden dort als Erreichungsfertigkeiten bezeichnet, da bei ihnen das Erreichen einer bestimmten Situation E aus einer Situation A heraus charakteristisch ist. Eine Verallgemeinerung dieses Versuchs wurde dort bereits angedeutet. Es hat sich nun gezeigt, daß zu einer solchen Verallgemeinerung zum einen die Differenzierung der Bewegungsziele, zum andern aber auch die Miteinbeziehung der nachfolgend noch darzustellenden Einflußfaktoren notwendig wurde.

Genauere Betrachtungen zeigen jedoch folgendes. Zum einen lassen sich sportliche Bewegungen nennen, bei denen die Ausgangssituation A als ein praktisch nicht zu berücksichtigender Bestandteil des Bewegungsziels gesehen werden kann: Wenn im Basketball Punkte erreicht werden sollen, so sind — vom Freiwurf abgesehen — praktisch keine Vorschriften hinsichtlich der Ausgangssituation zu beachten, und wenn im Hochsprung die Latte erfolgreich zu überqueren ist, dann bleibt es — vom einbeinig vorgeschriebenen Absprung abgesehen — dem Springer überlassen, aus welcher Ausgangssituation heraus er den Sprung beginnen will. Zum andern müssen aber auch, wenn Operations- oder Verlaufsmerkmale in bestimmten anderen Fällen erklärt werden sollen, über A und E hinausreichende Aspekte in die Charakterisierung der Bewegungsziele mitaufgenommen werden: Bein-, Körperhaltung oder Armführung während einer Übung im Gerätturnen sind einfache Beispiele dafür, daß bestimmte Bewegungsbestandteile nur dann funktional erklärbar sind, wenn berücksichtigt wird, daß die Bewegungsziele über A und E hinaus auch auf den Übergang von A nach E eingehen. Da eine auf die Ermittlung von Bewegungsfreiheiten ausgerichtete Analyse solche Unterschiede nicht übersehen darf, ist eine differenzierte Betrachtung der Bewegungsziele unumgänglich.

Bei dieser Differenzierung wird häufig von „Situationen" bzw. „Bewegungssituationen" zu sprechen sein, die das Movendum als das zur Zielerreichung zu bewegende Objekt zu erreichen hat. Was darunter zu verstehen ist, muß vorab erläutert werden.

Wenn ein Movendum sich in einer bestimmten (Bewegungs-)Situation befindet bzw. wenn es eine solche zu erreichen hat, so soll in dieser Arbeit damit das Vorliegen bzw. Erreichen von bestimmten *Orts-*, *Lage-*, *Positions-* und *Bewegungszustandsattributen* des Movendum gemeint sein.

Dabei ist der *Ort* die Raumstelle, an der das Movendum bzw. ein ausgewählter Punkt von ihm sich zum betrachteten Zeitpunkt befindet oder befinden soll.

Mit der *Lage* des Movendum wird dagegen die Art und Weise beschrieben, wie das Movendum am jeweiligen Ort in Beziehung zur dortigen Umgebung steht. Hier spielen die spezifischen Form-, Gestalt- und auch gegebenenfalls die Orientierungsverhältnisse des Movendum eine Rolle. Man kann im Skilaufen auf der Piste in einer Vorlage oder in einer Rücklage oder Innenlage sein; man kann am Barren im Hang, im Stütz oder im (Hand-)Stand mit unterschiedlichen Grifftechniken sein; man kann auf dem Trampolin in Bauch- oder Rückenlage landen (müssen), und man kann auch den Diskus oder Speer in der Luft an irgendeiner Raumstelle oder während eines bestimmten Flugabschnitts in einer bestimmten Fluglage halten (müssen). Die Beispiele verdeutlichen, daß mit Lage-Attributen immer etwas über die *Bewegungsbereitschaft* des Movendum an der jeweiligen Raumstelle ausgedrückt werden soll[57].

Neben Ort und Lage wird auch die *Position des Movendum* zur Charakterisierung der Bewegungssituation notwendig. Das ist dort der Fall, wo das Movendum ein mehrgliedriges und in sich veränderbares Körpersystem ist, das infolge dieser Veränderbarkeit in unterschiedliche Positionen gebracht werden kann. Die im Turnen bekanntesten bzw. erwünschten Positionen sind die gehockten, die gebückten und die gestreckten Positionen (man spricht dort allerdings von Haltungen); im Skilaufen gibt es Positionen, die man als geschlossene oder offene Skistellung besonders hervorhebt, und auch im Ringen oder Judo kennt man entsprechende Auszeichnungen. Dagegen erübrigt sich bei einem symmetrischen und in sich nicht veränderbaren Movendum eine Differenzierung der Positionsbeschreibung.

Und schließlich ist noch auf den *Bewegungszustand* des Movendum, den es an einem bestimmten Ort, in einer bestimmten Position und Lage haben kann, einzugehen. Ein Skiläufer kann an der höchsten Stelle eines Buckels (Ortsattribut) in Rücklage (Lageattribut) und in tiefer Hocke (Positionsattribut) sein, dann ist seine Bewegungssituation erst dann hinreichend genau beschrieben, wenn auch noch sein Bewegungszustand umrissen wird: Er kann dort zum Beispiel in schneller Geradeausfahrt, er kann aber auch im Seitrutschen oder gerade beim Anhalten sein. Im bewegungstheoretisch einfachsten Fall (der Eisenkugel) genügt zur Charakterisierung des Bewegungszustands die Angabe des (mechanischen) Impulses, als dem Produkt aus Masse und Geschwindigkeit, und die des Drehimpulses, als dem Produkt aus Trägheitsmoment und Drehgeschwindigkeit. In den Fällen, in denen das Movendum aus einem vielgliedrigen Körpersystem besteht, ist die Charakterisierung des Bewegungszustands zwar theoretisch gleichfalls durch die Berücksichtigung von Impuls und Drehimpuls der verschiedenen Gliederteile möglich, jedoch praktisch wenig nützlich[58]. Nutzbringender für sportpraktische Belange erscheint es, wenn eine dem Skibeispiel vergleichbare, kategoriale Beschreibungsweise verwendet bzw. entwickelt wird.

Der Hinweis auf die kategoriale Beschreibungstechnik gilt nicht nur für den Bewegungszustand. Er ist — vor allem hinsichtlich einer auf unterrichtspraktische Zwecke ausgerichteten Bewegungsanalyse — auch für die

---

[57] Dies macht auch die Lagecharakterisierung in der Mechanik deutlich. Stabile, labile und indifferente Lagen werden dort nach dem Bewegungsverhalten, das der betrachtete Körper in der Nähe des betreffenden Orts aufweist, unterschieden.

[58] HATZE (1976 c) hat für ein relativ einfaches Movendum eine entsprechende Beschreibungsmöglichkeit entwickelt.

Orts-, Lage- und Positionsattribute gültig. Vorbild für eine entsprechende Beschreibungstechnik könnte die für die Tanz- und Gymnastikbewegungen von LABAN entwickelte Kinetographie sein. Sie müßte allerdings auf die sportartspezifischen Belange modifiziert werden[59].

Elementare, situationsspezifische Bewegungsziele

Wenn nun die bei sportlichen Bewegungen zu erreichenden Bewegungsziele möglichst genau zu differenzieren sind, so muß man zunächst auf drei elementare Zieltypen eingehen. Es gibt kaum eine sportliche Bewegung, bei der nicht mindestens eines dieser, über die Bewegungssituation des Movendum charakterisierten und daher als situationsspezifisch bezeichneten Bewegungsziele verfolgt wird. Die drei Typen werden erkennbar, wenn man die charakteristischen Zielsituationen beim Basketballspiel mit denen beim Weitsprung oder Speerwurf und mit denen beim Turnen oder Trampolinspringen vergleicht:

— Im ersten Fall ist das gesamte Bewegungsgeschehen letztlich immer nur auf das Erreichen *einer* (mehr oder weniger genau definierten) Endsituation E bestimmt, dem Einwerfen des Balls in den Korb.

— Im zweiten Fall ist dagegen das Erreichen von E nicht allein das Wesentliche, weil es auf die Bestgestaltung eines von *zwei* Situationen A und E abhängigen Resultats ankommt. Man hat von einer bestimmten Stelle aus möglichst weit zu werfen oder zu springen, also beispielsweise den Speer oder sich selbst in eine (Flug- und Lande-)Situation zu bringen, die möglichst weit weg von A ist.

— Und im dritten Fall ist zwar auch wieder das Erreichen einer Endsituation Bestandteil des Bewegungsziels, letzteres gilt jedoch erst dann als erreicht, wenn *weitere*, über den gesamten Bewegungsverlauf sich erstreckende (Zwischen-)Situationen „durchlaufen" wurden.

E-orientierte Bewegungsziele: In Verallgemeinerung des genannten Basketballspiels soll von endsituations-orientierten bzw. von E-orientierten Bewegungszielen gesprochen werden, wenn das Erreichen oder auch das

---

[59] Daß eine solche Modifikation erfolgversprechend ist, kann folgendes Beispiel zeigen: Im Trampolinspringen ist jeder (gute) Trainer oder Springer in der Lage, die Bewegungssituation eines Anfängers unmittelbar nach dem Absprung so genau zu erkennen und auch (mit möglicherweise nicht für jeden verständlicher Fachsprache) zu beschreiben, daß er voraussagen kann, ob ein geplanter Salto auch erfolgreich beendet werden kann. Dieses Beispiel kann nicht für alle Situationen des Sports sprechen. Es gibt zweifellos im Hochleistungssport Situationen, in denen auf diese Weise keine Charakterisierung mehr möglich ist. Die biomechanischen Meß- und Deskriptionsmethoden stellen für solche Situationen eine notwendige Ergänzung dar.

Einhalten einer einzigen, mehr oder weniger genau beschriebenen (End-) Situation E bereits als Zielcharakteristikum der entsprechenden Bewegung gesehen werden kann. Weitere von der Endsituation sich unterscheidende situative Bedingungen mögen zwar einzelne Abschnitte des Bewegungsablaufs bestimmen, ihr Erreichen oder Einhalten ist jedoch nicht für die Zielerreichung von Bedeutung. Sie sind dem Erreichen von E untergeordnet.

Als ein solches E-orientiertes Bewegungsziel kann beispielsweise im Handballspiel der (erfolgreiche) Torwurf angesehen werden. Wenn dabei zugleich ein entsprechender Wurfabstand und eine bestimmte Wurfsituation, wie etwa das Nichtberühren der Wurfkreisfläche, einzuhalten sind, so ist dies dem Erreichen des Torschusses untergeordnet. Solche situativen Bedingungen könnten gegebenenfalls geändert werden, ohne daß dazu das eigentliche, das spielcharakterisierende Bewegungsziel verändert würde.

E-orientierte Bewegungen — wie Bewegungen mit E-orientiertem Bewegungsziel auch genannt werden sollen — lassen sich wiederum in drei, den Bewegungsablauf in unterschiedlicher Weise bestimmende Untergruppen gliedern.

Im *ersten* Fall wird das Verlaufsgeschehen wesentlich dadurch bestimmt, daß die Endsituation innerhalb einer (nach unterschiedlichen Modalitäten festgelegten) Zeitspanne *möglichst häufig* bzw. gegenüber anderen an der Movendumbewegung Beteiligten *häufiger* zu erreichen ist. Das gesamte Verlaufsgeschehen ist daher in diesem Fall in Teilbewegungen bzw. in *Teilaufgaben* gliederbar, in denen stets wieder das Erreichen von E versucht werden muß.

Beispiele solcher Art sind das Fuß- und Handballspiel oder das Tennis- und Volleyballspiel. Der (erfolgreiche) Torschuß bzw. der (erfolgreiche) Schlag ins gegnerische Spielfeld wird in diesem Fall als die zu erreichende Zielsituation gesehen. Beispiele dieser Art sind aber auch das Fechten, das Völkerballspiel oder das Boxen, weil man bei diesen Bewegungen das Treffen (bestimmter Stellen) der Körperoberfläche des Gegners auch als die wiederholt zu erreichende Zielsituation ansehen kann. Es wird daher in diesem ersten Fall auch von *trefferorientierten Bewegungen* bzw. von sportlichen Bewegungen mit *Trefferoptimierung* gesprochen werden[60].

---

[60] Die K.-o.-Situation im Boxen oder Ringen ist insofern eine besondere Endsituation, als sie alle vor dem Eintreten dieser Situation bereits erreichten Treffer annullieren kann. Treffergewichtungen (wenngleich nicht in diesem Ausmaß) sind auch in anderen Sportarten bekannt. Beim Basketball ist das Treffen des Korbs aus dem Spiel doppelt so viel wert wie beim Freiwurf, und beim Volleyball gibt es Treffer, die keine Punkte, sondern nur den Aufschlag (wieder-)bringen.

Im *zweiten* Fall E-orientierter Bewegungen ist das Verlaufsgeschehen durch eine besondere Eigenschaft der Endsituation geprägt. Wie im Hochsprung, beim Gewichtheben oder aber beim Slalomfahren mit Wasserski ist die Zielsituation so konzipiert, daß ihr Erreichen *ständig meß- oder wenigstens vergleichbar schwieriger* gestaltet werden kann: Im Hochspringen erhöht man die Latte, im Gewichtheben erschwert man das Gewicht und im Wasserskilauf verkürzt man die Schleppleine immer dann, wenn der Ausführende die Endsituation E einmal erreicht hat.

In allen diesen Fällen hat man zwar wie bei den trefferorientierten Bewegungen ein bestimmtes E wiederholt zu erreichen. Im Unterschied zu den trefferorientierten Bewegungen wird jedoch mit jeder erfolgreichen Bewegungsausführung die nächste Endsituation schwieriger gestaltet. Im sportlichen Vergleich gewinnt daher in diesem Fall immer derjenige, der die (relativ) schwierigste Situation meistern konnte. Insofern kann man auch von Bewegungen mit *Schwierigkeitsoptimierung* sprechen.

Hinsichtlich einer an lehrstoffbedingten Lernerleichterungen orientierten Bewegungsanalyse wird die Bedeutung dieser Unterscheidung an folgendem Beispiel erkennbar: Während beispielsweise bei trefferorientierten Bewegungen methodisch vielfach die Endsituation erleichtert wird, ist dies bei den auf Schwierigkeitsoptimierung ausgerichteten Bewegungen aufgrund ihrer Zielkonfiguration prinzipiell nicht sinnvoll[61].

Den *dritten* Fall bilden alle jene E-orientierten Bewegungen, bei denen die wesentliche Aufgabe nicht im Erreichen, sondern im *Einhalten einer bestimmten Situation* gegen mögliche Störeinflüsse gegeben ist. Die Analyse des beobachtbaren Bewegungsgeschehens ist in diesem Fall immer auf die Aktivitäten zur Erhaltung von E auszurichten.

Durch solche *Erhaltungsziele* geprägt sind zum Beispiel alle Halteübungen, die im Gerätturnen geturnt werden. Man denke an das Handstehen, an den Kreuzhang oder an die Hangwaagen. Zu Bewegungen mit Erhaltungszielen müssen aber auch das Rodeoreiten und das Wellenreiten gezählt werden, weil es bei diesen Bewegungen darum geht, sich möglichst lange auf dem Pferd bzw. auf dem Brett zu halten.

(A-E)-orientierte Bewegungsziele: Haben die bisherigen Beispiele gezeigt, daß bei E-orientierten Bewegungen weitere situative Einschränkungen stets als untergeordnete und daher gegebenenfalls auch als veränderbare Nebenbedingungen angesehen werden können, so trifft dies für die Bewegungs-

---

[61] Wenn gelegentlich beim Hochspringen bestimmte Sprungtechniken bei niedrigen Sprunghöhen erlernt oder verbessert werden sollen, so ist hier das Bewegungsziel nicht mehr E-orientiert. In diesem Fall ist für die Lehr-Lern-Situation eine Veränderung des Bewegungsziels vorgenommen worden. Darauf ist später noch einzugehen.

abläufe des Weitspringens, des Kugelstoßens oder des Speerwerfens nicht mehr zu. Vom Erreichen einer bestimmten Sprung-, Stoß- oder Wurfweite kann nur dann gesprochen werden, wenn eine *Ausgangs- und eine Endsituation* festgelegt wird. Zwar hat auch bei diesem Zieltyp das Movendum eine bestimmte Endsituation zu erreichen. Im Unterschied zu den bisgen erhöht man die Latte, im Gewichtheben erschwert man das Gewicht, von E *notwendig* aus einer bestimmten Ausgangssituation A heraus zu beginnen. Dabei lassen sich wiederum Unterfälle unterscheiden.

Im *einen* Fall muß E von einem bestimmten A aus erreicht werden, weil die Zeit, die das Movendum bei der Bewegung von A nach E benötigt, möglichst minimal sein soll (und weil dies nur dann sinnvoll ist, wenn E *und* A entsprechend genau charakterisiert sind). Dies ist bei allen Laufdisziplinen in der Leichtathletik, beim Sportschwimmen, beim Eisschnellauf oder auch beim alpinen Skisport der Fall. Solche Bewegungen können daher als Bewegungen mit *Zeitoptimierung* bzw. *Zeitminimierung* angesprochen werden.

Im *andern* Fall muß zur Endsituation E eine Ausgangssituation A im Bewegungsziel berücksichtigt werden, weil eine bestimmte *Distanzgröße*, die aus dem Erreichen von E aus A heraus bestimmt werden kann, möglichst maximal sein soll (und weil auch dies nur dann sinnvoll ist, wenn hierzu E *und* A hinreichend genau charakterisiert werden). Bewegungen dieser Art sind das Weitspringen, das Kugelstoßen oder das Speerwerfen, aber auch der Stundenlauf, bei dem es darum geht, innerhalb einer Stunde eine möglichst weite Strecke zu durchlaufen. Bewegungen dieser Art können daher als Bewegungen mit *Distanzoptimierung* bzw. *-maximierung* bezeichnet werden. Da in beiden Fällen der Zeit- und Distanzoptimierung je ein aus dem Vergleich von A und E ableitbares Resultat zu verbessern ist, könnte man zusammenfassend auch von *resultatoptimierenden* Bewegungen sprechen.

Bei allen diesen Bewegungen ist das Erreichen von E aus einem bestimmten A heraus lediglich notwendige und, im Unterschied zu den E-orientierten Bewegungen, in der Regel auch meistens ohne Schwierigkeiten zu erreichende, aber nicht in das Resultat selbst eingehende Bedingung. Für die Analyse des Bewegungsablaufs bedeutet eine solche Zielkonfiguration, daß die Operations- und Verlaufsmodalitäten nicht mehr nur von E ausgehend diskutiert werden können. Die Ausgangssituation A ist notwendig miteinzubeziehen.

Analoges gilt für Überlegungen zu lehrstoffbedingten Lernerleichterungen. Eine Veränderung der Ausgangs- oder Endsituation ist beispielsweise nur dann angebracht, wenn dadurch das resultatkonstituierende Verhältnis von A und E nicht wesentlich verändert wird: Aus einem Langstreckenlauf darf zum Beispiel kein Kurzstreckenlauf werden, und ein Weitsprung muß, auch wenn durch geeignete Sprunghilfen die Ausgangssituation verändert wird, ein auf Weite gerichteter Sprung bleiben[62].

Verlaufsorientierte Bewegungsziele: Am Beispiel des Turnens und des Trampolinspringens ist eingangs angedeutet worden, daß neben den bislang genannten Bewegungszielen auch noch solche zu berücksichtigen sind, bei denen notwendigerweise nicht nur eine Ausgangs- und/oder eine Endsituation, sondern eine Folge von weiteren Situationen eingehalten bzw. erreicht werden muß. Bei Bewegungen dieser Art geht es weder darum, daß man eine Endsituation möglichst oft erreichen muß, noch, daß man eine immer schwieriger zu gestaltende Endsituation zu bewältigen hat, noch, daß man die zwischen zwei Situationen definierbaren Zeit- oder Distanzgrößen optimiert. Es sind vielmehr eine Vielzahl von (mehr oder weniger genau beschriebenen) Situationen, die über den gesamten in Frage kommenden Verlaufszeitraum erstreckt sein können, zu bewältigen.

Bei den Schwungstemmbewegungen im Gerätturnen hat man beispielsweise um eine waagrechte Geräteachse rück- oder vorwärts aufzuschwingen und gegen Ende dieses Aufschwungs seinen Körper in eine Position anzuheben, die höher ist, als die durch den Aufschwung erreichbare. Bei den Schwungformen zur Richtungsänderung im Skilauf hat man die Fahrtrichtung auf einem mehr oder weniger engen Bogen zu ändern und dabei in Abhängigkeit von der ausgewählten Form bestimmte Lagen einzuhalten und Positionsveränderungen zu vollziehen. Bei den Sprüngen im Trampolinturnen ist aus einer spezifischen Ausgangslage im Flug ein- oder zweimal um Körperbreiten- oder Körperlängsachsen zu drehen, wobei wiederum in bestimmten Zeitabschnitten bestimmte Positionen eingenommen werden sollen. Und ein „schwunghaftes Rückwärtshüpfen, rechts beginnend, mit kreisendem Schwingen des linken Beins über innen in die Diagonale" ist eine durchaus nicht untypische Beschreibung dessen, was in der Gymnastik auszuführen ist.

Als charakteristisch für verlaufsorientierte Bewegungen kann insofern auch ein möglichst optimales Annähern an vorgegebene Operations- und Verlaufsbeschreibungen bzw. ein möglichst minimales Abweichen von einem

---

[62] Es kann sein, daß gelegentlich in Lehrsituationen der Absprung von einem Kastendeckel als günstige Ausgangsposition empfohlen wird. In diesem Fall ist zu beachten, daß nicht mehr (oder nicht mehr ausschließlich) die Distanzoptimierung das verfolgte Bewegungsziel ist. Ähnlich dem Hochsprungbeispiel in Anmerkung 61 ist der Bewegungsablauf in diesem Fall dann (vorrangig) auf das Erreichen einer bestimmten Sprungtechnik und damit auch auf das Erreichen einer bestimmten Operations- und Verlaufsmodalität gerichtet.

als *fehlerfrei* bzw. richtig oder ideal vorgegebenen Leitbild gesehen werden. Es wird daher von Bewegungen mit *Operations-* und *Verlaufsoptimierung* bzw. von Bewegungen mit *Fehlerminimierung* gesprochen werden. Im sportlichen Vergleich ist derjenige der bessere, der die geringsten Fehler und damit die beste Annäherung an das (möglicherweise nur virtuelle) idealtypische Leitbild aufweist[63].

Im Unterschied zu den bisherigen Zieltypen ist bei verlaufsorientierter Zielkonfiguration die motorische Aktivität des Ausführenden nicht dem Erreichen von Treffern oder dem Überwinden von stets schwierigeren Situationen oder dem Erreichen einer möglichst optimalen Weg- oder Zeitgröße untergeordnet; sie kann als Gesamtes — wie etwa bei den Pflichtübungen im Eiskunstlauf oder beim Rhönradturnen —, oder aber auch nur in bestimmten Abschnitten — wie etwa bei den Saltobewegungen, bei denen die Einleitung der Flugphase nicht explizit genannt wird — *selbst Ziel* des Bewegens sein.

Ehe in der Untersuchung der Bewegungsziele fortgefahren wird, ist ein bereits angesprochener Gedankengang nochmals aufzugreifen. Die bei den verschiedenen Zieltypen jeweils angeführten Beispiele legen die Vermutung nahe, daß bestimmte sportliche Bewegungen mit ganz bestimmten Bewegungszielen identifiziert werden können: 100-m-Laufen ist immer auf Zeitoptimierung, Weitspringen immer auf Distanzoptimierung und Reck- oder Barrenturnen immer auf Fehlerminimierung ausgerichtetes sportliches Bewegen. Aus der Perspektive des international organisierten und wettbewerblich betriebenen Sports ist dies zweifellos richtig. Aus unterrichtlichen Perspektiven braucht dies jedoch durchaus nicht immer so verstanden zu werden. Das Einüben eines Rückschlags im Tennis ist, wenn es ohne Ball ausgeführt wird, eine ausschließlich verlaufsorientierte Bewegung, das Überspringen niedriger Höhen in einer bestimmten Sprungtechnik ist gleichfalls verlaufsorientiert, während umgekehrt das Kreisen am Seitpferd oder das Umschwingen am Reck auch unter das Ziel der Trefferoptimierung (jedes Kreisen ein Punkt) und das Weitspringen auch unter das Ziel der Schwierigkeitsoptimierung gestellt werden kann, wobei das Weitspringen in der Weise abgeändert werden müßte, daß eine ständig weiter zu entfernende Linie oder ein stets größer werdender Graben zu überspringen ist.

Für die Analyse der Bewegungsabläufe bzw. für die Untersuchung der zum Ziel führenden Bewegungsmöglichkeiten ist eine solche *Ziel-Verlagerung*

---

[63] Vgl. beispielsweise die Wertungsvorschriften des Internationalen Turnerbunds (ITB 1970). Dort wird u. a. aufgelistet, welche motorischen Aktivitäten bei einer bestimmten Bewegung als Fehler anzusehen sind und in welcher Weise solche Fehler, bezogen auf eine 10-Punkte-Wertung, zu quantifizieren sind.

nicht unwesentlich. Während beim trefferorientierten Tennisschlag der erreichte (oder nicht erreichte) Erfolg zum letztlich gültigen Maßstab für die Beurteilung des richtigen oder falschen Bewegungsablaufs bzw. der möglichen oder nicht möglichen Lösung gesetzt werden muß, kann dieses Kriterium beim Schlagen ohne Ball nicht verwendet werden. Und in ähnlicher Weise wären beim trefferorientierten Kreisen am Seitpferd Beinaktivitäten wie etwa das Schleudern der Unterschenkel durchaus sinnvoll, was bei verlaufsorientiertem Bewegungsziel nicht zugelassen wird.

Aus der unterrichtspraktischen Perspektive können daher die „üblichen" Zuordnungen (vgl. Abb. 3a) nicht immer unproblematisiert übernommen werden[64].

Mehrfachziele

Abbildung 3a zeigt, daß mit der Differenzierung der verschiedenen elementaren Bewegungsziele bereits ein großer Teil der bekanntesten sportlichen Bewegungen erfaßt werden kann. Einige weitere können jedoch erst dann in die bisherigen Analyseüberlegungen miteinbezogen werden, wenn auch noch die Tatsache berücksichtigt wird, daß gelegentlich sogar zwei der genannten Zieltypen zugleich zu beachten sind. Im Skispringen hat man nicht nur „auf Weite", sondern auch „auf Haltung" zu springen. Ein entsprechender Verrechnungsschlüssel transformiert die erreichten Sprungweiten in eine Punktzahl, die zu der Punktzahl, die der Springer von Wertungsrichtern für seine Aktivitäten beim Absprung, während des Flugs und bei der Landung erhält, addiert wird. Beim Springreiten hat man gleichfalls nicht nur „auf Zeit", sondern auch auf das Verhindern von Springfehlern zu achten. Auch hier muß daher sowohl auf Zeitminimierung als auch auf Fehlerminimierung geachtet werden. Mit dem Springreiten vergleichbar ist die Ziel-Konfiguration beim Torlauf im Skifahren bzw. im Wildwasserfahren. Hier muß ebenfalls nicht nur die Strecke vom Start zum Ziel schnellstmöglich durchfahren werden, es dürfen während des Abfahrens auch keine Tore ausgelassen werden. Allerdings scheidet der Ski- oder Wildwasserfahrer im Unterschied zum Reiter aus, wenn er eine der verlaufsbeschränkenden Situationen nicht gemeistert hat.

Charakteristisch für diese Beispiele ist, daß der Verlauf der sportlichen Bewegung in seinen Modalitäten zugleich auf zwei verschiedene elementare

---

[64] Solche Zielverlagerungen werden auch aus didaktischer Perspektive nicht als bedeutungslos angesehen. So verweist KURZ (1977, 229) ausdrücklich auf die Möglichkeit, sportliche Disziplinen so zu variieren, daß sie auch unter Zielsetzungen ausgeführt werden, die in anderen Disziplinen üblich sind.

	TREFFER-O.	SCHWIER.-O.	ZEIT-O.	DISTANZ-O.	VERL.-O.
LEICHTATHLETIK					
100 m, ... Lauf			x		
Weit-, Dreisprung				x	
Hoch-, Stabhochspr.		x			
Wurf und Stoß				x	
SPIELE					
Wasser-, ... Fußball	x				
TURNEN					x
SCHWIMMEN					
Zeitschwimmen			x		
Kunst-, Turmspring.					x
REITEN					
Springreiten				x	x
Dressurreiten					x
FECHTEN	x				
JUDO		x			
BOXEN		x			
SCHIESSEN	x				
GEWICHTHEBEN				x	
RUDERN			x		
SEGELN				x	
RADSPORT (ohne Sprint)				x	

Abb. 3a Bewegungsziele olympischer Sportarten

	SCHWIER.-O.	ZEIT-O.	DISTANZ-O.	VERL.-O.
TREFFER-O.	Biathlon			
SCHWIER.-O.				Trampolin
ZEIT-O.				Springreiten
DISTANZ-O.				Skispringen
VERL.-O.				

Abb. 3b Sportarten mit Mehrfachzielen

Bewegungsziele ausgerichtet ist[65], wobei allein aus der Aufgabenstellung eine Über- oder Unterordnung der einen oder anderen Bewegungsziele nicht ableitbar ist. Insofern soll hier von Bewegungen mit *Mehrfachzielen* gesprochen werden[66]. Abbildung 3b zeigt die theoretisch möglichen (Zweifach-)Überlagerungen und entsprechende Beispiele. Auf Überlegungen, weshalb nicht alle möglichen Felder besetzt sind, soll nicht eingegangen werden.

Situations-unspezifische Bewegungsziele

Die bisherigen Bewegungsziele waren durch das Erreichen oder Einhalten von Bewegungssituationen charakterisiert worden, d. h., die Bewegungsziele ließen sich durch Orts-, Lage-, Positions- und Bewegungszustandsattribute des Movendum beschreiben (vgl. 73 f.). Nun müssen zum Sport auch Bewegungen gezählt werden, die — vorläufig formuliert — nicht allein durch situationsspezifische Bewegungsziele charakterisierbar sind. Wenn man von Bewegungen ausgeht, die der Sportler ausführt, um beispielsweise „Kraft zu trainieren" oder „Ausdauer zu verbessern", so wird er unter Umständen versuchen, möglichst schwere Gewichte in eine Hochhalte zu bringen oder möglichst lange Wegstrecken in vorgegebenen Zeiteinheiten zurückzulegen, also distanzoptimierend bzw. schwierigkeitsoptimierend vorzugehen. Bei genauerer Überprüfung läßt sich diese Zuordnung jedoch nicht aufrecht erhalten. So wird beispielsweise Kraft nicht dadurch trainiert, daß man sich das Anheben von Maximallasten zum Ziel setzt. Man übt vielmehr im submaximalen Bereich; d. h., man bewegt sich oder die Hantel daher gar nicht unter dem Ziel der Schwierigkeitsoptimierung.

Ursache dieser Abweichung ist, daß die Bewegung in diesem Fall nicht auf das Erreichen von Bewegungssituationen im bisher genannten Sinne ausgerichtet ist. Es gibt weitere Bewegungsziele, die als *situations-unspezifisch* bezeichnet werden sollen: ihr Erreichen kann nicht mehr *unmittelbar während* bzw. *direkt nach* der jeweiligen Bewegungsausführung, also auch nicht

---

[65] Dies trifft für den Torlauf insofern nicht zu, als man beim Nichtpassieren eines Tors ja ausgeschlossen wird. Das fehlerfreie Abfahren ist daher streng genommen dem Ziel der Zeitminimierung untergeordnet. In der Unterrichtspraxis sind jedoch auch Modalitäten üblich, nach denen das Vorbeifahren an einem Tor ähnlich dem Springreiten mit einer Strafzeit ausgeglichen wird, so daß eine Unterordnung nicht mehr gegeben ist. Darüber hinaus ist aber aus der Sicht des Ausführenden eine Über- bzw. Unterordnung durchaus denkbar: dann nämlich, wenn er vorhat, durch einen Torlauf beispielsweise *in jedem Fall* durchzukommen.

[66] Solche Bewegungen sind Mehrfachaufgaben im Sinne von KAMINSKI (1973). Umgekehrt muß jedoch eine Mehrfachaufgabe nicht eine Bewegung mit Mehrfachzielen sein, da das „Mehrfache" bei KAMINSKI mit der Auflistung der *Teilziele* zusammenhängt.

mehr unmittelbar mit den beobachtbaren Bewegungssituationen, erkannt werden.

Bewegungsziele der Wiederherstellung, der Erhaltung oder der Verbesserung der motorischen Belastbarkeit: Es gibt Bewegungen, deren Ziele in der Wiederherstellung, in der Erhaltung oder in der Verbesserung der motorischen Belastbarkeit zu sehen sind. Motorisch belastbar ist jemand, wenn er hinreichend Kraft, Ausdauer, Schnelligkeit, Gewandtheit und Geschicklichkeit besitzt, wenn also das hinreichend genug entwickelt ist, was man in der Trainingslehre des Sports mit *motorischen Eigenschaften* umschreibt[67].

Bewegungen zur Förderung dieser Belastbarkeit sind hinsichtlich ihrer Zielerreichung nun nicht mehr am jeweils ausgeführten Bewegungsablauf selbst in den dort vorkommenden Situationen zu beurteilen. Ob jemand seine Kraft oder seine Ausdauer durch bestimmte Stemm- oder Laufbewegungen verbessert hat, ist nicht mehr unmittelbar am Ende dieser Bewegungen erkennbar. Es ist letztlich nur dann feststellbar, wenn die (morphologischen bzw. physiologischen) Veränderungen am betreffenden Organsystem des Ausführenden beobachtet werden können bzw. wenn spezifische motorische Tests, über die indirekt auf die Ausprägung der jeweiligen motorischen Eigenschaften geschlossen werden kann, herangezogen werden[68].

Als eine Folge dieser Zusammenhänge zeigt sich, daß die Bewegungsabläufe zur Förderung der motorischen Belastbarkeit nicht (wie bei den bislang betrachteten sportlichen Bewegungen) eindeutig bestimmten situationsspezifischen Bewegungszielen zugeordnet werden können. Ausdauer kann durch Laufen ebenso gefördert werden wie durch Radfahren, Schwimmen oder Skilanglaufen. Die Bewegungssituationen sind in diesem Fall in gewisser Weise austauschbar.

Das schließt jedoch nicht aus, daß bestimmte der situations-unspespezifischen Bewegungsziele relativ eng mit bestimmten situationsspezifischen Zielen verbunden sind. So kann die Verbesserung der Kraft relativ eng mit dem Ziel der Schwierigkeitsoptimierung im Sinne von Lastmaximierung verbunden werden und entsprechend die Verbesserung der Ausdauer mit dem Ziel der Distanzoptimierung.

Bewegungsziele der Aktualisierung psychischer Befindlichkeiten und der Einhaltung sozialer Verhaltensweisen: So wie man berücksichtigen muß,

---

[67] Die Diskussion um die Charakterisierung und Bezeichnung dessen, was hier mit dem Begriff der motorischen Eigenschaften umrissen werden sollte, hält bereits längere Zeit an (vgl. SCHNABEL 1965, MARHOLD 1965), und sie ist bis heute noch nicht abgeschlossen (vgl. FREY 1977, KURZ 1977). Für den vorliegenden Zweck ist diese Unsicherheit jedoch bedeutungslos.
[68] Vgl. BALLREICH (1970 a), FETZ / KORNEXL (1973).

daß sportliches Bewegen mit der Förderung der motorischen Belastbarkeit des Sporttreibenden zu verbinden ist, so ist auch zu berücksichtigen, daß von sportlichen Bewegungen auch die Aktualisierung psychischer Befindlichkeiten und die Einhaltung (oder Einübung) sozialer Verhaltensweisen erwartet werden. Bewegen im Sport soll Spaß bereiten, Freude auslösen, Lust befriedigen, Erfolgserlebnisse bringen, Risiken aufzeigen, Eindruck machen, zur Selbstbestätigung beitragen oder auch bei Mißerfolg oder Ängstlichkeit zu deren Überwindung mithelfen. Der Sporttreibende soll anderen aber auch helfen, selbst Hilfe annehmen oder andere ins Bewegungsgeschehen miteinbeziehen können[69].

Bei Bewegungsanalysen unter funktionalem Bewegungsverständnis müßte geprüft werden, inwieweit solche Zielkonzepte verlaufsbestimmenden Einfluß haben können oder sollen und inwieweit ein solcher Einfluß überhaupt ermittelt werden kann. Das mag in einzelnen Fällen relativ leicht möglich sein: Ob Schüler sich im Gerätturnen gegenseitig helfen können und ob Spieler sich gegenseitig ins Spielgeschehen integrieren können, ist über den äußeren Bewegungsablauf ohne weiteres zu erkennen; es ist jedoch zweifelhaft, ob man an den motorischen Aktivitäten des Ausführenden in ähnlich einfacher und zuverlässiger Weise erkennen kann, ob ein Schüler von einer Bewegung beeindruckt ist, ob sie ihm Freude bereitet, ob sie Lust befriedigt oder Erfolg und Selbstüberwindung bringt. Im weiteren Vorgehen sollen solche situations-unspezifischen Bewegungsziele daher nicht mehr berücksichtigt werden.

Die Hierarchisierung der Bewegungsziele

Verschiedene im Zusammenhang mit der Operationalisierung von Lernzielen im Sport angestellte Überlegungen könnten dahingehend interpretiert werden, daß die situationsspezifischen Bewegungsziele stets den situations-unspezifischen untergeordnet sind. So ist bei der Abgrenzung des funktionalen Bewegungsverständnisses davon berichtet worden, daß curriculumtheoretisch orientierte Konzepte besonders hervorheben, daß Sportunterricht nicht nur auf motorisches Lernen beschränkt werden darf; dabei wird von über motorisches Lernen „hinausreichenden Zielen und Leitlinien" gesprochen. Da die genannten Ziele mit den Bewegungszielen der Aktualisierung psychischer Befindlichkeiten und der Einübung sozialer Verhaltensweisen durchaus vergleichbar sind, könnte dies dazu füh-

---

[69] Einzelne dieser Aspekte werden genannt bei HECKER (1975), WILLIMCZIK (1971), BRODTMANN (1971), TREBELS (1975), DIETRICH (1973), BERNSDORFF / HARTMANN (1974), CACHAY / KLEINDIENST (1975). Eine zusammenfassende und zugleich kritisch prüfende Darstellung solcher „Sinngebungen" ist bei KURZ (1977, 79—104 und 166—171) zu finden.

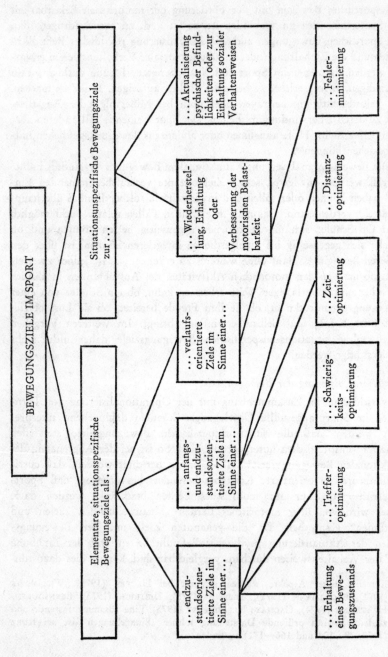

Abb. 4 Bewegungsziele im Sport. In der Abbildung wird von einer Gleichwertigkeit der situationsspezifischen und situationsunspezifischen Bewegungsziele ausgegangen. Die Verbindungslinien verdeutlichen die Zuordnung der verschiedenen Zieltypen.

ren, daß man situationsspezifische Bewegungsziele stets als den situationsunspezifischen untergeordnet ansieht. Einen ähnlichen Schluß lassen auch die Ausführenden von RIEDER / SCHMIDT (1973) zu, in denen im Zusammenhang mit der Aufarbeitung der Grundlagen der Sportmethodik die Bewegungsziele zur Förderung der motorischen Belastbarkeit als „Fernziele" bezeichnet werden. RIEDER / SCHMIDT sehen diese Ziele *hinter* bzw. *über* den in der Methodik des Sportunterrichts bislang vorwiegend behandelten „Teilzielen" oder „Nahzielen", wobei letztere mit den situationsspezifischen (auch wenn dies nicht explizit umrissen wird) identisch sind (RIEDER / SCHMIDT 1973, 266).

An folgendem Beispiel läßt sich aufzeigen, daß für die hier typisierten Bewegungsziele keine allgemein gültige Rangordnung angegeben werden kann, daß es Über- und Unterordnungen vielmehr nur dann gibt, wenn auf die konkrete Unterrichtssituation eingegangen wird. Wenn man sich beispielsweise das Ziel setzt, vom 3-m-Brett einen dreifachen Salto zu erlernen, so setzt man sich ein situationsspezifisches, nämlich verlaufsorientiertes Ziel. Ohne eine besondere Analyse ist in diesem Fall erkennbar, daß zum Erreichen dieses Ziels beispielsweise eine nicht geringe Sprungkraft, aber auch entsprechende Angstüberwindung notwendig ist. Ist erstere nicht vorhanden, so müssen durch geeignete Aktivitäten entsprechende Voraussetzungen erst geschaffen werden. Dies ist aber gleichbedeutend damit, daß ein situations-unspezifisches Bewegungsziel einem situationsspezifischen untergeordnet ist. Wird zur Sprungkraftschulung aber nun eine ganz bestimmte Übung ausgesucht, so sind die in dieser Übung enthaltenen Bewegungssituationen ihrerseits wieder einer situations-unspezifischen Zielsetzung untergeordnet.

2. Movendumbedingungen

Situationsspezifische Bewegungsziele lassen sich nur dann beschreiben, wenn abgegrenzt wird, *was*, und das heißt, welches Objekt, welches Gerät oder auch welcher Körperteil in die jeweiligen *zielkonstituierenden Bewegungssituationen* zu bewegen ist. Diese zu bewegende Größe ist als *Movendum* bezeichnet worden. In den Ballspielen ist das Movendum der Ball, in den leichtathletischen Wurfdisziplinen ist es das Wurfgerät, in der Körperschulung, die auf Zweckgymnastik ausgerichtet ist, kann es ein bestimmter Körperteil oder eine bestimmte Muskelpartie sein, beim Trampolinspringen wie beim Turnen ist es der Ausführende selbst, und beim Bobfahren ist es der Bobschlitten einschließlich der ihn steuernden Mannschaft. Um Irrtümer zu vermeiden, ist darauf hinzuweisen, daß zum Beispiel der Schläger, der beim Tennis- oder Eishockeyspiel vom Ausführenden zu bewegen ist (in der Regel) nicht als Movendum betrachtet werden darf. Das liegt daran, daß mit dem Movendum nur dasjenige Objekt charakterisiert werden soll, das in die zielkonstituierenden Bewegungssituationen zu bewegen ist. Dies trifft beim Tennis oder Eishockey nur für den Ball bzw. für den Puck zu, es sei denn, man übt ohne Ball oder Puck.

Am Beispiel des Speer-, Schleuderball- und Medizinballwerfens läßt sich verdeutlichen, daß durch Form und Gestalt dieser Movenda Bedingungen gestellt werden, die die Art und Weise der jeweiligen sportlichen Bewegung bestimmen bzw. mitbestimmen. So sind einzelne Hand- oder Armpositionen in ihrer Funktion hinsichtlich der Gesamtbewegung nur dann erklärbar, wenn die Formbesonderheiten des Movendum berücksichtigt werden.

Ähnliches ergibt sich durch das Bewegungsverhalten des Movendum. Die Unterschiede, die beim Werfen einer Plastikscheibe (Frisby-Scheibe) und beim Werfen eines Schlagballs beobachtet werden können, sind unter anderem durch die Verhaltensweise geprägt, die diese beiden Objekte in der Flugphase zeigen.

Schließlich nimmt auch noch eine weitere Charakteristik auf den Bewegungsablauf Einfluß. Am Beispiel des Tennis-, Fuß- und Medizinballs oder der Eisenkugel ist leicht erkennbar, daß die Art, wie diese Objekte bewegt werden bzw. bewegt werden können, von Modalitäten der Bewegbarkeit des zu bewegenden Objekts selbst nicht unabhängig ist. Die Bewegbarkeitscharakteristik stellt daher gleichfalls Bedingungen an Form und Verlauf der Operationen, mit denen das Movendum bewegt wird.

Aus der im zweiten Teil dargestellten Übersicht über die gegenwärtigen bewegungsanalytischen Überlegungen ging hervor, daß in den verschiedenen Aufgabentypisierungen zwar Unterschiede hinsichtlich der sich in Bewegung befindlichen Größen beachtet werden und daß dabei zum Teil nach ihrer Funktion innerhalb der Gesamtbewegung differenziert wird (vgl. 57 ff.). Auf die ablaufbedingenden Folgerungen ist jedoch nur in der Typisierung von FARRELL näher eingegangen worden. In ihr war vor allem hervorgehoben worden, daß die vor und während des Bewegungsablaufs gegebene örtliche Situation des Movendum Einfluß auf die zeitliche Verlaufsgestaltung hat (vgl. 60 ff.).

Solchen Abhängigkeiten sowie weiteren, durch das Movendum bedingten Einflüssen auf die Modalität der sportlichen Bewegungen wird in der folgenden Bearbeitung nachgegangen.

Movendum-Typen

Die Aufgabengliederung, die MEINEL zur Systematisierung der Vielfalt sportlicher Bewegungen vorgenommen hat, basierte zu einem Teil auf der

Typisierung des Movendum. Die fünf bzw. die zwölf im Erweiterungsvorschlag beschriebenen Aufgabentypen (vgl. 58) unterschieden sich je nachdem, ob ein Gerät, ein Partner oder Gegner zu bewegen ist oder ob der Ausführende selbst sich zu bewegen hat.

Bewegungsanalysen unter funktionalem Verständnis legen nahe, die Typisierung der Movenda jedoch nicht durch äußere, formale Merkmale, sondern auf der Grundlage von ablaufspezifischen Besonderheiten vorzunehmen. Hier lassen sich, wenn man die unterschiedlichen Eigenheiten der zu bewegenden Größen etwa beim Speerwerfen oder Ballspielen, beim Ringen oder Judo oder beim Trampolinspringen verallgemeinert, drei Typen benennen: ein *passiv-reaktives*, ein *aktiv-reaktives* und ein *aktives, sich selbstbewegendes* Movendum.

MOVENDUM-TYPEN	passiv-reaktives Mov.	aktiv-reaktives Mov.	aktiv sich selbstbewegendes Mov.
BEISPIELE	Hantel Kugel Speer Diskus Ball ...	Partner beim Paarlauf Gegner beim Judo, beim Ringen, usw.	Läufer Schwimmer Springer Turner Tänzer ...

Abb. 5 Beispiele verschiedener Movendum-Typen

Das passiv-reaktive Movendum: Von einem passiv-reaktiven Movendum soll dann gesprochen werden, wenn dessen zielgerichtete Orts-, Lage-, Positions- und Bewegungszustandsänderungen *nur* durch von außen auf das Movendum einwirkende Kräfte, also nur durch vom Movendum unabhängige Bewegersysteme, zustandekommen. Die Hantel, die Kugel, der Speer, der Diskus, die verschiedenen Bälle, die gymnastischen Handgeräte sind Beispiele solcher passiv-reaktiven Movenda. In allen diesen Fällen muß stets ein nicht mit dem Movendum übereinstimmender Beweger für die Movendumbewegung sorgen. Das Movendum bewegt *sich* nicht fort, es *muß bewegt werden*, oder, nach einer von DONSKOI verwendeten Bezeichnung (vgl. 59), es muß „verlagert" werden. Gelegentlich wird auch von einer Movendum-*Manipulation* gesprochen, was insofern angebracht erscheint, als sehr viele der passiv-reaktiven Movenda im Sport tatsächlich mit den Händen des Ausführenden bewegt werden.

Eine Besonderheit dieser Movenda kann zugleich als Unterscheidungsmerkmal zum zweiten Typ des aktiv-reaktiven Movendum verwendet werden: Das einmal in Bewegung versetzte passiv-reaktive Movendum zeigt, wenn der erreichte Bewegungszustand hinreichend genau erfaßbar ist, ein kausales, gegebenenfalls über mathematisch-physikalische Methoden berechenbares Verhalten[70]. Auch dies mag rechtfertigen, daß von einem passiv-reaktiven Movendum gesprochen werden soll.

Das aktiv-reaktive Movendum: Die wichtigsten Merkmale des zweiten, als aktiv-reaktiv bezeichneten Movendum-Typs sind damit schon umrissen. Auch bei diesem Typ kommen die zielgerichteten Orts-, Lage-, Positions- und Bewegungszustandsänderungen durch von außen auf das Movendum einwirkende Beweger zustande. Im Unterschied zum passiv-reaktiven Movendum wird jedoch berücksichtigt, daß es Movenda gibt, die sich auch *selbst in Bewegung versetzen* oder *Bewegungsveränderungen* erreichen können. Das sichtbare Bewegungsverhalten solcher Movenda kann daher nicht mehr nur als Reaktion, sondern muß auch als Aktion verstanden werden.

So ist der Gegner im Ringen oder Judo zwar vom Ausführenden in eine bestimmte Situation zu bringen; der dabei beobachtbare Bewegungsvorgang ist jedoch nur dann verständlich und kann hinsichtlich möglicher Bewegungsalternativen nur dann diskutiert werden, wenn beachtet wird, daß der Gegner sich auch selbst bewegen kann. Der entsprechende Bewegungsablauf darf daher nicht mehr wie beim Bewegungsablauf des passiv-reaktiven Movendum alleine als Folge der auf das Movendum einwirkenden Manipulation gesehen werden.

Das aktive, sich selbstbewegende Movendum: Die sportlichen Bewegungen des Schwimmens, des Laufens, des Turnens, aber auch des Ruderns oder Skilaufens erfordern, daß als dritter Typ auch noch ein *sich selbstbewegendes* Movendum berücksichtigt werden muß. Die Bedingungen, die ein solches Movendum an die Modalitäten einer zielgerichteten Bewegung stellt, sind zugleich auch die Bedingungen, die durch den Ausführenden oder allgemein durch das Bewegersystem selbst gestellt werden.

Da auf diese Bedingungen erst im nächsten Kapitel eingegangen wird, können sich die nachfolgenden Überlegungen, in denen die Einflüsse der Movendum-Attribute auf die Modalitäten des Bewegungsablaufs diskutiert werden sollen, auf die Einflüsse der passiv-reaktiven und die der aktiv-reaktiven Movenda beschränken.

Bewegungsverhalten und Bewegbarkeitscharakteristik beim passiv-reaktiven Movendum

Versucht man einen Modellsegler oder auch eine Plastik-Scheibe zu einem möglichst langen, distanzoptimierenden Gleitflug aus der Hand abzuwerfen, so gelingt dies im Unterschied etwa zu dem Weitwurf eines Steins nur, wenn

---

[70] Vgl. SCHUPPE (1941), HOPPER (1973), HOCHMUTH (1973).

die Abwurfbewegung weder stark aufwärts noch zu sehr abwärts, wenn sie weder langsam noch übermäßig schnell ausgeführt wird. Das Flugverhalten des Modellseglers erfordert bestimmte Verlaufsmodalitäten der Abwurfbewegung.

Dieser Zusammenhang ist nicht nur für das Abwerfen von Modellseglern oder Plastikdisken charakteristisch, wenngleich er dort sehr deutlich wird; die Art und Weise, wie sich ein in Bewegung befindliches Objekt „verhält", führt bei allen passiv-reaktiven Movenda hinsichtlich der jeweils notwendigen Manipulationen auch zu bestimmten Konsequenzen.

Hierbei sind für unterrichtspraktische Zwecke drei Unterscheidungen vorteilhaft. Sie ergeben sich, wenn man beachtet, daß Volleybälle beispielsweise auf Grund ihrer normierten Form- und Gewichtsvorschriften untereinander hinsichtlich ihres Flugverhaltens vergleichbar sind, daß sie aber unterschiedlich geschlagen werden müssen, je nachdem, wie stark sie beispielsweise aufgepumpt sind und in welcher Weise sie auf den Ausführenden zufliegen.

— Das, was sich bei Movenda, nachdem sie einmal in Bewegung versetzt werden, an Verlaufsverhalten voraussagen läßt, soll als das *allgemeine und überdauernde Bewegungsverhalten* bezeichnet werden.
— Von ihm ist ein *aktuelles Bewegungsverhalten* abzugrenzen. Hierunter werden Charakteristika jener Bewegungssituation verstanden, in der sich das Movendum unmittelbar vor der jeweiligen Manipulation befindet. Man hat beispielsweise notwendigerweise zu beachten, daß ein weicher, mit Effet geschlagener Ball anders zurückzuschlagen ist als ein harter und im Flug effetfreier Ball.
— Und von beidem ist wiederum die *Bewegbarkeitscharakteristik* abzugrenzen, mit der Attribute charakterisiert werden sollen, die für die Manipulation des Movendum unabhängig vom aktuellen oder allgemeinen Bewegungsverhalten von Bedeutung sind.

Allgemeines und überdauerndes Bewegungsverhalten und dessen Bedeutung für die Gestaltung des Bewegungsablaufs lassen sich, wenn keine allzu komplexen Verlaufseigenschaften erwünscht sind, durch Form, Material, Gewicht und Massenverteilung oder Oberflächenbeschaffenheit des Movendum bestimmen. Hiervon wird beispielsweise im sportlichen Vergleich Gebrauch gemacht: Um die *wettbewerblich* notwendige Chancengleichheit zu gewähren, werden in einzelnen Disziplinen die verwendeten Sportgeräte normiert[71]. Hieraus kann aber auch für *methodische* Zwecke Nutzen

---

[71] Das führt unter anderem zu Bestimmungen, wonach Geräte-Neuentwicklungen erst dann im Wettkampf zugelassen werden, wenn sie allen anderen Wettkampfteilnehmern rechtzeitig genug zur Verfügung standen.

gezogen werden. Wenn die sportliche Bewegung nämlich nicht unter der normierten Wettbewerbssituation ausgeführt werden muß, so bietet die Veränderbarkeit des passiv-reaktiven Movendum gerade hinsichtlich Form, Material, Gewicht, Massenverteilung oder Oberflächenbeschaffenheit genügend Anhaltspunkte, um Abänderungen vorzunehmen, die vom Lernenden als Erleichterung empfunden werden können[72]. Die Kenntnis des allgemein-überdauernden Bewegungsverhaltens kann daher zugleich für methodische Zwecke genutzt werden.

Ähnliches gilt für die Beachtung des *aktuellen Bewegungsverhaltens*. Die Überlegungen von POULTON in der Differenzierung von FARRELL (vgl. 61 f.) basieren letztlich auf der Annahme, daß das Manipulieren von Objekten als umso schwieriger angesehen werden muß, je weniger vorhersagbar deren aktuelles Bewegungsverhalten ist. Die sportliche Praxis bestätigt dies insofern, als man etwa einen Aufschlag im Volleyball oder Tennis für leichter hält als den Rückschlag eines mit Effet ankommenden Balls.

Für methodische Zwecke bietet das passiv-reaktive Movendum aber auch hier den Vorteil, daß sein aktuelles Bewegungsverhalten durchaus beeinflußt werden kann. Und so werden in der Sportpraxis daher auch die verschiedensten Möglichkeiten diskutiert. Sie reichen beispielsweise von besonderen Ballhaltevorrichtungen über spezielle Ballwurfmaschinen bis hin zum genauen Zuspiel durch Trainer oder Lehrer.

Daß neben dem aktuellen und überdauernden Bewegungsverhalten schließlich auch noch die *Bewegbarkeitscharakteristik* des passiv-reaktiven Movendum die Art beeinflußt, wie dieses Movendum bewegt (verlagert oder manipuliert) werden kann, machen folgende Beispiele deutlich. Die 7,25 kg schwere Kugel oder der 10 kg schwere (Quader-)Stein lassen kaum eine andere Bewegung als das Stoßen oder Schleudern zu; die Form, das Material und das Gewicht des Handballs dagegen liefern, besonders dann, wenn der Ball vom Ausführenden mit einer Hand gehalten werden kann, eine kaum abgrenzbare Bewegungsvielfalt[73].

Diese Beispiele verdeutlichen aber nicht nur, daß die Bewegbarkeitscharakteristik eines Movendum die Art der Bewegung stark beeinflussen

---

[72] Veränderungen dieser Art haben BEGOV u. a. (1977) im Volleyball vorgeschlagen: Um die dort gegebenen Bewegungsaufgaben zu erleichtern, wurde statt eines regulären Balls ein „Zeitlupenball" verwendet, der auf Grund seines allgemeinen „schwebenden" Flugverhaltens zum Beispiel den Zeitraum zum Einnehmen der richtigen Ausgangsposition erheblich vergrößern kann. Mit vergleichbarer Intention hat HÖLTING (1975) auf die Veränderung von Tennisbällen aufmerksam gemacht.

[73] Dies wird zum Beispiel deutlich in der beinahe unübersehbaren Vielfalt von Wurfarten im Hallenhandball. Vgl. KÄSLER (1976, 53—88), SINGER (1972, 73—94), SLOVIK (1975).

kann, sie zeigen zugleich auch die Besonderheiten, die bei der Beschreibung und Erfassung dieses Einflusses zu beachten sind. Versteht man nämlich unter der Bewegbarkeitscharakteristik die Menge der Attribute, die für das in Bewegung Versetzen bzw. für das Verändern eines vorhandenen Bewegungszustands eines Movendum charakteristisch ist, so ist diese Abgrenzung nur sinnvoll im Zusammenhang mit dem jeweiligen Bewegersystem. Dies ist auch der Grund, weshalb die Bewegbarkeit eines Movendum vielfach nur indirekt, z. B. über das Spektrum der Möglichkeiten, mit denen das Bewegersystem das Movendum verlagern kann, beschreibbar ist. So kann man zwar sagen, daß ein Movendum schwer oder leicht zu bewegen ist; die charakterisierenden Attribute werden jedoch erst dann erkennbar, wenn festgestellt wird, daß man dieses Movendum beispielsweise schlagen, stoßen, werfen, schleudern, schwingen, kicken, köpfen, fausten, prellen, stoppen oder rollen bzw. daß man es nur rollen oder schieben, aber nicht einmal tragen kann.

Für die Darstellung eines Konzepts einer funktionalen Bewegungsanalyse ist nun weniger entscheidend, in welcher Weise man diese Attribute

allgemein-überdauerndes Bewegungsverhalten	aktuelles Bewegungsverhalten	Bewegbarkeits-charakteristik
Normales (mit schiefem Wurf vergleich- und bestimmbares) *Flugverhalten*; *Abweichungen* von diesem Verhalten bei *rotierendem* Ball zumindest qualitativ angebbar (und durch Magnus-Effekt erklärbar). *Prell-* (bzw. *Sprung-*) *verhalten* mit normalen Bällen vergleichbar, da ähnliche Elastizität und keine exzentrische Schwerpunktlagerung (Sprunghöhe durch Regel festgelegt); Abweichungen auch hier bei rotierendem Ball qualitativ beschreibbar.	z. B. mit hoher Geschwindigkeit und großem Vorwärtsdrall in flachem Bogen übers Netz fliegend oder mit wenig Geschwindigkeit ohne nennenswerten Drall und über Kopfhöhe fliegend oder ...	Schlag-, werf-, roll-, ..., prellbar. Durch Regel ist jedoch nur das *Schlagen* zugelassen. Das hat zur Folge, daß von einer Art „punktuellen Bewegbarkeit" auszugehen ist. Verlängerung der Bewegbarkeitszeit durch Verwendung von Schaumstoffbällen möglich. Oberflächenbeschaffenheit und Elastizität des Balles (und des Schlägers) lassen ein *Schneiden*, also ein in Rotation Versetzen des Balles zu.

Abb. 6 Bewegungsverhalten und Bewegbarkeitscharakteristik beim Tennisball (auf qualitativer Beschreibungsbasis)

beschreiben kann. Wichtig ist vielmehr der Hinweis, *daß* sie bei der Analyse der Einflußfaktoren und bei den entsprechenden Analysekonsequenzen miteinbezogen werden müssen und daß sie sich ebenso wie die Attribute des Bewegungsverhaltens beim passiv-reaktiven Movendum verändern lassen[74].

Bewegungsverhalten und Bewegbarkeitscharakteristik beim aktiv-reaktiven Movendum

Die bisherigen Überlegungen und Konsequenzen behalten in vielen Punkten auch beim aktiv-reaktiven Movendum ihre Gültigkeit und Brauchbarkeit hinsichtlich methodischer Konsequenzen. Bewegungsverhalten und Bewegbarkeitscharakteristik des Gegners im Ringen oder Judo beeinflussen ebenso wie die des Partners im Eiskunstlauf oder in der Sportakrobatik die Ablaufmodalitäten einer zielgerichteten Bewegung. Es ist auch hier sinnvoll, ein aktuelles und ein allgemein-überdauerndes Bewegungsverhalten zu unterscheiden. Im Judo oder Ringen wird durch ersteres die momentane Situation charakterisiert, in der der Gegner sich unmittelbar vor dem Ansetzen einer bestimmten Griff-, Wurf- oder Hebetechnik befindet. Das allgemein-überdauernde Bewegungsverhalten ist allerdings insofern nicht mehr in allen Fällen von der Bewegbarkeitscharakteristik zu unterscheiden, als es Sportarten gibt, in denen der Beweger mit dem aktiv-reaktiven Movendum *ständigen* Kontakt hat. Dies bewirkt, daß das Movendum nie ohne Bewegungsbeeinflussung durch den Ausführenden ist, so daß auch nicht von einem Bewegungsverhalten im bislang verstandenen Sinne gesprochen werden kann. Wo dies jedoch — wie beim Boxen — nicht der Fall ist, können dagegen vergleichbare Überlegungen angestellt werden: Rechts- oder Linksausleger, Techniker oder Fighter sind Typisierungen, die etwas über das allgemein-überdauernde Bewegungsverhalten eines Boxers (als Movendum aufgefaßt) aussagen können.

Zwei wesentliche Unterschiede zum Bewegungsverhalten und zur Bewegbarkeitscharakteristik des aktiv-reaktiven Movendum sind allerdings festzuhalten. Zum einen kann der Bewegungsablauf des aktiv-reaktiven Movendum während oder nach einer Manipulation nicht eindeutig vorausgesagt

---

[74] In der Sportpraxis wird von den Modifikationen der Bewegungsattribute des Movendum unterschiedlich Gebrauch gemacht. In der Leichtathletik wird beispielsweise lediglich Gewicht und Größe der Wurf- oder Stoßgeräte verändert, um die Bewegbarkeit des Geräts für Jugendliche oder Frauen zu verbessern. Und auch in den Sportspielen wird in der Regel nur Ballgröße und Ballgewicht verändert. Lediglich bei der Konstruktion von Hilfsgeräten, die zur Verbesserung von Kraft entwickelt werden, ist es üblich, das Gerät, dessen bewegbare Teile als Movendum zu betrachten sind, mit einem solchen Bewegbarkeitsspektrum zu versehen, daß es möglichst vielen individuellen Besonderheiten der Benutzer gerecht werden kann.

werden, gleichgültig, wie genau die Ausgangssituationen ermittelt werden können. Die Selbstbewegbarkeit des aktiv-reaktiven Movendum ermöglicht im Prinzip stets eine Veränderung des einmal bewirkten Bewegungszustands. Während die Stoßweite im Kugelstoßen oder der Zielort eines Zuspiels im Handball im Prinzip schon zum Zeitpunkt des beendeten Abstoßens bzw. Abwerfens festliegt (und bei Kenntnis der jeweils vorliegenden Bedingungen auch berechnet werden könnte), sind vergleichbare Aussagen beim aktiv-reaktiven Movendum prinzipiell nur unter hypothetischen Zusätzen möglich. Im Ringen oder Judo kann die Wirkung einer bestimmten Griff- oder Wurftechnik bestenfalls dann vorausgesagt werden, wenn der Angegriffene bzw. der Geworfene in bekannter Weise reagiert.

Dieses letzte Beispiel führt auch auf den zweiten Unterschied. Passivreaktive Movenda können auf Grund ihrer materiellen Charakteristik theoretisch beliebig verändert und so für unterrichtspraktische Überlegungen auch in jeweils gewünschter Weise angepaßt werden. Entsprechendes ist beim aktiv-reaktiven Movendum nur in sehr begrenztem Maße der Fall. So kann man beispielsweise im Judo oder im Ringen nur versuchen, als „Gegner" eines Anfängers dessen Manipulationen nicht zu kontern, sondern sie passiv zu „ertragen". Wenn man sie aber durch entsprechende Hilfsbewegungen noch zu unterstützen versucht, so muß man beachten, daß man in diesem Fall eine charakteristische Rahmenbedingung des Kampfsports, nämlich die der Gegnerbehinderung, durch eine andere, nämlich die der Partnerunterstützung, ersetzt hat.

3. Bewegerbedingungen

Neben den Bewegungszielen und neben den Bedingungen, die durch die genannten Movendumattribute bestimmt sind, gehen weitere verlaufsrelevante Einflußfaktoren auf Eigenheiten des Bewegers zurück. Wenn der Rückschlag beim Tennisspielen mit gestrecktem Ellbogen- und festgestelltem Handgelenk erfolgen soll, während er beim Badminton- oder Tischtennisspielen auch „aus dem Handgelenk heraus" erfolgen kann, so geht dies auf die Eigenheit des vom Ausführenden jeweils verwendeten Instruments zurück, und gleiches ist der Fall, wenn man die Abweichungen zu erklären versucht, die zwischen den Ausführungsmodalitäten beim Skilanglaufen und beim normalen Laufen erkennbar sind. Verschiedene Bewegungsabschnitte und einzelne motorische Aktivitäten des Ausführenden können bei den sportlichen Bewegungen in ihrer Funktion oft nur dann beschrieben werden, wenn die *materielle Beweger-Konfiguration* und die daraus resultierenden *Bewegungsattribute* berücksichtigt werden.

In den Leitlinien im ersten Teil wurden verschiedene Beweger-Konfigurationen bereits umrissen: So können sich Beweger dadurch auszeichnen, daß der Sporttreibende zur Movendumbewegung ein *Instrument* verwendet und daß er durch diese Besonderheit zu bestimmten Operationen einerseits fähig, andererseits aber auch gezwungen wird: Die unterschiedlichen Verlaufsformen beim Rückschlag mit den verschiedenen Tennis-, Badminton- oder Tischtennisschläger sind verdeutlichende Beispiele. Doch nicht nur der Einfluß von Instrumenten, auch die Tatsache, daß in verschiedenen Sportarten oder sportlichen Disziplinen *Partner* an der Movendumbewegung beteiligt sind und daß gelegentlich auch *Gegner* diese Bewegung behindern oder gar verhindern können, zwingt zu entsprechenden Konsequenzen.

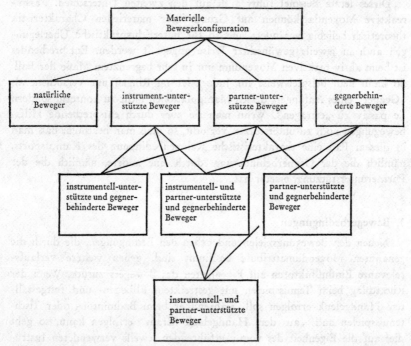

Abb. 7 Typische Bewegerkonfigurationen im Sport

Im Taxonomievorschlag von FARRELL (vgl. 60 ff.) sind zumindest einige Gründe genannt worden, die, bedingt durch den Unterschied der Bewegersysteme, zu einer eher geschlossenen oder eher offenen zeitlichen Regelung des Bewegungsablaufs Anlaß geben. So sieht FARRELL beispielsweise — in der hier eingeführten Terminologie — Bewegungen eines instrumentfreien

Bewegers als eher geschlossen, also als in seiner zeitlichen Verlaufsgestaltung aus der Perspektive des Ausführenden eher voraussagbar an, während der instrumentunterstützte Beweger eher zu offenen Bewegungen Anlaß gibt. Und ebenso werden die Situationen, in denen der Ausführende selbst das Movendum bewegt, als eher geschlossen bezeichnet gegenüber jenen, in denen dies der Gegner tut.

Wenn jedoch nicht nur die zeitlichen, sondern auch die räumlichen und aktionalen Verlaufsbeeinflussungen ermittelt werden sollen, so muß noch differenzierter auf die Bewegersysteme eingegangen werden. Ähnlich der Vorgehensweise im letzten Kapitel wird daher nachfolgend auf verschiedene Bewegertypisierungen und auf die durch sie bewirkten verlaufsregulierenden Bedingungen eingegangen. Die Unterscheidung der einzelnen Bewegertypen richtet sich dabei nach Gemeinsamkeiten, die verschiedene Bewegersysteme hinsichtlich der Art, in der sie das Movendum in Bewegung versetzen, miteinander verbindet.

Instrumentell-unterstützte Beweger

Von einem *instrumentell-unterstützten* Beweger soll dann gesprochen werden, wenn der Ausführende stets oder auch nur zeitweilig zur Verlagerung des Movendum instrumentelle Hilfe verwendet bzw. verwenden kann. Beim Tennis-, Tischtennis- oder Badmintonspiel ist es der Schläger, beim Schießen der Bogen, die Pistole oder das Gewehr, beim Skilaufen sind es Ski, Bindung, Schuhe und Stöcke, beim Kajakfahren Kajak und Paddel und beim Fliegen sind es das Segel- oder Motorflugzeug oder der Drachen oder Fallschirm.

Die auffallende Unterschiedlichkeit der Beispiele ist darauf zurückzuführen, daß die Funktion der instrumentellen Unterstützung bei sportlichen Bewegungen recht unterschiedlich sein kann. Diese unterschiedliche Bedeutung führt aber auch zu recht unterschiedlichen Konsequenzen für die Aktivitäten des Ausführenden. Sie sind nachfolgend zu betrachten.

(a) Zu einer ersten Gruppe von Instrumenten lassen sich alle diejenigen zusammenfassen, die zur *Unterstützung* oder auch zur *Ermöglichung der Bewegungsmanipulation* eines *passiv-reaktiven Movendum* verwendet werden. Die Instrumente lassen sich in diesem Fall als Werkzeuge des Ausführenden auffassen. Ihre verlaufsbestimmenden Bedingungen hinsichtlich der Ausführungsmodalitäten sind zum Teil schon bei MEINEL (1971, 102) angesprochen worden. So wird beispielsweise festgehalten, daß im Falle der Unterstützung die zielgerichtete Bewegung gegebenenfalls auch ohne die instrumentelle Hilfe ausgeführt werden kann. Sie wäre dann lediglich in ihrer Wirkung, in ihrem Effekt geringer: Der Rückschlag in den Rückschlagspielen ist im Prinzip auch ohne Schläger möglich[75]; er wird durch die instrumentelle Hilfe in seiner Wirkung jedoch verstärkt. Verallgemeinert bedeutet dies, daß die motorischen Operationen des Ausführenden in ihrer Funktion durch die instrumentelle Unterstützung nicht verändert werden. Der Rückschlag bleibt ein Rückschlag, er bleibt eine trefferorientierte Bewegung, und er wird auch durch die Verwendung des Instruments nicht etwa zu einer resultat- oder verlaufsorientierten Bewegung eines Weitwurfs oder einer Armschwungbewegung.

Dabei ist jedoch zu beachten, daß die Bewegungseigenheiten des Instruments aus zwei Gründen zu mehr oder weniger großen Modifikationen dieser funktionsgleichen Bewegungen führen können. Der eine Grund ist in der Bewegbarkeitscharakteristik des Instruments zu sehen. Die instrumentellen Charakteristika können — und hier sind sie mit den Bewegbarkeitscharakteristika eines Movendum vergleichbar — zu besonderen Operationsmöglichkeiten führen: Die Schwere und die Massenverteilung, sowie die Form des Tennis-, aber auch des Golfschlägers bewirken, daß nicht mehr „aus dem Handgelenk heraus", was beim Tischtennis- oder Bahnengolfschläger infolge ihrer leichten Bewegbarkeit noch durchaus angebracht sein kann, geschlagen werden soll. Der andere Grund ist darin zu sehen, daß mit dem Instrument zugleich auch noch zusätzliche Möglichkeiten der Movendummanipulation eröffnet werden. Sie erfordern ihrerseits wieder besondere Operationsmodalitäten. Wenn der Tischtennisball nicht nur zurückgeschlagen oder die Billardkugel nicht nur ins Rollen versetzt, sondern noch zusätzlich mit besonderem Effet versehen werden sollen, so ist dies bei diesen Movenda wohl nur durch die Besonderheit der instrumentellen Unterstützung möglich, dies erfordert allerdings dann auch über die einfache Schlag- oder Stoßbewegung hinaus zusätzliche Verlaufsbesonderheiten.

In den Fällen, in denen die Bewegung des passiv-reaktiven Movendum durch Instrumente nicht nur unterstützt, sondern überhaupt erst ermöglicht wird, erzwingt die Instrumentcharakteristik nahezu vollständig die Art des Bewegungsablaufs. Das Abschießen eines Pfeils mit dem Bogen ist ebenso wie das Schießen mit Pistole oder Gewehr von der Art abhängig, wie diese Instrumente gebaut sind.

(b) Ähnliche Abhängigkeiten findet man wieder bei der zweiten Gruppe von Instrumenten, die sich dadurch charakterisieren lassen, daß sie nicht *die Bewegung* eines passiv-reaktiven Movendum, sondern die *des Ausführenden selbst* unterstützen bzw. *ermöglichen.* Auch hier können die

---

[75] Rückschlagspiele ohne Instrumenthilfe sind zum Beispiel das Volleyball-, das Faustball-, das Prellball- und das Indiacaspiel.

Operationen einer zielgerichteten Bewegung des Ausführenden gegebenenfalls *ohne* instrumentelle Hilfe, wenngleich wiederum weniger effektiv, ausgeführt werden. Das ist besonders deutlich bei den Flossen und Handpaddels, wenn sie als Fortbewegungshilfen im Schwimmen eingesetzt werden, zu erkennen. Es trifft aber auch für die Fortbewegungen in Fels, Eis und Schnee zu. Und auch hier kann die Eigenart des Instruments zu Modifikationen aus den beiden genannten Gründen führen: Die relativ schwere Bewegbarkeit des Instruments Ski beispielsweise bewirkt, daß der seitliche Gleichgewichtsverlust beim Gehen oder Laufen nicht genau so schnell wie beim Gehen und Laufen ohne Ski korrigiert werden kann. Die Folge ist, daß der Skiläufer seitliche Abweichungen mehr als der „Normalläufer" zu verhindern sucht, bzw. daß er sie mit zusätzlichen Hilfen — den Skistöcken — zu vermeiden oder wieder auszugleichen versucht.

Daß durch die Eigenheiten des Instruments auch zusätzliche motorische Operationen notwendig werden, ist beim Schlittschuh- oder Rollschuhlaufen besonders gut erkennbar. Der beim Gehen oder Laufen verwendete, vorwärts-aufwärts gerichtete Abdruck vom Boden ist beim Schlittschuhlaufen nur dann besonders effektiv, wenn die Laufkante des Schlittschuhs quer zur Fortbewegungsrichtung eingedrückt wird. Auf Grund dieser Instrumentbesonderheit muß daher der Schlittschuhläufer vor dem Abdruck stets seitwärts-auswärts bzw. seitwärts-einwärts fahren[76]. Damit wiederum hängt zusammen, daß im Eiskunstlauf nahezu ausschließlich Drehungen um die Längsachse gesprungen werden.

Schließlich ist die Art der vom Ausführenden zu vollziehenden Bewegungsoperationen auch noch dort durch die Bauweise und durch die Instrumentbesonderheiten geprägt, wo — wie beim Bob- oder Schlittenfahren, beim Surfen oder Drachenfliegen — das Instrument die Fortbewegung des Ausführenden unter entsprechenden Umgebungsverhältnissen mehr oder weniger erst ermöglicht. Die Bewegungsaufgaben, die der Ausführende in diesen Fällen zu lösen hat, reduzieren sich dann vorwiegend oder ausschließlich auf Steuerungs- und Stabilisierungsprobleme. D. h. die zu leistenden motorischen Operationen sind durch die Instrumentcharakteristik festgelegt (Knüppel ziehen oder drücken, usw.). Der Ausführende kann „nur" noch den Zeitpunkt des Beginns der Operationen und den zeitlichen Verlauf bestimmen. Die zur Fortbewegung notwendige Energie des Movendum, das hier ja zusammen aus dem Ausführenden und dem

---

[76] Ganz Ähnliches ist im alpinen Skilaufen zu beobachten. Auch dort wird zum Beispiel den (beidbeinig simultan zur Entlastung führenden) Parallelschwüngen eine kleine Drehung der Ski quer zur Fahrtrichtung vorausgeschickt, um damit den zur Schwungeinleitung nutzbaren Abdruck zu verbessern.

Instrument besteht, wird nicht mehr vom Ausführenden, sondern (vorrangig) durch die spezifischen Umgebungsbedingungen bewirkt.

Instrumentell-unterstützte Bewegertypen	Beispiele für instrumentell-unterstützte Beweger
Instrumentelle Unterstützung zur Bewegungsmanipulation eines passiv-reaktiven Movendum.	Tennis-, Badminton-, Tischtennis-, Schlagball-, Golf- oder Hockey-Spieler; Bogen- oder Pistolenschütze.
Instrumentelle Unterstützung zur Lokomotion des sich selbstbewegenden Movendum.	Schwimmer mit Flossen, Läufer mit Rollschuhen oder Ski; Roller-, Rad- oder Skateboardfahrer; Motorrad- oder Autofahrer.

Abb. 8 Instrumentell-unterstützte Beweger

Partner-unterstützte Beweger

So wie Instrumente die notwendigen oder möglichen Aktivitäten und deren Verlauf beeinflussen können, so kann auch die Mitwirkung von Partnern den Sporttreibenden zu besonderen Operations- und Verlaufsmodalitäten veranlassen: Beim Synchronturnen im Trampolinspringen erkennt man beispielsweise die Abhängigkeit im Hinblick auf die zeitliche Verlaufsfolge, bei den Mannschaftsspielen erstreckt sie sich auf die Einengung der auswählbaren Operationen und auch auf den zur Verfügung stehenden Raum. Inwieweit dies nicht nur Einzelfälle sind und inwieweit genauere Aussagen über die verlaufsregulierenden Konsequenzen erkannt werden können, soll nachfolgend geklärt werden.

(a) Der Vollständigkeit halber sei zunächst auf den wohl einfachsten, weil für die einzelnen Operations- und Verlaufsmodalitäten nahezu folgenlosen Fall verwiesen. Die Partnerunterstützung besteht hier nur formal aus der Addition der Bewegungsresultate: Mannschaftskämpfe im Reiten, Schießen, Fechten, Turnen, Boxen oder Ringen basieren auf der Addition von Einzelleistungen. Partner- bzw. Mannschaftsunterstützung dieser Art ist für bewegungsanalytische Überlegungen daher bedeutungslos[77].

(b) Ähnliche Konsequenzen ergeben sich aus einem zweiten Fall, der sich dadurch charakterisieren läßt, daß der einzelne von einer Aufgabe, an deren Lösung mehrere zugleich beteiligt sind, nur *isolierbare* Teilaufgaben bearbeiten darf. Dabei sind diese Teilaufgaben meist so gestellt, daß sie innerhalb des Gesamtgeschehens auch räumlich und zeitlich isoliert werden. Das ist

---

[77] Das schließt nicht aus, daß im Wettkampf nicht auch noch taktische Erwägungen — wer soll gegen wen antreten — zu berücksichtigen sind.

beispielsweise beim Torwart im Handball, beim Korbwächter im Korbball oder beim Aufschlagenden im Volleyball bzw. beim Schlagmann im Schlagball der Fall. Auch wenn hier Torwart, Korbwächter, Aufschläger oder Schlagmann nur Teile des gesamten Bewegersystems sind, so können sie zur Bewältigung ihrer Bewegungsaufgabe nicht auf direkte Mithilfe der Partner rechnen. Der einzelne ist trotz der Mitwirkung von Partnern alleine für die Lösung einer entsprechenden Teilaufgabe verantwortlich.

Indirekte Hilfe und indirekte Beeinflussung bei den Operationen können in diesen Fällen jedoch gelegentlich vorliegen. So stellen sich für den Schlagmann im Schlagball beispielsweise je nach Standort und Lauffähigkeit seiner Mitspieler zusätzliche Bedingungen: Er hat den Ball möglichst weit oder aber möglichst hoch zu schlagen, je nachdem, ob die Spieler zur Malstelle zurück oder von ihr weg laufen müssen. Diese Besonderheiten ändern aber an der Charakteristik dieser Art von Partnerbewegungen nichts; dem einzelnen Mitglied einer Mannschaft ist über den gesamten Bewegungsablauf hinweg oder aber auch nur in einer einzelnen Situation eine Bewegungsaufgabe gestellt, deren Bewältigung er *alleine* zu leisten hat. Auch hier bleibt daher die Partnermitwirkung ohne wesentliche bewegungsanalytische Konsequenzen[78].

(c) Dies ändert sich erst im dritten Fall, der durch die mögliche, wenngleich nicht unbedingt über Regeln geforderte Mithilfe des Partners an der Movendumbewegung charakterisiert wird. Beispiele dieser Art liegen beim Fußball, beim Eishockey oder auch beim Rudern vor. Diese Beispiele unterscheiden sich lediglich in der Art des Zustandekommens der Mithilfe. Im Falle des Fußball- oder Eishockeyspielens wird das Unterstützen oder auch das Unterstützen-Lassen in die Entscheidung des einzelnen gelegt. Dies ist insofern der Fall, als Unterstützung erlaubt ist, jedoch keiner der Beteiligten durch Spielregeln zur Miteinbeziehung der weiteren Teilnehmer — einzelne Situationen wie den indirekten Freistoß ausgenommen — verpflichtet ist. Bewegungsaufgaben dieser Art, die durch mehrere gelöst werden sollen, ohne daß die Lösungsbeteiligung direkt oder indirekt vorgeschrieben wird, scheinen dort möglich, wo die auftretenden Probleme (den Ball nicht an den Gegner verlieren, möglichst günstige Ausgangsposition für den Torschuß erreichen, usw.) für den einzelnen schwierig genug sind, um den Mitspieler an den Lösungen „freiwillig", ohne Regelvorschriften zu beteiligen. Wo dies

---

[78] Es gibt sportliche Disziplinen, bei denen ein Isolieren von Teilaufgaben bewußt vollzogen wird: Im Volleyball müssen ebenso wie im Tischtennis die Positionen (nach festgelegter Regel) ständig gewechselt werden. Dadurch soll garantiert werden, daß bestimmte Aufgaben von jedem — nicht nur vom spezialisierten — Spieler gelöst werden müssen.

durch ein hohes Leistungsgefälle der Beteiligten nicht mehr gegeben ist, kann daher durchaus der Fall eintreten, daß der einzelne oder auch Teile einer Mannschaft ohne die Mithilfe der anderen auszukommen versuchen und auch auskommen können.

Während so in bestimmten Sportarten oder auch nur in bestimmten sportlichen Situationen die Partnerunterstützung regelfrei (durch die Schwierigkeit der jeweiligen sich mehr oder weniger zufällig ergebenden Problemstellung) zustande kommen kann, gibt es andere Situationen im Sport, in denen durch die Art der Aufgabenstellung das Mithelfen des Partners zwar auch nicht durch Regeln vorgeschrieben, jedoch durch die mit der Aufgabenstellung verbundene *materielle* Movendum-Konfiguration erzwungen wird: Wer sich in ein Achter-Rennboot oder in einen Viererbob setzt und wer auf das Tandemfahrrad oder auf den Tandemski steigt, der kann sich durch die gegebenen instrumentellen Bedingungen (sinnvollerweise) nur zur Anpassung seiner Bewegungen an die des Partners entscheiden. Vorschriften zur Regelung der Aktionen zwischen den Partnern sind überflüssig[79]. Das hat zur Folge, daß man auch, um die Funktionen der Operationsmodalitäten solcher Bewegungen zu verstehen, von den Bedingungen, die durch die Partnerunterstützung gegeben sind, absehen kann. Sie sind durch die Bewegungsziele und durch die Instrumentcharakteristika bestimmt. Das, was der Ruderer, der Radfahrer oder der Skiläufer an Bewegeroperationen auszuführen hat, ist beim „Einer" wie beim „Zweier" dasselbe. Die Art der räumlichen und zeitlichen Verlaufsgestaltung dieser Operationen muß allerdings mit dem Partner in Einklang gebracht werden.

(d) In einem vierten Fall von partner-unterstützten Bewegungen sind jedoch die Ablaufmodalitäten nur dann (vollständig) zu verstehen, wenn beachtet wird, daß die Mitwirkung der Partner zum Teil dadurch erreicht wird, daß sie *durch Regeln* vorgeschrieben wird. Im Handball oder Basketball muß im Unterschied zum Fußball oder Eishockey der Ball abgespielt werden; im Faustball darf ein Spieler pro Rückschlag nur einmal den Ball berühren, und im Volleyball darf man nach einer Ballberührung erst dann wieder schlagen, wenn ein anderer in der Zwischenzeit den Ball gespielt hat. Ein Teil der Operationsmodalitäten, wie etwa das Weglaufen nach einer Ballannahme oder das Suchen eines freien und anspielbaren Mitspie-

---

[79] Damit ist nicht zu verwechseln, daß sich aus dem Bewegungsziel und aus weiteren Rahmenbedingungen vorteilhafte Verlaufsmodalitäten bestimmen lassen. Wenn man dann beispielsweise das Erreichen solcher vorteilhaften Bewegungen anstrebt, so haben diesbezügliche Bewegungsvorschriften nichts mit den oben gemeinten Regelvorschriften zu tun. Letztere gehören zur verlaufsbestimmenden Bezugsgrundlage, zur Charakterisierung der Bewegungsaufgabe. Erstere sind Bestandteile möglicher Lösungen.

lers kann daher nur dann in seiner Funktion verstanden werden, wenn die Regeln, die auf die Partnerbeteiligung bezogen sind, in der Analyse berücksichtigt werden.

Man kann annehmen, daß Regeln der Partnerbeteiligung dort eingeführt werden, wo die auftretenden Bewegungssituationen nicht wie im genannten Fall deutlich genug zu einer Erschwerung der Aktion des einzelnen führen oder wo ohne solche Regeln die Chancen für die anderen, an der Movendumbewegung sich zu beteiligen, zu gering sind.

(e) Als ein gleichfalls partner-unterstütztes Bewegersystem kann — auch wenn dies den bislang im Sport geläufigen Denkschemata nicht entspricht — die Lerngruppe gesehen werden, die einem Ausführenden zur Erreichung eines Bewegungsziels Hilfeleistung zu geben versucht. Dieses Bewegersystem weicht insofern von den bisherigen ab, als es im organisierten und standardisierten Wettbewerb in der Regel nicht zu finden, im Sportunterricht jedoch in bestimmten Situationen sehr häufig anzutreffen ist: Eine Überschlagbewegung rückwärts beispielsweise wird im allgemeinen nur mit entsprechender Partnerhilfe eingeführt. Je nachdem nun, welche Voraussetzungen beim Ausführenden vorliegen, kann die Partnerhilfe die zur Überschlagbewegung notwendige Flug- oder aber auch nur die gleichfalls notwendige Drehbewegung unterstützen. Dazu müssen die Partner dann allerdings ganz bestimmte Griffe und ganz bestimmte Positionen beachten[80].

Partnerunterstützte Bewegertypen	Beispiele für partnerunterstützte Beweger
Partnerunterstützung durch... (formale) Addition von Einzelleistungen	Mannschaftskämpfer im Turnen, der Leichtathletik,...
...Erledigung isolierter Teilaufgaben	Torwart, Korbwächter, Aufschlagender im Volleyball,...
...sinnvolle, jedoch nicht vorgeschriebene Mitwirkung	Fußball-, Handball-, Volleyballspieler,...
..."geregelte" Mitwirkung	Mitspieler beim indirekten Freistoß,...
...Mitwirkung bei Hilfeleistung	Hilfestellung-Leistender beim Turnen,...

Abb. 9 Partnerunterstützte Beweger

---

[80] Vgl. KNIRSCH (1976, 251—264).

Gegner-behinderte Beweger

Im Zusammenhang mit den partner-unterstützten Bewegern, die sich durch die mögliche, wenngleich nicht durch Regeln geforderte Mithilfe des Partners auszeichneten, war darauf verwiesen worden, daß die Schwierigkeit der auftretenden Bewegungsprobleme für diese Art von Partnerunterstützung verantwortlich sein könnte. Eine der Ursachen für solche Schwierigkeiten kann sein, daß es im Sport Bewegungsaufgaben gibt, bei denen Gegner die Aktivitäten zur Zielerreichung stören und behindern dürfen. „Anti-Beweger" dieser Art gibt es in allen Sportspielen und in den Kampfsportarten. Daß diese Anti-Beweger ihrerseits Bedingungen für den möglichen Verlauf einer Bewegung stellen, ist bereits bei der Typisierung von FARRELL angesprochen worden (vgl. 60 ff.). Hinsichtlich der verlaufsbestimmenden Konsequenzen sind allerdings noch Unterschiede zu nennen, die bei FARRELL nicht beachtet werden und die auf die Verschiedenheit von Beweger, Movendum und Antibeweger zurückgehen.

(a) Für die Kampfsportarten (Ringen, Judo, usw.) ist folgender Zusammenhang typisch: Das Movendum ist der Kampfpartner bzw. Gegner G, der zwar vom Ausführenden A zur Zielerreichung in eine bestimmte (Treffer-)Position gebracht werden muß, der aber seinerseits auch A in solche Positionen zu bewegen hat. G ist daher zugleich auch ein Beweger, dessen Movendum wieder A ist. Insofern ist der Verlauf und damit auch die Analyse der Bewegungen von A, wie auch der Bewegungen von G, ständig unter einem gegenseitig sich verschränkenden Bedingungsgefüge zu sehen. Sowohl die potentiell möglichen Reaktionen zur Verhinderung der von A ausgehenden Aktivitäten, wie auch die von G notwendigerweise initiierten Gegenaktivitäten sind in die Rahmenbedingungen aufzunehmen, unter denen der Bewegungsablauf von A zu analysieren ist.

(b) Für die Sportspiele ist dagegen charakteristisch, daß die beiden Bewegersysteme A und B[81] einen Ball als ein von ihnen unabhängiges, aber gemeinsames Movendum M zu bewegen haben, wobei gegenseitig gestört oder gar behindert werden darf. Diese gegenüber den Kampfsportarten gegebene Trennung des Movendum von A und B erlaubt nicht unwesentliche Konsequenzen hinsichtlich des gesamten Bewegungsablaufs.

Die auffallendste ist die, daß die beiden Beweger, wie dies bei allen Rückschlagspielen der Fall ist, räumlich getrennt werden können. Das ist gleichbedeutend damit, daß Beweger B *während* der Aktionen von A nicht

---

[81] Bei den großen Sportspielen ist es üblich, daß lediglich zwei Bewegersysteme, zwei Mannschaften an der Ballbewegung beteiligt sind. Es gibt jedoch auch im Sport — wenngleich nur ganz selten — Spiele mit mehr als zwei beteiligten Mannschaften (vgl. HEUSER / MARX o. J., 32).

stören oder behindern kann. B kann lediglich — Schlag oder Wurf vorausberechnend — den Trefferraum abzuschirmen versuchen[82]. Wenn die räumliche Trennung der beiden Beweger aufgehoben wird, dann bleibt zunächst noch, wie im Basketballspiel, die Möglichkeit, „kontaktfreies" Spiel zu verlangen: Der Gegner darf dann zwar den Aktionsraum von A betreten, er darf jedoch dessen Aktionen nicht durch Berührung stören[83]. Die Skala weiterer Möglichkeiten führt schließlich bis hin zu der wieder mit dem Kampfsport vergleichbaren Situation des Rugbyspiels: Wenn der Ball vom Gegner festgehalten wird, so können Gegner und Ball vom Beweger A aus als ein Movendum betrachtet und daher mit einigen, auch im Kampfsport üblichen Bewegungen manipuliert werden[84].

Gegnerbehinderte Bewegertypen	Beispiele für gegnerbehinderte Beweger
Direkte Gegnerbehinderung: Gegner G ist Movendum des Ausführenden A und A ist zugleich Movendum von Gegner G	Ringen, Judo, ...
Indirekte Gegnerbehinderung: Die Beweger A und B müssen ein gemeinsames Movendum M bewegen. Dabei darf (und soll) der eine den anderen und umgekehrt (regelgeleitet) behindern	Volleyball, Faustball, Basketball, Handball, Fußball, Rugby, ...

Abb. 10 Gegnerbehinderte Beweger

4. Umgebungsbedingungen

Innerhalb der instrumentell-unterstützten Bewegersysteme konnte eine Gruppe charakterisiert werden, bei der der Vorgang der Movendumverlagerung vom Beweger nur noch gesteuert, aber nicht mehr erzeugt wird: Bob- oder Schlittenfahren, Segeln, Surfen oder Drachenfliegen kann man nur dann, wenn geeignete Umgebungsbedingungen den Bewegungsvorgang ermöglichen. Damit wird auf weitere Einflußfaktoren verwiesen, die für die

---

[82] Im Falle des Völkerballspiels sind die Gegner selbst die zu treffenden Stellen. Die Bewegungsoperationen des Gegners sind daher identisch mit dem „Abdecken" des Trefferraums.
[83] Hinsichtlich der (umfangreichen) Bestimmungen, die das „kontaktfreie" Spiel beschreiben vgl. WEHLEN (1976, 39/40).
[84] Vgl. WEHLEN (1976, 128—146).

Lösung einzelner Bewegungsaufgaben von nicht geringer Bedeutung sein können. Daß diese Einflüsse nicht ganz unproblematisch zu ermitteln und einzuordnen sind, machen folgende Beispiele klar: Beim Springen mit dem Reutherbrett, dem Absprungtrampolin oder dem großen Trampolin, aber auch beim Wasserspringen kann die jeweilige Sprunghilfe durchaus noch als Instrument im bisherigen Sinne verstanden werden; es unterstützt die zum Flug führende Sprungbewegung. Beim Turmspringen, beim Kunstski- oder nordischen Skispringen oder auch beim Turnen auf Schwingböden wird man dies dagegen (trotz vergleichbarer Wirkung) nicht mehr für angebracht halten. Hier erscheint es sinnvoller von spezifischen Umgebungsbedingungen zu sprechen. Vollzieht man jedoch diese Konsequenz, so gibt es keinen Grund mehr, nicht auch alle potentiell verlaufsrelevanten Umgebungsbedingungen aufzusuchen.

Ehe dies nun in entsprechender Differenzierung vorgenommen wird, ist allerdings darauf hinzuweisen, daß ein in Bewegung versetztes Movendum in der Regel durch die realen Umgebungsverhältnisse *stets bewegungsverändernden Einflüssen* unterliegt. Im Sport werden zwar häufig durch entsprechenden Sportstättenbau künstliche Situationen geschaffen, durch die die Umgebungsbeeinflussung dort, wo sie unerwünscht ist, auf ein Minimum reduziert werden soll; die Einflüsse vollständig auszuschalten, wird jedoch nie möglich sein. Die Umgebung ist daher letztlich immer als eine verlaufsbeeinflussende Rahmenbedingung anzusehen.

Häufig können diese Einflüsse jedoch vernachlässigt werden — beim Kugelstoßen oder Hammerwerfen sind die Windverhältnisse beispielsweise nahezu unbedeutend. Manchmal spielen sie eine nicht ganz unwichtige Rolle — beim Speer- oder Diskuswerfen können sie das Flugverhalten des Movendum bereits erheblich verändern. Und nur in ganz bestimmten Fällen sind sie von nicht negierender, weil bewegungserzeugender Bedeutung — beim Segeln oder Windsurfen können sie gar nicht unberücksichtigt bleiben, weil nur durch sie die Bewegung überhaupt zustande kommt.

(a) Die Umgebung ist so gewählt, daß *externe Kräfte* wie die Schwerkraft oder Windkräfte *eine ständige Lokomotion* des Movendum bewirken. Eine Reihe von Sportarten ist ohne diese Voraussetzung nicht denkbar. So ist beim alpinen Skilauf, beim Bobfahren, beim Rodeln, aber auch beim Wellenreiten oder Rollbrettfahren die als schiefe Ebene gestaltete Umgebung maßgebliche Voraussetzung für das Zustandekommen der Fortbewegung des Movendum.

In der Regel ist in diesen Fällen auch die Verwendung eines spezifischen Instruments üblich. Es ermöglicht mehr oder weniger erst die Movendumbewegung. Wenn man dies zu präzisieren versucht, so ergibt sich, daß eine wichtige Funktion dieser Instrumente darin besteht, die durch die Schwerkraftkomponente bewirkte Fortbewegung möglichst nur geringfügig zu behindern. Zwei Folgen können in diesem Zusammenhang genannt werden: Der Ausführende muß — wenn sich dies nicht durch die Konstruktion des Instruments erübrigt — die Verbindung zum Instrument aufrecht zu erhalten versuchen, d. h. er muß Stabilisierungsoperationen ausführen. Und er muß, falls er sich zielgerichtet fortbewegen (und nicht nur treiben lassen) will, auch Steuerungsaufgaben erledigen.

(b) Die Umgebung ist so gestaltet, daß *durch die Veränderung der Stellen, an denen der Ausführende Kontakt zur Umgebung hat*, gegenüber den alltagsüblichen Situationen *neue Positionen, neue Lagen* und infolgedessen auch neue Positions- und Lageveränderungen, also auch neue Bewegungsmöglichkeiten sich ergeben. In diesem Fall bewirkt die Schwerkraft zwar *keine ständige Lokomotion* (wie im Fall [a]), sie kann jedoch im Wechselspiel mit den Kräften des Ausführenden zu *periodischen* Hin- und Her-, zu Auf- und Ab-, zu Schaukel- und Schwungbewegungen genutzt werden.

In dieser Hinsicht muß vor allem die mehr oder weniger künstlich geschaffene Umgebung der Turn- und Kinderspielplätze gesehen werden, die durch entsprechende Geräte zur Verlagerung der Kontaktstellen des Ausführenden von den Füßen weg zu den Armen oder Händen zu anderen Hang- oder Stützstellen führen und damit auch zur Umgestaltung der alltagsüblichen Bewegungsweise[85] beitragen kann: Hängen und Stützen, Pendeln und Schwingen, Umschwingen und Aufschwingen sind nur einige der dabei neu entstehenden Bewegungsmöglichkeiten.

(c) Die Umgebung ist so gestaltet, daß *durch sie auf das in Bewegung befindliche Movendum verlaufsverändernde Kräfte* ausgeübt werden, die vom Ausführenden bei der zielgerichteten Movendummanipulation miteinbezogen werden müssen. Die auffallendsten Beispiele in dieser Hinsicht sind das Billard- oder Bahnengolfspiel, bei dem zur Erreichung der Zielsituation stets verlaufsverändernde Kräfte der Umgebung zu berücksichtigen sind. Die Richtung beispielsweise, in die eine Kugel beim Billard gestoßen werden soll, ist nur dann erklärbar, wenn die Wirkung der Bande bekannt ist. Ebenso sind aber auch die Kurven bei den Bob- und Rodelbahnen, die Buckel in der Skipiste oder die Ufer- und Flußbettformationen beim Kajak-

---

[85] Die Variationsbreite möglicher Hang-Übungen hat schon SPIESS (1842) ausführlich behandelt. Neuerdings wurde von SÖLL (1973) das mit solchen veränderten Kontaktstellen verbundene Einnehmen von „beliebigen Lagen im Raum" ein spezifisches Kennzeichen gerätturnerischer Bewegungen genannt. Auch KURZ (1977, 212) hebt „Situationen der Lageveränderung des Körpers im Raum, wie sie durch den Einsatz von Großgeräten möglich werden", unter den schulsportrelevanten Elementen hervor.

fahren zu nennen und schließlich auch die Windverhältnisse, die beim Speer- oder Diskuswerfen gleichfalls zu bestimmten Konsequenzen bei der Gestaltung des Bewegungsablaufs zwingen.

(d) Die Umgebung ist so geformt, daß die *Kontaktstelle* zwischen Bewegersystem und Umgebung ein *optimales Wirkungsverhältnis von Beweger-Aktion und Movendum-Reaktion* benötigt. Schränkt man die Betrachtung auf diejenigen Abschnitte der sportlichen Bewegungen ein, bei denen der Ausführende notwendig Aktionskräfte auf die Umgebung auszuüben hat, um selbst durch die entsprechenden Reaktionskräfte in Bewegung versetzt zu werden, so spielt das Wirkungsverhältnis zwischen Aktion und Reaktion sowohl beim Erlernen von Bewegungen wie auch beim Verbessern der Bewegungsresultate eine nicht unwesentliche Rolle: An einer glatten Reckstange kann nur schlecht geturnt werden, auf rutschiger Anlaufbahn ist kaum ein guter Hoch- oder Weitsprung möglich und auf einem schlecht präparierten oder eisigen Übungshang ist der Skilaufanfänger nahezu aktionsunfähig. Andererseits kann der Salto rückwärts vom schräg gestellten Absprungtrampolin und der Handstandüberschlag mit Hilfe einer Kasten-Minitramp-Kasten-Treppe infolge der günstigen Aktion-Reaktion-Verhältnisse relativ leicht erlernt werden. Die speziellen Umgebungsbedingungen übernehmen hier für die Erzeugung der Bewegung eine ähnliche Funktion, wie dies bei den Instrumentbedingungen der Fall war: Sie unterstützen durch Verbesserung der Aktion-Reaktion-Verhältnisse die Operation des Bewegers.

Typische bewegungsbeeinflussende Umgebungsbedingungen	*Beispiele*
Umgebung bewirkt ständige Lokomotion des Movendum, Beweger übernimmt vorwiegend Regulation von Betrag und Richtung der Bewegungsgeschwindigkeit	alpiner Skilauf, Rodeln, Bobfahren, Wellenreiten, ...
Umgebung bedingt Veränderung der „alltagsüblichen" Kontakte des Movendum	Reck, Barren, Schaukel, ...
Umgebung bewirkt Veränderung des vom Beweger in Bewegung versetzten Movendum	Billardtisch, Bobbahn, ...
Umgebungsbedingungen beeinflussen das Wirkungsverhältnis von Aktion und Reaktion	glatte Reckstange, rutschige Anlaufbahn, ...

Abb. 11   Typische Umgebungsbedingungen

5. Regelbedingungen

Die Aufarbeitung der verlaufsregulierenden Beschränkungen, die sich durch partnerunterstützte und/oder gegnerbehinderte Bewegersysteme für den Bewegungsablauf ergeben können, hat gezeigt, daß sportliche Bewegungen auch als regelbestimmte Bewegungen verstanden werden müssen. Wenn der Fußballspieler bei einem indirekten Freistoß den Ball nicht unmittelbar auf das Tor schießt, wenn der Handballspieler nach spätestens drei Sekunden Ballhalten den Ball wieder abspielt oder wenn der Diskuswerfer sich nach erfolgtem Wurf im Wurfkreis zu halten versucht, so zwingen ihn zu diesem Bewegungsverhalten Vorschriften, die in den entsprechenden Sportarten als Spiel- oder Wettkampfregeln (im allgemeinen in schriftlicher Form) vorhanden sind. Es gibt nur wenige sportliche Bewegungen, bei denen keine Vorschriften dieser Art vorliegen[86].

Will man die Funktionen einzelner Operationen oder auch einzelne Verlaufsmodalitäten einer sportlichen Bewegung erklären und den Spielraum ermitteln, den der Ausführende beim Versuch, das Bewegungsziel zu erreichen, hat, so muß geprüft werden, inwieweit diese nicht auch neben den bislang ermittelten Bedingungen durch solche Regeln bestimmt sind.

Zieht man die Gesamtheit der Regeln, die im Sport in schriftlicher Form vorliegen, in Betracht, so läßt sich feststellen, daß regelbedingte Bewegungseinschränkungen sich praktisch auf alles, was sich bei einem Bewegungsablauf beobachten oder beschreiben läßt, beziehen können: Es gibt Regeln, die — wenn man an das Laufen oder Schwimmen nach Zeit oder auch an die Bewegungen des Torwarts beim Strafstoß denkt — den *Beginn* einer Bewegung vorschreiben. Genauso gibt es Regeln, die das *Ende* einer Bewegung bestimmen. Dann wiederum gibt es — wenn man an das Bahnengolfspielen, an das Kunstfliegen oder auch an die Pflichtübungen im Eiskunstlauf denkt — Regeln, die den *räumlichen Verlauf* einer Bewegung bestimmen, und schließlich gibt es auch noch Regeln, die, wie die Drei-Sekunden-Regel im Handball, zumindest Abschnitte des *zeitlichen Verlaufs* bestimmen.

Aber nicht nur für die Regelung von Anfang und Ende oder für die Eingrenzung des räumlichen und zeitlichen Verlaufs können Bewegungsvorschriften gefunden werden. Vielfach schreibt die sportliche Regel auch vor, welche Operationen der Ausführende in welcher Weise zu vollziehen hat,

---

[86] Eine dieser Bewegungen ist das Freistil-Schwimmen. Hier kann (nach internationalem Reglement) jede Schwimmart geschwommen und die Schwimmart auch gewechselt werden. In der Praxis wirkt sich diese Freiheit jedoch nicht aus, da es mit dem Kraulschwimmen eine Bewegungsart gibt, die (bislang noch) deutlich schneller als andere ist.

obgleich es sich nicht um verlaufsorientierte Bewegungen handelt: Im Kugelstoßen hat man zu *stoßen*, nicht zu werfen oder zu schleudern, im Gewichtheben hat man zu *reißen* oder zu *stoßen* und nicht einfach in beliebiger Weise zu heben, und auch im Schwimmen hat man — das Freistilschwimmen ausgenommen — eine Reihe von Bewegungsvorschriften zu beachten.

Diese Hinweise genügen, um zu verdeutlichen, daß man mit Regeln im Sport *nahezu alle Aspekte eines Bewegungsablaufs* erfassen und beschränken kann, so daß es allein schon deshalb notwendig ist, neben den Ziel-, Movendum-, Umgebungs- und Bewegerbedingungen auch noch auf verlaufsbestimmende Regelbedingungen einzugehen.

Dabei ist für die Bewegungsanalyse unter funktionalem Verständnis folgender Zusammenhang zwischen Regel und geregeltem Bewegungsablauf von Bedeutung. Regeln sind gesetzte, ad hoc vereinbarte oder tradierte Bedingungen, nach denen ein Bewegungsablauf auszurichten ist, nach denen er jedoch nicht im Sinne kausaler Gesetzmäßigkeiten ablaufen muß. Gegen den geregelten Verlauf kann verstoßen werden, was schon daraus deutlich wird, daß für Regelverstöße im Sport wiederum eigene (Sanktions-)Regeln geschaffen werden. Regeln jener Art können aber auch verändert werden. Und von solchen Regelveränderungen wird auch in der Lehr-Lern-Situation zur Erleichterung des Erlernens sportlicher Bewegungen Gebrauch gemacht. Wenn dies sinnvoll ist, dann muß eine funktionale Bewegungsanalyse nicht nur überprüfen, inwieweit einzelne Ablaufmodalitäten durch das Vorhandensein von Regeln erklärt werden können. Dann muß auch ermittelt werden, welche Funktionen diese Regeln haben könnten, bzw. aus welchen Gründen sie vereinbart worden sind. Erst dann ist genau zu entscheiden, welche Folgen eine etwaige Regeländerung auf den Bewegungsablauf haben kann.

Im folgenden wird daher den verschiedenen Gründen nachgegangen, die Regelvereinbarungen hinsichtlich der Modalität des Bewegungsablaufs zugrundeliegen könnten. Aus diesen Überlegungen wird sich schließen lassen. daß ein Teil der vorliegenden Regeln aus bewegungstheoretischer Sicht mehr oder weniger überflüssig ist, daß andere jedoch bei geringer Modifikation zu wesentlichen Veränderungen des Bewegungsablaufs führen können.

(a) Eine erste Gruppe von Regeln befaßt sich mit der möglichst genauen Festlegung der zu erreichenden Bewegungsziele. Die Funktion solcher Regeln besteht einerseits darin, festzulegen, auf was hin der Bewegungsvorgang zu richten und ab wann das Bewegungsziel erreicht ist. Sie besteht andererseits aber im allgemeinen zugleich auch darin, die Reihenfolge der Sieger in einer wettbewerblichen Auseinandersetzung zu klären. Während die erste Funktion notwendiger Bestandteil eines zielgerichteten Geschehens ist, gilt dies für die zweite insofern nicht, als es zielgerichtete Bewegungsvorgänge, wie etwa die des Turnens oder der Gymnastik, gibt, bei denen die objektive Vergleichbarkeit nicht unmittelbar und auch nicht zwangsläufig in nur genau einer Weise möglich, sondern erst über durchaus veränderbare Quantifizierungsvorschriften erreichbar ist.

Eine Veränderung dieser Regeln, soweit sie die Funktion der Zielfestsetzung betrifft, ist daher stets auch mit einer Veränderung des gesamten Geschehens verbunden. Aus einem Weitspringen könnte ein Hochspringen und aus einem Vorwärtssalto könnte ein Rückwärtssalto werden. Dagegen muß die Veränderung von Regeln, die zur Vergleichbarkeit von Ergebnissen verwendet werden, noch nicht notwendig auch zur Veränderung des Geschehens führen. So kann die Regel im Weitsprung, von einem Balken, ohne zu übertreten, abzuspringen, ohne weiteres weggelassen werden, da sie wohl nur der einfacheren Meß- bzw. Vergleichbarkeit wegen eingeführt sein dürfte, letzteres jedoch bei den heute möglichen Meßtechniken nicht mehr notwendig sein dürfte[87].

(b) Eine zweite Gruppe von Regeln befaßt sich mit der Festlegung der *Movendumbedingungen*. Die Bedeutung dieser Regeln muß sicherlich in der Wahrung der Chancengleichheit gesehen werden: Wenn zwei verschiedene Movenda bewegt werden, so sind die Resultate letztlich nur dann vergleichbar, wenn gleiches Bewegungsverhalten und gleiche Bewegbarkeit vorliegen. Wenn jedoch — wie im Tennis oder Basketball — alle Beteiligten während eines Spiels dasselbe Movendum bewegen, so müssen solche Regeln nicht notwendig beachtet werden, da die gute oder schlechte Bewegbarkeit des Movendum ja für alle zutrifft[88].

(c) Analoges gilt für eine dritte Gruppe von Vorschriften, die sich auf das *Bewegersystem* beziehen. Für eine abgrenzende Kennzeichnung dieses Systems, für die Festlegung der gewünschten bzw. zugelassenen Merkmale (Gewicht, Alter, Geschlecht, Leistungsstärke, Partnerunterstützung, ...) muß es ebenso wie für die Charakterisierung der erlaubten instrumentellen Unterstützung Vorschriften geben, wenn im wettbewerblichen Vergleich Chancengleichheit gegeben sein soll. Das Verändern dieser Regeln kommt einem Verändern der Movendum- und Bewegerbedingungen gleich. Da alle diese Bedingungen aber bei einer funktionalen Bewegungsanalyse zu berücksichtigen sind, können auch die möglichen Konsequenzen einer Veränderung im Rahmen dieser Analyse diskutiert werden.

---

[87] Im Schul- und Kindersport wird mit der Vergrößerung des Absprungraums zu einer 60 cm breiten Zone eine gewisse Verbesserung erreicht. Dennoch bleibt aber auch hier noch das „Übertreten" ungültig.

[88] Wenn man sich als Spieler jedoch nicht ständig auf neue Movendumattribute einstellen will, dann muß man auch in diesem Fall eine Normierung einführen.

Neben diesen auf die notwendige Charakterisierung des Bewegers ausgerichteten Regeln müssen jedoch noch weitere berücksichtigt werden. Sie gehen auf *notwendige oder erlaubte Operationen des Bewegers* und auf deren Verlaufsmodalitäten ein. Bei ihrer Festlegung geht es weniger um die Wahrung der Chancengleichheit. Es steht vielmehr ein *bewegungskonstituierendes* Interesse im Vordergrund: Bestimmte Bewegungsziele sind unter bestimmten Operations- und Verlaufsmodalitäten zu erreichen (auch wenn andere zur Erreichung derselben Ziele prinzipiell möglich sind).

Wenn man „Delphin", „Rücken" oder „Brust" schwimmt, so geht es darum, möglichst schnell unter *Einhaltung bestimmter Verlaufsvorschriften* zu schwimmen; wenn man Fuß- oder Handball spielt, so will man möglichst viele Treffer unter *Einhaltung* bestimmter Vorschriften über *erlaubte Aktionen* in einem bestimmten *Aktionsraum* und innerhalb bestimmter *Aktionszeiten* erreichen.

Regeln dieser Art sind prinzipiell veränderbar. Ihre Veränderung bedeutet jedoch im allgemeinen nicht, daß dadurch die Bewegungsziele ohne Einschränkungen erreicht werden können. Sie bedeutet lediglich, daß andere Einschränkungen beim Vorgang der Zielerreichung zu beachten sind.

Zusammenfassend läßt sich sagen, daß die regelbedingten Einflüsse auf den Verlauf einer sportlichen Bewegung durchaus über jene Einflüsse hinausgehen können, die auf Bewegungsziel und auf Movendum-, Beweger- und Umgebungsbedingungen zurückgehen. Eine Analyse der ablaufrelevanten Bezugsgrundlagen ist daher unvollständig, wenn sie nicht auch Regelbedingungen berücksichtigt.

6. Ablaufrelevante Bezugsgrundlagen am Beispiel eines Tennisschlags

Es wurde zu Beginn dieses dritten Teils festgestellt, daß der zielgerichtete Ablauf einer sportlichen Bewegung von einer Reihe von Rahmenbedingungen bestimmt wird. Es wurde darauf hingewiesen, daß die Ermittlung dieser Bedingungen für die Analyse des Bewegungsablaufs unter funktionalem Verständnis insofern von großer Bedeutung ist, als sie den durch diese Bedingungen bestimmten Bewegungsspielraum der Operations- und Verlaufsmöglichkeiten abgrenzen kann.

Bei der Bearbeitung der verschiedenen Bedingungen war dann jeweils von den einzelnen Bedingungs-Typen und Unter-Typen ausgehend der Einfluß auf den Bewegungsablauf beispielhaft verdeutlicht worden. Es soll nun abschließend — gewissermaßen umgekehrt und weil dies mit der Situation in der Praxis des Sports auch vergleichbar ist — von einer einzelnen (bzw.

gut isolierbaren) Bewegungsaufgabe ausgehend auf die Vielfalt der die möglichen Bewegungslösungen bestimmenden Rahmenbedingungen eingegangen werden.

Als Beispiel wird die Situation gewählt, in der beim Tennisspiel der Ausführende den vom Gegner oder Trainer zugespielten Ball wieder zurückzuschlagen hat. Diese Situation ist mit den bisher beschriebenen Bedingungskategorien charakterisierbar als eine Bewegungsaufgabe, bei der
— ein passiv-reaktives Movendum
— durch ein instrumentell-unterstütztes Bewegersystem
— unter bestimmten Umgebungsverhältnissen
— bei Gegnerbehinderung und
— unter Beachtung bestimmter Spielregeln
— auf ein trefferorientiertes Bewegungsziel hin
zu bewegen ist.

Die Bewegung ist auf Grund dieser Bedingungscharakterisierung wohl am ehesten mit dem Rückschlag im Badminton oder Tischtennis, weniger dagegen mit dem Rückschlag im Volley- oder Faustball oder mit einem Rückschlagen im Fußball vergleichbar[89]. Bei Verwendung der weiteren, bei den einzelnen Bedingungen noch differenzierten Unter-Typen kann die Bewegungsaufgabe auch noch genauer charakterisiert und damit natürlich auch gegenüber anderen genauer abgegrenzt werden. Für das Folgende soll jedoch von der beschriebenen (Grob-)Charakterisierung ausgehend der Einfluß der Rahmenbedingungen auf die Modalitäten des Rückschlags beschrieben werden. Dabei wird zugleich mitreflektiert, in welcher Weise diese Bedingungen für die Lehr-Lern-Situation verändert werden könnten.

Die erste durch die Rahmenbedingungen geprägte Operation des Ausführenden ist — gegebenenfalls — das Laufen zum Ball bzw. allgemeiner das Erreichen jener Situation, in der der Rückschlag möglichst erfolgversprechend ausgeführt werden kann. Zu welcher Ortsstelle hin, mit welchem Tempo und auf welcher Bahn der Ausführende zu laufen und in welcher Position, in welcher Lage, oder in welchem Bewegungszustand er dort anzukommen hat[90], wird mitbedingt durch
— die Regel, die festlegt, daß der Ball spätestens vor dem zweiten Aufprellen wieder zurückzuschlagen ist und

---

[89] Die Unterschiede im Grad der Vergleichbarkeit werden hier hinsichtlich der Zahl der übereinstimmenden Rahmenbedingungen gesehen. Andere Vergleichbarkeiten bleiben unberücksichtigt.

[90] Ob ein Spieler in entsprechender Weise dort tatsächlich ankommt, und woran es liegt, wenn dies nicht der Fall ist, kann (und soll) aus den hier umrissenen Bedingungen nicht ermittelt werden. Antworten hierauf kann die Vorgehensweise von KAMINSKI (1972, 1973) geben.

— durch das Bewegungsverhalten des Balls, das seinerseits wiederum wesentlich vom Spielpartner bestimmt ist.

Die Bedeutung der ersten Bedingung ist nicht so erheblich, als daß man sie nicht verändern könnte. Wenn beispielsweise für den Anfänger das zwei- oder mehrmalige Aufprellen-Lassen erlaubt ist, so ändert sich am Charakter des Tennisspiels nichts Wesentliches, die genannten Rahmenbedingungen bleiben im wesentlichen dieselben. Der Lernende gewinnt jedoch Zeit und erspart sich gelegentlich das Laufen zum Ball, was für das Gelingen des Rückschlags von Nutzen sein kann. Bei der zweiten Bedingung ist zu berücksichtigen, daß der Lauf zum Aktionsort bereits begonnen werden muß, ehe dieser Ort vom Ball erreicht, ehe er also genau festgelegt ist. Das ist nur möglich, wenn das überdauernde Bewegungsverhalten des Balls vorhergesagt werden kann. Da die Bahn eines Tennisballs mit ungewöhnlichem Prellverhalten nur schwer bzw. gar nicht vorhersagbar ist und da man ein solches Verhalten durch entsprechenden Drall erreichen kann, versucht der gute Spieler vielfach den Ball in solcher Weise zurückzuschlagen. Andererseits kann der gute Tennislehrer die Möglichkeit nutzen und dem Lernenden durch entsprechend vorhersehbares Zuspiel die zu lösende Bewegungsaufgabe erleichtern.

Eine zweite, gleichfalls von den genannten Rahmenbedingungen abhängige Operation muß während des Laufens zum Ball erledigt werden: Der Ausführende muß *entscheiden*, wohin der Ball zurückgeschlagen werden soll und in welchem Bewegungszustand er dort ankommen soll. Im Unterschied etwa zum Basketballspiel muß beim Tennisspiel die Treffersituation jedesmal erst mehr oder weniger genau festgelegt werden. Die dazu notwendigen Operationen des Bewegers sind Entscheidungsoperationen, also nicht-motorische Operationen, die in dieser Arbeit nicht weiter verfolgt werden sollen (vgl. 17). Es soll lediglich hinzugefügt werden, daß es üblich ist, in der Lehr-Lern-Situation diesbezügliche Rahmenbedingungen zu ändern. Man spielt zum Beispiel mit dem Anfänger gar nicht unter der eigentlichen Zielsetzung des Tennisspiels. Man versucht vielmehr, die Spielidee zu verändern und dadurch zu vereinfachen, daß man dem Lernenden lediglich die Aufgabe, wieder zurückzuschlagen, stellt. Das entlastet ihn beispielsweise von den genannten Entscheidungsoperationen.

Schließlich ist auch der Schlag selbst, und hierbei soll nur die Phase des Kontakts zwischen Ball und Schläger verstanden werden, durch einige der genannten Rahmenbedingungen bedingt. So bestimmen die Charakteristik des Instruments und das gerade vorliegende Ballverhalten, was unter der von Schlag zu Schlag festzulegenden Zielsetzung während dieser Kontaktphase geleistet werden müßte. Es ist beispielsweise eine hohe Bewegungspräzision der Schlägerführung nötig, weil die beste Schlagwirkung beim Tennisschläger im Unterschied etwa zum Badmintonschläger nur auf einer sehr kleinen Fläche unterhalb der Mitte der Bespannung (also nicht über die gesamte Bespannungsfläche verteilt) gegeben ist[91]. Ebenso ist eine genaue Einstellung der Neigung der Schlägerfläche gegenüber der Ballkurve notwendig, weil bereits geringe Abweichungen bei den weiten Flugkurven des Balls große Abweichungen bewirken, und es ist auch eine feine Differenzierung des Schlägerschwungs, also des Bewegungszustands des Schlägers, angebracht, da jeder Ball mit einem anderen Tempo ankommen kann.

Und auch hier gibt es Vorschläge, die entsprechenden Bedingungen so zu verändern, daß für den Lernenden Erleichterungen geschaffen werden. Man versucht den Ball einfach, also ohne Drall und ohne große Geschwindigkeit, zuzuspielen. Der Lernende soll dadurch den voraussichtlichen Schlagort erkennen und die ortsgenaue Schlägerführung durch ständige Wiederholung erlernen können. Man versucht aber auch den Ball zu verändern und statt eines harten und schnellen Balls einen weichen, leichteren und weniger schnellen Schaumstoffball zu nehmen, so daß der Lernende für die Bewegung ebenfalls wieder Zeit gewinnt, daß aber auch Abweichungen in den verschiedenen Winkelstellungen und im Schwung des Schlägers nicht zu ähnlich großen Abweichungen im Flug führen. Und man versucht schließlich auch noch, den Schläger zu verändern, so daß eine größere Trefffläche zur Verfügung steht, und das Halten und Führen des relativ schwer bewegbaren Instruments erleichtert wird[92].

Weitere in Lehrbüchern genannte Operationen, wie etwa das schleifenförmige Ausholen des Schlägers, das Einnehmen oder Einhalten einer bestimmten Fuß- und Körperstellung oder ein ganz bestimmtes Ausschwingen des Arms nach dem Schlag, können aus den genannten Bedingungen dagegen nicht unmittelbar untersucht werden. Sie sind erst zu umreißen, wenn auf die Analyse des Ablaufs selbst eingegangen wird. Ob solche Verlaufsmodalitäten daher notwendig sind, ob sie gegebenenfalls nicht auch in anderer Weise durchgeführt werden können, ist über die bislang beschriebenen Bedingungen nicht erkennbar. Solche Fragen lassen sich erst beantworten, wenn außer diesen Bedingungen auch die entsprechenden Abläufe analysiert werden.

---

[91] Vergleiche zu den verschiedenen Merkmalen von Schläger und Ball NITSCHE (1959, 7—63).

[92] HÖLTING hat systematisch zu erfassen versucht, „wovon ein ‚Ballwechsel' abhängig ist und welche Möglichkeiten der ‚Beeinflussung' es dabei gibt" (HÖLTING 1975, 58). Die von ihm genannten Konstanten u./o. Variablen lassen sich fast alle in das hier entwickelte Kategoriensystem der verschiedenen Rahmenbedingungen einordnen.

IV. Die Gliederung der Bewegungsabläufe in funktionale Verlaufsbestandteile

Das Bemühen, den Ablauf sportlicher Bewegungen unter funktionalem Verständnis zu analysieren, ist charakterisiert worden als ein Aufsuchen und Überprüfen von Funktionen, die dem gesamten Bewegungsablauf, vor allem aber auch einzelnen Bewegungsabschnitten, einzelnen Operationen oder einzelnen Raum-Zeit-Modalitäten dieser Operationen zukommen können. Am Beispiel der Saltodrehung ist früher schon verdeutlicht worden (vgl. 16), daß sich, ausgehend vom Bewegungsziel der während einer Flugphase auszuführenden Drehung um die Körperbreitenachse, ein Teil der Ablaufmodalitäten als funktional notwendig, andere dagegen als vielfältig variierbar erweisen: Die Saltodrehung selbst ist notwendig vor der Flugphase einzuleiten, weil dies während des Flugs (praktisch) nicht mehr nachgeholt werden kann; diese Dreheinleitung aber an eine einzige Möglichkeit, etwa an die des Absprungs vom großen Trampolin, zu binden, ist unter funktionalem Bewegungsverständnis dagegen nicht zu rechtfertigen. Eine Reihe weiterer Möglichkeiten wird erkennbar, wenn die Funktion der Dreheinleitung, nämlich dem Ausführenden soviel Drehimpuls mitzugeben, daß er sich während der Flugphase einmal (bzw. mehrmals) drehen kann, bei der Bewegungsanalyse in den Vordergrund gerückt wird. Solche Variationen werden in der Praxis durchaus realisiert. Sie sind jedoch mehr zufällig gefunden als systematisch entwickelt worden. Eine systematische Erarbeitung erscheint erst dann möglich, wenn die sportliche Bewegung unter funktionalem Verständnis analysiert wird.

Die Vorüberlegungen zu einer solchen Analyse im ersten Teil haben nahegelegt, als Bezugsgrundlage für die jeweils notwendigen oder möglichen Operations- und Verlaufsmodalitäten einer sportlichen Bewegung die je zu verfolgenden Bewegungsziele sowie weitere dabei zu berücksichtigende Rahmenbedingungen auszuwählen (vgl. 18 f.). Diese Bezugsgrundlagen sind im dritten Teil differenziert worden. Am Beispiel des Tennisrückschlags konnte exemplarisch verdeutlicht werden, welcher Bezugs-Typ in diesem Fall vorliegt und bis in welche Einzelheiten hinein die zugehörigen Lösungsmöglichkeiten einerseits durch diese Typisierung bestimmt sind, andererseits aber auch noch offen gehalten werden können.

Am gleichen Beispiel hat sich bei der während des Rückschlags einzuhaltenden Körperposition aber auch gezeigt, daß nicht alles, was bei einem Bewegungsablauf beobachtet werden kann, auf das Bemühen zur Erreichung oder Einhaltung der entsprechenden Bedingungen zurückführbar ist. Auch die zu deren Einlösung möglichen oder notwendigen Operationen des Bewegersystems stellen ihrerseits wieder weitere Bedingungen, die während des Bewegungsablaufs zu berücksichtigen sind. So muß beispielsweise die Beinstellung des Spielers in Abhängigkeit von der Schlagoperation gesehen werden, die für das Zurückspielen ausgewählt wird, bzw. umgekehrt, wenn eine bestimmte Beinstellung bei einem Spieler beobachtet werden kann, so muß ihre Funktion in der Verbesserung der für das Rückschlagen notwendigen Standposition gesehen werden. In solchen Fällen kann von *ablaufimmanenten* Bedingungen gesprochen werden.

Eine Bewegungsanalyse unter funktionalem Verständnis hat daher, wenn sie möglichst umfassende Einsicht in die Notwendigkeiten der Lösungen einer Bewegungsaufgabe vermitteln will, über die Analyse der verschiedenen, im dritten Teil genannten Rahmenbedingungen und über die Analyse der damit verbundenen verlaufsrelevanten Folgen hinaus auch noch auf den Ablauf selbst einzugehen.

Zur Analyse von Bewegungsabläufen sind nun aber, wie der Überblick über den gegenwärtigen Stand bewegungsanalytischer Konzepte gezeigt hat, bereits verschiedene Verfahren entwickelt worden. Ein Teil dieser Verfahren beschränkt sich jedoch darauf, das, was Beobachter — auch wenn sie geschult sind — an räumlich-zeitlichen Verlaufsmerkmalen nicht mehr hinreichend genau unterscheiden können, durch diverse Meßtechniken möglichst präzise zu erfassen.

Solche Verfahren sind nicht darauf angelegt zu erklären, warum beispielsweise zum Erreichen eines Bewegungsziels unterschiedliche Operationen des Bewegers möglich sind. Dasselbe gilt auch für Deskriptionsanalysen, die, wie die Kinetographie LABAN, Bewegungsabläufe im Tanz und in der Gymnastik schriftlich zu fixieren versuchen. Dennoch sind sie für funktionale Bewegungsanalysen insofern nicht unwichtig, als sie zumindest auf die Unterschiede bei der Lösung einzelner Bewegungsaufgaben, also auf die Variabilität der einzelnen Ausführungsmöglichkeiten, aufmerksam machen können.

Ähnliches gilt für viele der ordnungsanalytischen Konzepte. Das Anordnen einer Bewegungsvielfalt in eine Reihe von unterschiedlichen Übungsgruppen und das Einordnen einer Bewegung in eine solche Gruppe bedeutet stets auch ein Verweisen auf das, was man bei den entsprechenden Bewegungen für unterscheidenswert hält. Die hierbei zu berücksichtigenden

Gesichtspunkte sollten (und wurden) daher vorrangig bei der Analyse der Bezugsgrundlagen verwendet.

Der Konzeption einer *Ablaufanalyse* unter *funktionalem Verständnis* am nächsten kam das von FETZ beschriebene Prinzip der Zerlegung in funktionelle Teileinheiten und vor allem das differenzierte Analysevorgehen von RIELING u. a., bei dem der Bewegungsablauf in *Funktionsphasen* gegliedert wurde. Dieses Konzept ist von seiner Grundidee her so angelegt, daß es bei entsprechender Differenzierung und Modifizierung für eine Analyse verwendet werden kann, die einerseits zu klären hat,

— warum diese oder jene Operation des Bewegers in dieser oder jener Reihenfolge in dieser oder jener Umgebung mit diesen oder jenen räumlich-zeitlichen Merkmalen auszuführen ist,

die andererseits zugleich aber auch die Beantwortung der Frage zu erleichtern hat,

— in welcher Weise die verlaufsrelevanten Bezugsgrundlagen geändert werden können, damit Operations- und Verlaufsmodalitäten einer Bewegung auch für Lernende in ihren jeweils unterschiedlichen Gegebenheiten erfolgreich erreicht oder eingehalten werden können.

Im folgenden wird daher zunächst auf das Problem der Gliederung eines Bewegungsablaufs in *funktionale Verlaufsbestandteile* eingegangen. Hier wird also zu verallgemeinern sein, daß man beispielsweise einen Salto in eine erste Phase der Dreheinleitung, in eine zweite Phase der Regulierung der Drehgeschwindigkeit und in eine dritte Phase der Überleitung in den Stand gliedern kann.

Erst danach wird besprochen, durch welche (motorischen) *Aktivitäten* das Bewegersystem die jeweiligen Funktionen solcher Verlaufsbestandteile erfüllen kann, durch welche Aktivitäten also beispielsweise die Dreheinleitung oder die Geschwindigkeitsregulierung erreicht werden kann.

Schließlich muß dann auch noch dort, wo die Beschreibung der Beweger-Aktivitäten nicht schon hinreichend genau die Funktionserfüllung charakterisieren kann, auf besondere *räumliche, zeitliche, positionelle oder energetische Modalitäten dieser Aktivitäten* eingegangen werden. Auch hier werden sich als Bezugsgrundlagen zur Charakterisierung dieser Modalitäten die verschiedenen Rahmenbedingungen als wichtig erweisen[93]. So wird man

---

[93] Dabei ist allerdings zu berücksichtigen, daß einige der ablaufimmanenten Bedingungen erst im fünften Teil dieser Arbeit vollständig beschrieben werden können. Erst dort wird — weil die vorweg zu leistende Darstellung der Ablaufanalyse nicht belastet werden soll — auch noch auf die *Beziehungen* eingegangen, die zwischen den funktionalen Verlaufsbestandteilen bestehen, und die manche Verlaufsbesonderheit erst erklären können.

die Verlaufsmodalitäten des Anhockens in der Phase der Geschwindigkeitsregulierung erst dann vollständig beschreiben können, wenn man weiß, daß bei verlaufsorientiertem Bewegungsziel bestimmte Vorschriften vorliegen, daß beispielsweise bei einer guten Saltoausführung die größte Drehgeschwindigkeit — und damit eben die engste Hockhaltung — im Kulminationspunkt der Flugbahn erreicht werden soll.

1. Funktionen und Funktionsphasen

Legt man der Analyse eines Bewegungsablaufs ein funktionales Bewegungsverständnis zugrunde, so geht man davon aus, daß sportliches Bewegen eine zielgerichtete, unter Beachtung bestimmter Bedingungen ablaufende Geschehensfolge ist. Nach den bisherigen Überlegungen muß es bei der Analyse dann darauf ankommen, diejenigen Abschnitte der äußerlich beobachtbaren Folge zu ermitteln, die eine Funktion beim Erreichen der Bewegungsziele und beim Einhalten der verschiedenen Rahmenbedingungen haben. Zur Gliederung des Bewegungsablaufs wird daher von folgender Charakterisierung ausgegangen:

Unter einem funktionalen Verlaufsabschnitt bzw. unter einer *Funktionsphase* soll jener *Geschehensabschnitt* eines Bewegungsablaufs verstanden werden, für den sich aufzeigen läßt, daß das, was während dieses Geschehens vom Bewegersystem ausgeführt wird, eine bestimmte *Funktion* hat — im Hinblick auf die mit der Bewegung zu erreichenden Bewegungsziele und die dabei einzuhaltenden Bedingungen.

Der Schuß auf das Tor oder der Wurf in den Korb hat, als Geschehensabschnitt (und zunächst nicht als Bewegungsaktion) gesehen, die Funktion, einen Treffer zu erreichen; der Anlauf zum Schuß oder der Sprung vor dem Wurf hat dagegen die Funktion, den Ausführenden in eine möglichst gute Ausgangsposition zu bringen. Das gilt auch noch für den Absprung im Trampolinturnen. Es gilt aber nicht mehr für die Phase des Flugs. In diesem Abschnitt der Bewegung hat das, was der Springer ausführt, die Funktion, das verlaufsorientierte Bewegungsziel zu erreichen.

Funktionsphasen dürfen daher nicht schon mit den Aktivitäten des Bewegersystems gleichgesetzt werden. Sie sind zunächst einmal nur als Geschehensabschnitte der Bewegung charakterisiert, in denen der Beweger die (direkt) vorgegebenen Bewegungsziele oder auch nur die (indirekt) erkennbaren Teil-Ziele unter verschiedenen Rahmenbedingungen zu erreichen versucht. Dazu sind natürlich Aktivitäten des Bewegers notwendig: Der Spieler kickt oder wirft den Ball ins Tor, der Weitspringer läuft an, springt ab und bringt die Beine in eine günstige Landeposition, der Tennisspieler schlägt den Ball zurück, nachdem er sich überlegt hat, wo er ihn am besten plazieren kann. Ob aber nun genau diese Aktivitäten zu vollziehen sind und ob — was vom äußeren Erscheinungsbild im Sport durchaus naheliegt — immer „nur" motorische Aktivitäten in Frage kommen, ob daher die Funktionsphasen schlechthin mit den beobachtbaren Aktivitäten identifiziert werden können, ist vorläufig nur in den Fällen zu bejahen, in denen Bewegungsziele — wie etwa bei der verlaufsorientierten Zielsetzung — oder Regelbedingungen direkt eine spezifische Aktivität vorschreiben.

Bisherige Funktionsphasencharakterisierungen

Mit der obigen Charakterisierung ist zwar der Grundgedanke, den FETZ bei der Gliederung einer Bewegung in funktionelle Teileinheiten und den RIELING u. a. bei der Gliederung in Funktionsphasen verwendet haben, beibehalten worden. Die definitorische Festlegung ist jedoch wesentlich verändert worden. Der Abgrenzungsversuch von RIELING, wonach man in einer Funktionsphase „elementare Gelenkbewegungen zu einer funktionellen Einheit" zusammenfassen soll, so daß es „infolge dieses Zusammenwirkens zu zielgerichteten Verlagerungen der Teil- und Gesamtmasse" (RIELING 1967, 229) des Bewegers kommt, kann zunächst aus einem einfachen Grund nicht übernommen werden: Zur Bildung einer Funktionsphase braucht es nicht notwendig zur Zusammenfassung von verschiedenen elementaren Gelenkbewegungen zu kommen. Bei Bewegungsaufgaben im Krafttraining, die ja, wenn sich die Analyse nicht nur wie bei RIELING auf Bewegungen des Gerätturnens beschränken soll, mitzubetrachten sind, kann es durchaus auch vorkommen, daß eine einzelne Gelenkbewegung als verlaufsorientiertes Bewegungsziel vorgegeben ist. Wesentlicher aber ist, daß mit der obigen Phasencharakterisierung im Unterschied zu RIELINGS Abgrenzungsversuch nicht schon von vornherein festgelegt wird, daß zur Funktionserfüllung nur Gelenkbewegungen, also motorische Operationen, in Frage kommen. Das Berücksichtigen nichtmotorischer Operationen, soweit ihnen im Rahmen einer Bewegungsaufgabe Funktionen zugeordnet werden könnten, sollte mit der hier gewählten Charakterisierung der Funktionsphase nicht von vornherein ausgeschlossen werden, auch wenn sie in dieser Arbeit nicht im Vordergrund des Interesses stehen[94]. Während der genannte Abgrenzungsversuch von RIELING unter Umständen noch für bestimmte Bewegungsbereiche hätte verwendet werden können, ist die Übernahme der (eigentlichen) Definition von RIELING vermieden worden. Mit ihr wurde die Funktionsphase als ein *unselbständiger, integrierender Bestandteil eines*

---

[94] Bei der Bearbeitung des Rückschlag-Beispiels (vgl. S. 114) ist mit dem Entscheiden, wohin der Ball zurückgespielt werden soll, eine solche funktional notwendige nichtmotorische Operation genannt worden.

gegliederten Bewegungsablaufs charakterisiert (RIELING 1967, 229). Von dieser Definition konnte nicht ausgegangen werden, weil dabei nicht deutlich geworden wäre, daß der jeweils charakterisierte Bestandteil im Rahmen der zu untersuchenden Bewegung eine Funktion *im Hinblick auf* die *Bewegungsziele und* die bei der Zielerreichung einzuhaltenden *Rahmenbedingungen* hat.

In den Arbeiten von RIELING / LEIRICH / HESS (1967—69), in denen das Konzept der Funktionsphasen als wesentliches Hilfsmittel zur Anordnung der Übungen des Gerätturnens verwendet wird (vgl. 40 ff.), ist dieser Mangel insofern nicht deutlich geworden, als dort letztlich nicht mit der Funktionsphase auf der definitorischen Grundlage des unselbständigen und integrierenden Bestandteils, sondern auf der Grundlage von vier verschiedenen Funktionstypisierungen — der einleitenden, der überleitenden, der Haupt- und der aussteuernden Funktionsphase — gearbeitet wird. Es gibt aber auch hier verschiedene Gründe, nicht von einer solchen Phasentypisierung auszugehen:

1. Um einen Bewegungsablauf in eine einleitende, überleitende, Haupt- und aussteuernde Funktionsphase gliedern zu können, muß vor dieser Gliederung auf irgendeine Weise schon ermittelt worden sein, was zum Beispiel die Hauptfunktion oder die einleitende Funktion einer Bewegung sein kann oder sein soll; d. h., es muß vorab schon etwas über die Gewichtung, über die relative Bedeutung und auch etwas über die gegenseitigen Beziehungen der einzelnen Geschehensabschnitte bekannt sein. Das drückt sich bei den von RIELING u. a. untersuchten Bewegungen des Gerätturnens darin aus, daß *vor* der Gliederung *definitorisch festgelegt* ist, was zum Beispiel die Hauptfunktion einer Kipp- oder Felgbewegung ist. Gerade dies aber sollte sich erst als Folge einer entsprechend angelegten Bewegungsanalyse — insbesondere als Folge einer möglichst genauen Bedingungsanalyse — ergeben.

2. Die Charakterisierung der Hauptfunktionsphase geschieht bei RIELING u. a. auf Grund der Festlegung, daß eine solche Phase „mit dem Erreichen der ihrem prinzipiellen Verlauf entsprechenden potentiellen Lage der Gesamtmasse in bezug auf den umgebenden Raum und der Körperteile in bezug aufeinander" (RIELING 1967, 231) beginnt, daß danach entweder eine Modifikation der in vorangehenden Funktionsphasen gewonnenen kinetischen Energie oder aber eine die Bewegung ursächlich auslösende Aktion erfolgt. Dabei sind Modifikation und Aktion auf das Erreichen der angestrebten Endlage gerichtet (vgl. RIELING 1967, 231). Aus dieser Beschreibung läßt sich erkennen, daß eine Hauptfunktionsphase im Sinne RIELINGS *nur dann charakterisierbar ist, wenn Ausgangs-*

situation, prinzipieller Verlauf und angestrebte Endsituation vor der Ablaufanalyse bekannt sind. Es ist klar, daß unter Berücksichtigung der Typisierung der verschiedenen Bewegungsziele (vgl. 75 ff.) bestenfalls dort eine direkte Übernahme der Definition der Hauptfunktionsphase (und entsprechend auch die der weiteren Funktionsphasentypen) möglich wäre, wo Bewegungen mit Verlaufsorientierung vorliegen und wo letztere durch Ausgangs- und Endsituation und dem beide verbindenden Verlauf beschrieben wird.

3. Daß es selbst in diesen Fällen nicht besonders günstig ist, von der Definition von RIELING auszugehen, liegt an dem, was als institutionskritisches Analyseinteresse eingangs beschrieben wurde (vgl. 14 f.). Durch dieses Interesse sollte berücksichtigt werden, daß es aus didaktischen Gründen beispielsweise sinnvoll sein kann, in bestimmten Lehr-Lern-Situationen so etwas wie eine Zielverlagerung vorzunehmen. Es sollte möglich sein, aus verlaufsorientierten Bewegungen beispielsweise zu E-orientierten Bewegungen überzugehen, wie es auch umgekehrt möglich sein sollte, E-orientierte Bewegungen als verlaufsorientierte zu sehen (vgl. 79).

Diese Möglichkeiten können nun dazu führen, daß Hauptfunktionsphasen im Sinne RIELINGs nach einer entsprechenden Zielverlagerung nicht mehr als solche zu betrachten sind[95].

4. Schließlich ist ein bereits angesprochener Gesichtspunkt noch zu präzisieren: RIELING gründet den funktionellen Bezug der verschiedenen Phasentypen auf biomechanische Argumentationen. Der Einblick in die gegenwärtigen bewegungsanalytischen Überlegungen und auch die Zusammenstellung der verschiedenen Rahmenbedingungen hat vor allem am Beispiel der Sportspiele, aber auch bei den gymnastischen Bewegungen und den Bewegungen im Tennis gezeigt, daß derartige Argumentationen nicht einmal für die funktionale Einordnung aller motorischen Operationen von gleich wichtiger Bedeutung sind.

Wenn zu überlegen ist, wie eine Bewegung aussehen soll, mit der ein Spieler seinen Gegenspieler täuschen oder mit der eine Gymnastikerin dem Kampfgericht „gefallen" will, so wird man mit mechanischen oder physiologischen Argumentationen nicht weiterkommen. „Nichtmechanische" Argumentationen (im Falle des Spiels etwa durch Einbeziehen von taktischen Konzepten) müssen zugelassen werden. Dies ist möglich,

---

[95] So muß die Phase des Balltreffens, die man im Sinne RIELINGs als eine Hauptfunktionsphase charakterisieren müßte, diesen Charakter verlieren, wenn der Bewegungsablauf im Unterricht zum Beispiel nicht mehr trefferorientiert ausgerichtet wird.

wenn die Charakterisierung nicht nur auf biomechanischen Argumentationen beruht. Dies schließt nicht aus, daß die biomechanische Begründung einzelner Phasen möglicherweise die genaueste und in einigen Fällen, wie etwa im Gerätturnen, auch die gebräuchlichste bzw. die am ehesten angebrachte ist.

Das Problem der Funktionscharakterisierung

Die Gliederung eines Bewegungsablaufs in Funktionsphasen und damit die Aufteilung einer Bewegung in verschiedene Analysebestandteile wird auf Grund der Charakterisierung der Funktionsphase wesentlich durch die Charakterisierung der Funktion bestimmt. Während bei der Analyse nach LABAN bzw. UNGERER die Analysebestandteile beispielsweise über die Angabe der Bewegungsrichtung bzw. über die Angabe der vom Ausführenden zu treffenden Entscheidungsleistungen ermittelt werden (vgl. 31 f. bzw. 64 f.), ist jetzt zur Aufgliederung des Bewegungsablaufs eine *Funktion* im Hinblick auf die zu berücksichtigenden Bezugsgrundlagen zu beschreiben. Damit ist die Art der Gliederung des Ablaufs von der Art und Weise der Funktionscharakterisierungen abhängig.

Die Zusammenstellung der derzeitigen bewegungsanalytischen Verfahren hat gezeigt, daß Funktionscharakterisierungen im hier verstandenen Sinne bisher bei der Typisierung der einleitenden, der überleitenden, der Haupt- und der aussteuernden Phasen sowie bei der Diskussion der Verlaufsmodalitäten einzelner Bewegeroperationen im Konzept der Optimierungsanalysen auf der Grundlage theoriegeleiteter Interpretationen (vgl. 51 f.) vorgenommen wurden. Die Hinweise im letzten Abschnitt versuchten aufzuzeigen, weshalb die erste Art von Charakterisierung auf dieses Konzept nicht übertragen werden sollte. Dies gilt nicht in gleicher Weise für die theoriegeleiteten funktionalen Interpretationen von Bewegeroperationen. Viele Versuche, sportliche Bewegungen unter funktionalem Bewegungsverständnis zu analysieren — einige sind in GÖHNER (1974, 1975, 1976) dargestellt — haben gezeigt, daß der wesentliche Schritt zu einer unterrichtspraktischen Funktionscharakterisierung in der möglichst genauen Analyse der Bewegungsziele und der entsprechenden Rahmenbedingungen zu sehen ist. Eine hinreichend differenzierte Analyse dieses Rahmens bewirkt, daß der größte Teil des beobachtbaren Verlaufsgeschehens in seiner Funktion im Hinblick auf das Erreichen bzw. Einhalten dieser Bedingungen charakterisiert werden kann.

Dies ist im Grunde genommen schon mit dem Beispiel des Rückschlags im Tennisspiel angesprochen worden: Das trefferorientierte Bewegungsziel und die Regel, den Ball nur einmal prellen zu lassen, erlauben, daß zum

Beispiel mit dem Laufen zum Ball ein erster Geschehensabschnitt funktional so genau charakterisiert werden kann, daß Richtung, Tempo und zu erreichende Ortsstelle auf dem Hintergrund der genannten Rahmenbedingungen diskutierbar sind.

An diesem Beispiel läßt sich aber auch zeigen, daß erst eine differenzierte Analyse der Rahmenbedingungen auch zu differenzierten Hinweisen über die Weite des Operationsspielraums führt. Man kann zum Beispiel davon ausgehen, daß dem Ausführenden mit der obigen offenen Bedingungscharakterisierung auch ein relativ großer Bewegungsspielraum bleibt und daß er diesen beispielsweise mit ständigem Vorhandspielen auszunutzen versucht. Eine solche Spielweise wird aber genau dann eingeschränkt, wenn der Gegenspieler durch entsprechend plazierte Rückschläge seinen Vorhand spielenden Kontrahenten läuferisch zu überfordern versucht. In diesem Moment muß man bei einer differenzierten Bedingungsanalyse davon ausgehen, daß die Verlaufsmodalität der Funktionsphase „Laufen zum Ball" nicht ohne Beachtung eines weiteren Attributs des gegner-behinderten Bewegersystems diskutiert werden kann[96].

Die Einschränkung in der Wahl des Vor- oder Rückhandschlags, die sich erst durch das Einbeziehen von Attributen der Gegnerbehinderung ergeben hat, weist aber nicht nur daraufhin, daß ein wesentlicher Schritt zu einer möglichst genauen Funktionscharakterisierung in einer möglichst genauen Analyse der Bezugsgrundlagen liegt. Sie zeigt zugleich auch noch ein weiteres Merkmal der funktionalen Bewegungsanalyse auf. Es wird auf diese Weise möglich, in der Lehr-Lern-Situation auch Bedingungen, die durch den Könnensstand des Lernenden gegeben sind, zu berücksichtigen: Solange der Gegenspieler nicht in der Lage ist, die Gewohnheit des Vorhandspiels auszunutzen, solange braucht die damit verbundene Rahmenbedingung nicht berücksichtigt zu werden. Dies kann auch noch an einem anderen Beispiel verdeutlicht werden: Solange ein Schüler nicht in der Lage ist, Stützüberschläge rückwärts in einer Folge zu springen, solange er also Mühe hat, den Bewegungsablauf als Einzelübung zu realisieren, solange ist es auch wenig sinnvoll, den Abschnitt der Stütz- und der zweiten Flugphase in dieser Bewegung in einer Verlaufsform zu verlangen, die in ihrer Funktion

---

[96] Dieses Beispiel kann zugleich auch noch einmal verdeutlichen, warum es nicht für sinnvoll gehalten wurde, von so offenen Funktionscharakterisierungen wie „einleitend", „überleitend" oder „aussteuernd" u. ä. auszugehen. Es ist zwar sicherlich möglich, das Laufen zum Ball als einleitende Funktionsphase oder als Teil einer einleitenden Phase einzuordnen. Aus einer solchen Einordnung könnte jedoch kein Hinweis über die Gestaltung des Ablaufs dieser Phase gewonnen werden. Dies ist erst erreichbar, wenn auf einzelne Bedingungen, die in dieser Phase zu beachten sind, detaillierter eingegangen wird.

nur mit dem Springen einer solchen Folge gerechtfertigt werden kann[97].
Dies alles kann verdeutlichen, daß die Charakterisierung der Funktion
einer Phase unmittelbar mit der Analyse der Bezugsgrundlagen verknüpft
ist.

Funktionen als Teilziele alternativer Bewegeroperationen

Es kann nun Fälle geben, in denen die für die Charakterisierung der
Funktionen so wichtige Analyse der Bezugsgrundlagen bereits den *gesamten
Ablauf* einer Bewegung in seinen beschreib- oder beobachtbaren Einzelheiten festlegt, so daß sich eine weitere, auf Bewegungsspielräume ausgerichtete
Verlaufsanalyse erübrigt. Als typische Beispiele dieser Art können die
Massen-Freiübungen gesehen werden, die bei Turnfesten lange Zeit aufgeführt wurden. Eine Analyse der Bezugsgrundlagen in diesem Fall ergibt,
daß die Funktion der einzelnen Übungsteile nur im Einhalten von vorgeschriebenen Operationen und Operationsfolgen gesehen werden kann[98].
Gleiches kann auch für die Bewegungsabläufe bei Volkstänzen gelten, und
es trifft sicher auch für die Pflichtübungen im Eiskunstlauf oder Gerätturnen
zu. Die Bezugsgrundlagen sind hier in einem so hohen Maße ausdifferenziert, daß bei fehlerfreier Ausführung nur geringfügige Variationen möglich sind.

Dort jedoch, wo der Bewegungsablauf über die Bezugsgrundlagen nicht
in dieser Weise in seinen Einzelheiten schon festgelegt wird, kann die
Charakterisierung von Funktionen auch zu *alternativen* Bewegungsabläufen
führen: Wenn ein Skiläufer oder Rollbrettfahrer nur die Richtung während
des Fahrens zu ändern hat, so ist mit diesem Bewegungsziel noch nichts
darüber gesagt, in welcher Weise, also mit welchen motorischen Aktivitäten
beispielsweise und mit welchen Verlaufsformen, er dieses Ziel erreichen
kann. Konkrete — und dennoch relativ offene — Hinweise ergeben sich
jedoch, wenn bei den zum Ziel führenden Möglichkeiten die spezifischen
Bewegerbedingungen, in diesem Fall vor allem die Bewegbarkeitseigen-

---

[97] Diesen Abschnitt müßte man in RIELINGs Typisierung als Hauptfunktionsphase
einordnen. Für die geschilderte Lehr-Lern-Situation wäre es jedoch erforderlich,
nur die erste Flugphase bzw. das Springen rückwärts ins flüchtige Handstehen
derart einzuordnen. Auch dieses Beispiel weist wieder auf die Schwierigkeit
der Übernahme der RIELINGschen Funktionscharakterisierung.

[98] Man darf dabei allerdings nicht übersehen, daß für denjenigen, der diese
Freiübungen entwirft, nicht die gleichen Bezugsgrundlagen gelten. Für ihn
könnte beispielsweise von Interesse sein, daß er mit ihnen Bewegungen zur
täglichen Körperschulung demonstrieren will. Es könnte aber auch sein, daß er
verschiedene Bewegungen einer bestimmten Musik zuordnen will, und es
könnte auch sein, daß er Bewegungen nur nach dem Gesichtspunkt zusammenstellt, eine Zuschauer beeindruckende Vorführung zu bieten.

schaften von Ski bzw. Rollbrett, miteinbezogen werden. So ist beim Instrument Ski eine Richtungsänderung des gesamten Skifahrer-Ski-Systems nur möglich, wenn der Ski aus der vorgegebenen Fahrtrichtung herausgedreht und in der neuen Richtung mit der bogeninneren Kante eingedrückt wird. Beim Rollbrett genügt dagegen bereits das bogeninnere Belasten, weil die Drehachse der vorderen Rollen sich dann auf Grund ihrer spezifischen Konstruktion zur belasteten Seite hin eindreht[99].

Wenn nun der Skiläufer oder Rollbrettfahrer das vorgegebene Bewegungsziel erreichen will, so *muß* er Operationen vollziehen, deren Funktion im Erreichen der Skidrehung und des Belastens der Innenkante des Ski (des Kantens) bzw. nur im Belasten der Innenseite des Rollbretts zu sehen ist.

Nun werden mit dem Hinweis auf solche *funktionalen Notwendigkeiten* (des Drehens und Kantens der Ski usw.) *Teilziele* beschrieben, die durch eine Reihe von unterschiedlichen Operationen des Ausführenden erreicht werden können. *Funktionen* sind insofern als *Teilziele* aufzufassen, die aus dem Vergleich der Bewegungsziele mit den Movendum-, Beweger-, Umgebungs- und Regelbedingungen ermittelt werden können. Sie sollen die Eigenschaft haben, daß sie bezüglich der Operationen des Bewegers keine Einschränkungen verlangen, die nicht durch das (Gesamt-)Ziel oder durch die weiteren Rahmenbedingungen der jeweiligen Bewegung zu rechtfertigen sind. Sie sollen das größtmögliche Spektrum an Bewegeroperationen, die zum erwünschten Ziel unter den vorgegebenen Bedingungen führen, zulassen.

Ablaufimmanente Funktionen

Nun können die auf diese Weise abgrenzbaren Lösungsmöglichkeiten einer Bewegungsaufgabe aber auch noch dadurch eingeschränkt sein, daß mit der Realisierung einzelner, funktional notwendiger Operationen neue Bedingungen entstehen, die gleichfalls im Bewegungsablauf berücksichtigt werden müssen: Mit dem Ausführen des Drehens und Kantens der Ski müssen, weil sich dadurch ja die Fahrtrichtung ändert, die dabei stets auftretenden Trägheitskräfte kompensiert werden. Der Schüler hat sich daher nach innen zu legen bzw. er muß wenigstens so breit fahren, daß ihn die Fliehkraft nicht nach außen wirft.

Verallgemeinert man diesen Sachverhalt, so bedeutet dies, daß mit dem Erfüllen bestimmter Funktionen *Effekte* auftreten können, die wiederum

---

[99] Das Rollbrett ist in dieser Hinsicht mit dem freihändig gefahrenen Fahrrad oder mit dem auf Rollen laufenden Grasski vergleichbar. Auch dort genügt zur Richtungsänderung ein einseitiges Belasten des Instruments.

neue Aufgaben aufwerfen[100]. Es erscheint angebracht, in diesem Fall von *ablaufimmanenten Aufgaben bzw. Funktionen* zu sprechen. Es ist klar, daß bei einer Bewegungsanalyse, in der die Operations- und Verlaufsnotwendigkeiten abgegrenzt werden sollen, auch solche Funktionen zu ermitteln sind.

Mit einem weiteren Beispiel soll schließlich noch verdeutlicht werden, daß man auch über die notwendigen Folge-Funktionen hinaus noch weitere ablaufimmanente Funktionen zu beachten hat: Wenn ein Skiläufer vor Beginn einer Richtungsänderung hochspringt bzw. sich zügig aufrichtet, so führt er diese Bewegung aus, weil er den Ski entlasten oder zumindest flachstellen will. Dies wiederum ist im Zusammenhang mit der Skidrehung erklärbar: Ein entlasteter oder auch schon flachgestellter Ski läßt sich auf Grund seiner spezifischen Bewegbarkeitscharakteristik *leichter* in Drehung versetzen. Ein Rollbrettfahrer (oder Grasskiläufer) kann auf Entsprechendes verzichten, da er das Rollbrett ja nicht drehen, sondern nur innenseitig zu belasten braucht. Dies weist darauf hin, daß in einem Bewegungsablauf auch noch Geschehensabschnitte enthalten sein können, die hinsichtlich des gegebenen Bewegungsziels nicht unbedingt notwendig und über dieses auch nicht unmittelbar zu rechtfertigen sind, die aber auch nicht unmittelbar mit den oben betrachteten Effekten in Zusammenhang gebracht werden können. Sie sind lediglich mittelbar mit dem Bisherigen in Verbindung zu bringen, da über ihre Operations- und Verlaufsmodalitäten nur dann diskutiert werden kann, wenn *auf bereits ermittelte Funktionsphasen* Bezug genommen wird.

Da in allen diesen Fällen sinnvollerweise ebenfalls von Funktionen bzw. Funktionsphasen gesprochen werden sollte, diese Art jedoch mit der bisherigen Charakterisierung noch nicht berücksichtigt ist, soll letztere folgendermaßen erweitert werden:

Unter den Funktionsphasen einer sportlichen Bewegung (als Bewegungsaufgabe) sollen diejenigen Geschehensabschnitte der (lösungs-

---

[100] Das Skilaufen auf der Stufe des Anfängers verweist in ähnlich deutlicher Weise auch noch an einer anderen Stelle auf solche ablaufimmanente Folgen: Wenn es dem Anfänger gelingt, seine Ski in die fürs Bremsen brauchbare Pflugstellung zu bringen, so treten wieder durch den einsetzenden Bremseffekt Trägheitskräfte auf, die durch entsprechende Bewegungsoperationen kompensiert werden müssen. Und auch im Trampolin- oder Wasserspringen läßt sich ähnliches feststellen: Gelingt dem Ausführenden zum Beispiel ein (im Hinblick auf eine Saltodrehung gesehen) richtiger Absprung, so tritt die Drehung als Effekt dieser Operation ein und mit ihr muß der Springer zwangsläufig seine bisherige Raumorientierung beispielsweise aufgeben. Als ablaufimmanente Notwendigkeit ergibt sich daher die räumliche Um- oder Neuorientierung.

relevanten) Bewegungsabläufe verstanden werden, für die sich im Hinblick auf die (aufgabencharakterisierenden) Bezugsgrundlagen *sowie* im Hinblick auf die bei der Ablaufrealisierung entstehenden notwendigen oder möglichen Folgen Funktionen beschreiben lassen, die durch das Geschehen in den betrachteten Abschnitten erfüllt bzw. erreicht werden.

Faßt man die bisherigen Überlegungen zur Charakterisierung der Funktionsphasen zusammen, so ergeben sich folgende Abstufungen:

— Wird das Erreichen der Bewegungsziele zunächst einmal unter den verschiedenen Rahmenbedingungen diskutiert, so lassen sich (notwendige) Funktionen als Teilziele charakterisieren. Das Ziel der Richtungsänderung während der Fahrt führt so beispielsweise auf Grund der Instrumenteigenschaften von Ski bzw. Rollbrett auf die Teilziele „Ski-Drehen" und „Ski-Kanten" bzw. „Rollbrett-Innen-Belasten".

— Dieses Funktionen lassen einen großen (möglicherweise zu großen) Operationsspielraum zu (vgl. hierzu z. B. GÖHNER 1974 [b], 28—30).

— Eingeschränkt wird dieser Spielraum nun insofern, als sich durch die Aktivitäten in den einzelnen Funktionsphasen Wirkungen zeigen (können), die ihrerseits wieder zur Beachtung oder Einhaltung bestimmter Funktionen zwingen. Beim Beispiel des Ski- oder Rollbrettfahrens wurde in diesem Fall auf die (notwendige) Kompensation der (mit dem erfolgreichen Ausführen des Drehens und Kantens bzw. des Kantens allein) auftretenden Trägheitskräfte aufmerksam gemacht.

— Auch diese notwendigen Folge-Funktionen können, wenn man sich nur an der Funktion selbst orientiert, ebenfalls durch unterschiedliche Bewegeroperationen erfüllt werden. Im besprochenen Beispiel wurde auf ein Nach-Innen-Legen bzw. auf ein breites Fahren verwiesen.

— Von diesen bislang genannten Funktionen sind schließlich noch diejenigen abzugrenzen, die sich — ähnlich den notwendigen Folge-Funktionen — nur über den Verweis auf andere Funktionsphasen charakterisieren lassen, dabei aber ihre Notwendigkeit hinsichtlich der Zielerreichung nicht nachgewiesen werden kann. Das war im Falle des Skilaufs das Erleichtern der Skidrehung.

Die Gesamtheit der auf diese Weise erkennbaren Funktionen kann daher auch als eine *Hierarchie von Teilzielen* gesehen werden, die aus den Bezugsgrundlagen einer Bewegung mittelbar oder unmittelbar zu erkennen und durch folgende Eigenschaften zu charakterisieren ist: Sie ist so weit spezifiziert, daß sie dem Ausführenden den größtmöglichen Spielraum für alternative, aber dennoch zum Ziel führende Operationen läßt[101].

2. Operationscharakteristika einer Funktionsphase

Mit der Charakterisierung von Funktionen und der Einführung von Funktionsphasen sind Analysehilfen geschaffen worden, durch die es möglich ist, den beobachtbaren Ablauf einer sportlichen Bewegung in eine — je nach Differenzierung der Funktionen mehr oder weniger große — Vielzahl von Analysebestandteile zu gliedern. Dabei ist die Gliederung so konzipiert, daß ein Optimum an lösungsrelevanten Operationsalternativen erkennbar wird.

Im einzelnen sind die Zusammenhänge zwischen den Funktionen und den funktionserfüllenden Operationen bislang am Beispiel der Richtungsänderung beim Skilaufen bzw. beim Rollbrettfahren verdeutlicht worden.

Um über solche Einzelheiten hinaus allgemeinere Aussagen leisten zu können, wird im folgenden die Frage erörtert, warum gerade mit dieser oder jener Bewegeroperation diese oder jene Funktion erreicht wird oder, anders gesehen, welche Gründe es gibt, daß es in manchen Situationen so etwas wie eine eindeutige, in anderen Situationen dagegen eher eine mehrdeutige Beziehung zwischen Funktion und funktionserfüllender Operation gibt. Wenn es gelingt, hierzu nähere Anhaltspunkte zu geben, dann erlaubt diese Art von Verlaufsanalyse nicht nur Aussagen über die unterschiedlich notwendigen Funktionen und Funktionsphasen, sondern auch über die unterschiedlich notwendigen Bewegeroperationen. Sie liefert damit weitere Hinweise, welche Spielräume vom Lehrenden angeboten bzw. welche „Abweichungen" beim Lernenden zugelassen werden können[102].

---

[101] Wenn nachfolgend dennoch vorrangig am Begriff der Funktion und nicht des Teilziels festgehalten wird, so ist dies, abgesehen vom Vorteil sprachlicher Formulierungen (Funktionsphase, Funktionsüberlagerung, ...), vor allem dadurch zu rechtfertigen, daß der Funktions-Begriff deutlicher als der Teilziel-Begriff die Abhängigkeit dokumentiert, die mit der Vorgabe der Bezugsgrundlage gegeben ist. Teilziele müssen nicht notwendig als abhängig von übergeordneten Zielsetzungen gesehen werden.

[102] Ob *alle* für einzelne Funktionen theoretisch möglichen Alternativen auch im Rahmen der Gesamtbewegung genutzt werden können, ob sich aus der Überlagerung mit anderen Funktionen und anderen Operationen nicht auch Einschränkungen ergeben können, ist eine weitere im Zusammenhang mit der Charakterisierung der Operationen einer Funktionsphase wichtige Frage. Da hierbei die gegenseitigen Beziehungen, die unter den einzelnen Funktionsphasen bestehen können, berücksichtigt werden müssen und da diese erst im nächsten Teil der Arbeit besprochen werden, kann darauf auch dort erst näher eingegangen werden.

Wann gibt es keine Operationsalternativen?

Die Analyse der Bezugsgrundlagen, durch die die sportlichen Bewegungen als Bewegungsaufgaben schlechthin charakterisiert werden, weist in verschiedenen Fällen bereits darauf hin, daß für bestimmte Geschehensabschnitte Operationsalternativen ausgeschlossen sind.

(a) In einen ersten Fall können alle diejenigen Bewegungen eingeordnet werden, in denen *Alternativen durch Regelbestimmungen ausgeschlossen* werden: Im Kugelstoßen darf die Kugel *nur gestoßen*, nicht aber geworfen werden, im Speerwerfen darf der Speer *nur geworfen*, nicht aber geschleudert werden, und im Hochspringen darf der Springer *nur mit einem*, nicht aber mit beiden Beinen abspringen. In diesen Beispielen könnte die zur Zielerreichung notwendige Funktion — dem Movendum optimale Geschwindigkeit (in Betrag und Richtung) mitzugeben — auch durch andere Operationen des Bewegers erreicht werden. Formale Kriterien schließen jedoch solche Alternativen aus. Die Entscheidung, ob dennoch andere in ihrer Funktion als gleichwertig anzusehende Bewegeroperationen in der Lehr-Lern-Situation gewählt werden können, ist in diesem Fall keine bewegungsanalytische, sondern eine didaktische Entscheidung[103].

Freilich kann von einer didaktischen Entscheidung erst dann gesprochen werden, wenn die durch Regeln festgelegte Eindeutigkeit sich auch bewegungsanalytisch als eine bloß formale Eindeutigkeit zwischen Funktion und Operation herausstellt, wenn also Alternativen wie in den genannten Fällen tatsächlich möglich sind[104].

(b) In einem zweiten Fall sind die Ursachen für den Ausschluß von funktional gleichwertigen Operationen ähnlicher Art. Verlaufsorientierte Bewegungen enthalten in ihrer Zielsetzung per definitionem Vorschriften über die auszuführenden Operationen. Greift man aus einer solchen Zielkonfiguration beispielsweise nur zwei Situationen S_1 und S_2 heraus, so kann es durchaus möglich sein, daß man mit anderen als den vorgeschriebenen Operationen von S_1 nach S_2 gelangen kann. Würde man in diesem Fall daher lediglich die (S_1-S_2)-Veränderung als Bewegungsziel setzen, so wären

---

[103] Ergänzend muß hinzugefügt werden, daß natürlich innerhalb der vorgegebenen Regelbestimmungen Operationsalternativen stets zugelassen werden können.

[104] Zum Teil gibt es Nachweise, daß die genannte Funktion durch andere Operationen tatsächlich besser erreicht werden kann: Im Speerwerfen ist das *Schleudern* des Speers erst verboten worden, als damit Weiten erreicht wurden, die wesentlich über den bisherigen lagen. Zum Teil kann man nur mehr oder weniger berechtigt annehmen, daß andere Operationen zumindest gleich gute Ergebnisse liefern könnten: So legen die Sprunghöhen, die im Bodenturnen erreicht werden, nahe, daß man mit dem beidbeinigen Absprung ebenso hoch kommen kann wie mit dem einbeinigen.

alle S_1 in S_2 überführenden Operationen als funktional gleichwertig anzusehen. Solche Alternativen können jedoch bei verlaufsorientierter Zielsetzung durchaus ausgeschlossen sein.

Ein gebückter Salto zum Beispiel kann, wenn man das Anbücken funktional lediglich als ein Mittel zum Beschleunigen der Körperdrehung begründet — die Situation S_1 entspräche dann dem langsamen, S_2 dem schnellen Drehtempo —, auch durch die Operation des Anhockens erfüllt werden. Daß die Funktion in diesem Fall dennoch nur über genau eine Operation realisiert werden soll, ist in der Art der Zielsetzung begründet: Diese enthält nicht nur indirekt das Erreichen von S_1 aus S_2 heraus, sie enthält auch noch — weil man vom *gebückten* Salto spricht — Angaben über die erlaubte Körperposition beim Übergang von S_1 nach S_2.

Bei der Typisierung der verlaufsorientierten Bewegungsziele (vgl. 79) ist nun nicht näher darauf eingegangen worden, in welchem Maße im Einzelfall Bedingungen über den Verlauf der Bewegung festgelegt sein können. Es sind zwar mit den einzelnen Volkstanzformen oder mit den Pflichtübungen im Eiskunstlauf oder Gerätturnen schon Beispiele genannt worden, bei denen praktisch die gesamten Abläufe durch die Aufgabenbedingungen determiniert sind. Eine solche Festlegung muß aber nicht für alle verlaufsorientierten Bewegungen zutreffen. Die ordnungsanalytischen Überlegungen, die in der Sportpraxis üblich sind (vgl. 36), und vor allem die Analyse der Strukturmerkmale der Bewegungen des Gerätturnens von RIELING (vgl. 40) machen vielmehr deutlich, daß oft nur *Aspekte* des Verlaufs und durchaus nicht der gesamte Ablauf einer Bewegung durch die Bewegungsziele beschrieben werden. Bewegungen mit verlaufsorientierter Zielsetzung schließen daher nicht notwendig von vornherein Alternativen der Gestaltung von Funktionsphasenoperationen aus.

(c) Vom Bisherigen läßt sich ein dritter Fall dadurch abgrenzen, daß bei ihm die eindeutige Beziehung zwischen Funktion und funktionserfüllender Operation nicht durch Regeln oder verlaufsorientierte Zielsetzungen, sondern durch eine *deutliche Überlegenheit* einer bestimmten Beweger-Operation hinsichtlich der zu erfüllenden Funktion gegenüber anderen festgelegt ist.

Zumindest hypothetisch hat HATZE eine solche Überlegenheit einer einzigen Operation in jenen Fällen formuliert, in denen ein „aufgabenspezifisches Leistungskriterium minimiert oder maximiert" (HATZE 1976b, 165) werden muß. In der von ihm aufgestellten „Fundamentalhypothese der Bewegungslehre des Sports" wird eine solche (eindeutige) Beziehung als Folge einer berechenbaren Optimierungsaufgabe gesehen. Diese Hypothese wird auf das Berechnungsverfahren gestützt, das bei der Besprechung der

Optimierungsanalysen in ganz groben Zügen skizziert wurde (vgl. 53). Das Verfahren hat am Beispiel des „Kicking-Experiments" zu einer erfolgreichen Bestätigung geführt. Die Bedingungen, die HATZE auf Grund des Berechnungsverfahren nennt, lassen jedoch erkennen, daß diese Hypothese nur für resultatorientierte Bewegungen formuliert werden kann, deren Ausgangs- und Endsituation in einer für den Sport unüblichen Weise eingeschränkt werden.

Jedoch unabhängig davon, ob diese Hypothese durch weitere Experimente gestützt werden kann, und ob sie sich möglicherweise auch auf Bewegungen mit anderen Zielsetzungen ausdehnen läßt, ist derselbe Sachverhalt der eindeutigen Funktion-Operation-Beziehung überall auch dort schon zu berücksichtigen, wo durch *vielfache praktische Erfahrung* bzw. durch entsprechende statistische Absicherung (vgl. 54) von einer klaren Überlegenheit einer bestimmten funktionserfüllenden Operation ausgegangen werden kann: Dies dürfte für das einbeinige Abspringen im Weitsprung beispielsweise zutreffen, bei dem nur theoretisch (beim Weitsprung aus dem Stand allerdings auch praktisch) durch ein beidbeiniges Abspringen die Funktion, dem Ausführenden einen möglichst großen Bewegungsimpuls mitzugeben, gleichfalls erfüllt werden könnte. Und dies dürfte umgekehrt für das beidbeinige Abspringen gegenüber dem einbeinigen vom (federnden) Sprungbrett gelten. Ein Ersetzen der praktisch üblich gewordenen Operationen würde in diesen Fällen, auch wenn damit formal dieselbe Funktion erfüllt werden kann, erhebliche Nachteile für den Ausführenden mit sich bringen. Alternativen sind daher letztlich ausgeschlossen.

Faßt man diese Fälle zusammen, so läßt sich folgendes verdeutlichen: So unterschiedlich auch die Gründe dafür, daß bei bestimmten Funktionsphasen keine Operationsalternativen realisiert werden, sein mögen, in einer Hinsicht läßt sich eine gemeinsame Konsequenz ziehen: Alternativen, die den Spielraum an Bewegungsoperationen in diesen Fällen erweitern könnten oder sollten, sind immer nur dann möglich, wenn die Aufgabenbedingungen geändert werden. Bezüglich der Änderung sind allerdings Unterschiede erkennbar. Im einem Fall müßten, wie etwa beim Hochspringen, Regeln aufgehoben werden. In anderen Fällen, wie etwa beim Weitspringen, müßten dagegen Regeln erst eingeführt werden[105].

---

[105] Es ist aus bewegungsanalytischer Sicht daher falsch, wenn man annimmt, daß mit dem Einführen von Regeln, die sich auf Bewegeroperationen beziehen, stets auch der Bewegungsspielraum eingeengt wird. Gerade in den Fällen, in denen eine bestimmte Operation allen anderen überlegen ist, kann oft erst ein Verbot dieser spezifischen Operation Bewegungsspielraum bringen. Aus dieser Perspektive kann beispielsweise das Verbot, einen Ball mit der Hand zu spielen, als Ursache gesehen werden, weshalb das Fußballspiel in seinen Operationen etwa gegenüber dem Handballspiel vielfältiger ausfällt.

Wann gibt es alternative Bewegeroperationen?

Daß es Fälle gibt, in denen funktional gleichwertige Operationsalternativen nicht nur, wie aus dem letzten Abschnitt zu folgern war, durch Veränderung der Aufgabenbedingungen erreichbar sind, haben die verschiedenen Beispiele gezeigt, die bei den Überlegungen zur Einführung und Charakterisierung des Funktionsbegriffs verwendet wurden: Das Drehen der Ski beispielsweise läßt sich ebenso wie das Einkanten bzw. das Belasten der Innenseite von Ski oder Rollbrett durch eine Reihe von Operationsalternativen erreichen. Inwiefern dies keine Ausnahmefälle sind, zeigen die folgenden Unterscheidungen.

(a) Instrumentell-unterstützte Bewegersysteme haben in der Regel dort, wo das Instrument als Manipulationshilfe verwendet wird, die Eigenschaft, daß nur die Extremitäten des Ausführenden mit dem Instrument (mehr oder weniger fest) verbunden sind. Beachtet man, daß damit das Instrument das Ende einer vielgliedrigen und mit unterschiedlichen Gelenken verbundenen, offenen kinematischen Kette[106] darstellt, so ergibt sich als Folge der einzelnen Verbindungen, daß stets mehrere Operationsalternativen zur Änderung oder aber auch zur Erhaltung des Orts, der Position, der Lage oder des Bewegungszustands des Instruments möglich sind[107].

Solche Situationen sind im Tennis-, Tischtennis- und Badmintonspiel, im Skilaufen, im Kajakfahren oder auch im Rollschuhlaufen zu finden. Die verschiedenen Schläger können ebenso wie der Ski, das Paddel oder der Rollschuh als Endglied einer (offenen) kinematischen Kette über verschiedene Operationen funktional gleichwertig bewegt oder in verschiedenen Positionen gehalten werden.

In einigen Fällen instrumentell-unterstützter Bewegersysteme ist die Verbindung des Ausführenden mit dem Instrument (und mit der Umgebung) so beschaffen, daß nur noch wenige Teilketten offen, viele dagegen geschlossen sind. Beim Fahrrad, beim Motorrad, beim Rhönrad, beim Windsurfbrett oder auch beim Kajak ist der Ausführende dadurch, daß er sich stehend, kniend oder sitzend noch am Instrument festhält, stets an mehreren Stellen mit dem Instrument verbunden. Infolgedessen sind auch entsprechend weniger gleichwertige Operationsalternativen möglich[108].

---

[106] Eine kinematische Kette ist „ein über Gelenke verbundenes System aus einzelnen Gliedern, das beweglich ist" (HOCHMUTH 1967, 83). Offen ist die Kette, wenn die Glieder nicht untereinander endlos verbunden sind.

[107] Als theoretischer Hintergrund für die Bestimmung von Operationsalternativen können die Überlegungen zu den Freiheitsgraden einer kinematischen Kette herangezogen werden (vgl. HOCHMUTH 1967, 83—90).

[108] Weitere Alternativen könnte man allerdings nennen, wenn beispielsweise auch noch das Kunstradfahren reflektiert würde. Dort geht es nicht mehr darum,

Dort allerdings, wo das Instrument so gebaut ist, daß instrumenteigene Steuer- und gegebenenfalls auch entsprechende Antriebseinrichtungen vorgesehen sind, hat der Ausführende seine Operationen den technisch vorgegebenen Modalitäten vollständig anzupassen. Spielräume zur Gestaltung der Operationen sind nur dann vorhanden, wenn sie beim Bau des Instruments berücksichtigt werden. Die Frage der funktionserfüllenden Operationen kann daher in allen diesen Fällen nur dann diskutiert werden, wenn Bewegungsverhalten und Bewegbarkeitscharakteristik des Instruments bzw. des als Movendum zu betrachtenden Mensch-Maschine-Systems bekannt sind[109].

(b) Ganz ähnliche Funktion-Operation-Beziehungen liegen vor, wenn das Movendum vom Ausführenden ohne Instrument, wohl aber mit den Extremitäten des Ausführenden zu bewegen ist. Auch hier kann die Erzeugung oder Veränderung der Bewegungssituationen des Movendum durch das Anfangs- bzw. Endglied der mehrgliedrigen und mehrgelenkigen kinematischen Kette der Extremitäten meist durch verschiedene funktional gleichwertige Operationen geschehen. Dabei gilt, daß die Zahl der Alternativen auch umso größer ist, je mehr Glieder eine solche Kette hat und je größer die Bewegungsfreiheiten in den einzelnen Gelenken sind.

Das läßt sich am Beispiel des Stoppens eines Fußballs leicht verdeutlichen. Wenn es mit dem Oberkörper ausgeführt wird, so steht infolge der geringen Bewegungsfreiheiten nur eine Aktion, nämlich die des Zurückweichens des Oberkörpers zur Verfügung. Dasselbe ist auch noch beim Stoppen mit dem Oberschenkel der Fall. Erst beim Stoppen mit dem Fuß vergrößern sich die Möglichkeiten, weil die offene Kette vom Fuß des Standbeins bis zum Fuß des stoppenden Beins entsprechend beweglicher ist.

(c) Auch ein dritter Typ von mehrdeutiger Funktion-Operation-Beziehung beruht auf dem gleichen Prinzip der Bewegungsfreiheit einer offenen kinematischen Kette. Wenn, wie etwa beim Reckturnen, der Kontakt des Ausführenden zum Gerät an einer schwerpunktfernen Körperstelle besteht, so können auch hier durch unterschiedliche Operationen gleiche Funktionen erreicht werden: Um aus dem ruhigen Langhang in ein Hin- und Herpendeln zu gelangen, sind eine Reihe von verschiedenen Operationen möglich. Sie gehen alle darauf zurück, daß der Körperschwerpunkt bei einer mindestens dreigliedrigen, offenen kinematischen Kette durch unterschiedliche Bewegungen der einzelnen Kettenglieder verlagert werden kann.

---

die instrumentcharakteristischen Positionen, sondern alle nahezu denkbaren und praktisch realisierbaren Alternativen auszuloten.

[109] In Ansätzen sind entsprechenden Hinweise für einzelne Sportarten (Kajak, Tennis, Skilauf) in BAUR / HAHN / HOLZ (1977), NITSCHE (1959) und VOGEL (1977) zu finden.

In Abb. 12 sind zwei im Gerätturnen beim Schwungholen am Reck häufig geturnte Operationsalternativen dargestellt. Im einen Fall ist es eine Alternative, die vor allem von Kindern und Anfängern bevorzugt wird. Das notwendige Auslenken des Schwerpunkts geschieht hier vorrangig durch Beugen und Strecken im Hüft- und Kniegelenk. Der andere Fall zeigt die Alternative, die in der Regel vom Kunstturner geturnt wird. Im Unterschied zur ersten Operation werden hier vor allem Hüft-, Schulter- und Ellbogengelenke eingesetzt, während die Kniegelenke gestreckt bleiben. Diese Alternative ist für Turnende, die nur über geringe Armkräfte verfügen, nicht ausführbar. Wenn es nun nur um die Funktion, in ein Pendelschwingen zu kommen, geht, so gibt es keinen Grund, nur eine der beiden Operationsalternativen zu favorisieren[110].

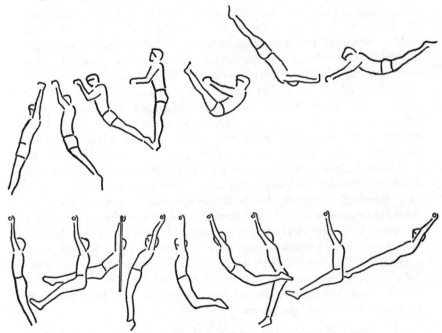

Abb. 12 Alternativen zum Schwungholen im Langhang; (a) „turnerisches" (b) anfängerhaftes Schwungholen im Langhang.

---

[110] Wenn im Kunstturnen nur die zweite Variante als „richtig" angesehen wird, so ist dies bei funktionalem Bewegungsverständnis nur dann konsequent, wenn neben der oben zugrundegelegten Funktion der Schwerpunktauslenkung noch weitere Bedingungen, wie etwa die der gestreckten Beinhaltung und vor allem die des Anschließens weiterer Übungsteile, berücksichtigt werden.

Diese auf die unterschiedlichen Kraftverhältnisse zwischen einzelnen Kettengliedern zurückzuführenden Abweichungen sind dagegen nicht mehr zu beobachten, wenn dieselbe Bewegungsaufgabe, nämlich ins Pendelschwingen zu kommen, im Kniehang gelöst werden soll. Hier wird von Kindern wie von geübten Turnern dieselbe Operation des Beugens und Streckens im Hüft- und Schultergelenk zur Schwerpunktverlagerung eingesetzt. Letzteres ist jetzt möglich, weil durch den Kniehang die Belastung im Schultergelenk nur noch so gering ist, daß auch der schwächere Schüler entsprechende Beuge-Streck-Bewegungen in diesem Gelenk ausführen kann[111].

(d) Während die bisherigen Alternativen stets auf die Vielgliedrigkeit und auf die Unterschiedlichkeit der einzelnen Gelenke des Körpers des Ausführenden zurückgehen, können weitere Alternativen genannt werden, wenn die Bedingungen der unterschiedlichen Umgebung, in der die Bewegung abläuft oder ablaufen könnte, berücksichtigt werden. So kann im Skilaufen das Entlasten der Ski auf Grund unterschiedlicher Geländegegebenheiten durch unterschiedliche Operationen erreicht werden[112]. Und ähnliches gilt für das Wenden oder Drehen des Kajaks auf Grund unterschiedlicher Wasserströmungen (vgl. BAUR / HAHN / HOLZ 1977, 214—223).

(e) Schließlich können auch dort noch Operationsalternativen erwartet werden, wo durch Regel- oder Ziel-Bedingungen die auszuführende Operation zwar an bestimmte Körperteile gebunden, die Mitwirkung anderer Körperteile jedoch nicht ausdrücklich verboten wird. Man kann beispielsweise den vorgeschriebenen einbeinigen Absprung im Hochspringen auch noch durch ein Hochschwingen des freien Schwungbeins und durch ein Hochschwingen der Arme unterstützen. Oder man kann, was Anfänger vielfach reflexhaft ausnutzen, das Stemmen mit den Armen am Ende des Schwungstemmens am Reck oder Barren durch eine — der Beinbewegung im Brustschwimmen vergleichbare — Bein-Schlag-Bewegung unterstützen, weil sie wie beim Brustschwimmen einen Rückstoß bewirkt. Solange solche zusätzlichen Operationen nicht durch Vorschriften untersagt werden (was bei dem die Schwungstemme unterstützenden „Schwimmschlag" im Gerätturnen üblich ist), können sie durchaus zusammen mit der eigentlichen Operation zu Alternativen führen.

---

[111] Die Gründe für solche Unterschiede sind im Einfluß zu sehen, den das schwächste Glied einer kinematischen Kette auf die Bewegung der gesamten Kette hat. Ausführlich ist hierauf TSAROUCHAS (1974, 83) am Beispiel der Streckbewegung eines Beins eingegangen. Zu beachten sind in diesem Zusammenhang aber auch die Beobachtungen, die aus der Heilgymnastik bei Verletzung einer Gelenkverbindung unter dem Komplex „Ausweichbewegungen" bekannt sind (vgl. KLEIN-VOGELBACH 1976, 44—48).

[112] Eine systematische Aufarbeitung dieser Alternativen ist in GÖHNER (1974, [b]) durchgeführt worden.

Wie lassen sich Operationsalternativen deskriptiv abgrenzen?

Mit den zuletzt beschriebenen Beispielen, in denen sich die Operationsalternativen dadurch ergaben, daß unterstützende Teil-Operationen zur (eigentlichen Haupt-)Operation hinzugefügt wurden, wird auf ein Problem verwiesen, das bislang noch nicht thematisiert wurde: Das Problem der Abgrenzung *aller* zu einer Funktionsphase zu zählenden Bewegeroperationen. Bislang sind lediglich Alternativen *gegeneinander* abgegrenzt worden. Auf das, was zu einer solchen Alternative alles an (Teil-)Operationen gehört, was also einer Operationsalternative alles zuzuschreiben ist, ist jedoch noch nicht eingegangen worden. Dies kann in recht unterschiedlicher Weise geschehen.

Man kann als erstes die Frage klären, welche *Körperteile* bzw. allgemeiner, welche *Teile des Bewegersystems* für das Erreichen der Funktion während der jeweiligen Funktionsphase eingesetzt sind und welche ebenfalls in diesem Abschnitt bewegten Teile mit dem Erreichen der Funktion nichts zu tun haben. Man kann in diesem Fall dann beispielsweise eine naheliegende Grob-Gliederung der Bewegerteile (in Kopf, Arme, Oberkörper, Ober- und Unterschenkel, Ski, Stock, usw.) zugrundelegen und unter den Teil-Operationen die Veränderung dieser Teile verstehen. Diese Vorgehensweise scheint, wenn man sich auf die Vielzahl der in der sportartspezifischen Methodik zu findenden Beschreibungen stützt, unterrichtspraktisch nahezuliegen. So kommen in der Beschreibung der Technik des Umsteigens aus der Talstemme (DVS 1975, Band 2, S. 15) nahezu nur Ausdrücke dieser Art vor: Man spricht vom *Talski*-Drehen, vom *Talbein*-Beugen, vom *Stock*-Einsetzen, vom auf den *Bergski*-Steigen, vom *Bergbein*-Drehen, vom *Talbein*-Beiholen, vom Zurücknehmen der schwungäußeren *Körperseite*, vom Vor-Seitbeugen und vom Auswinkeln des *Talski*.

Man kann aber auch differenzierter vorgehen und — wie beispielsweise HATZE im Falle der Kick-Bewegung (vgl. 53) — nicht nur den Unter- und Oberschenkel als zu bewegende Teile, sondern auch noch die aktionsbewirkenden, signifikanten Muskelgruppen unterscheiden (HATZE 1976 [a]). Doch um entscheiden zu können, welche Teile eine Operation ausführen und ob diese bei den einzelnen Lösungsrealisierungen auch erkannt werden kann, sind bei der Vorgehensweise von HATZE relativ aufwendige (den Beweger auch beeinträchtigende) Hilfsinstrumente erforderlich. Diese Verfahrensweise scheint daher für unterrichtspraktische Probleme nicht anwendbar zu sein.

Man kann über das Bisherige aber auch insofern noch hinausgehen, als man den Begriff der Teil-Operation nicht nur im „motorischen" Bereich beläßt, sondern ihn auf „nichtmotorische" erweitert. Das von KAMINSKI vorgestellte Konzept, in dem die sportliche Bewegung als eine Bewältigung von Mehrfachaufgaben gesehen wird, berücksichtigt von vornherein gewissermaßen gleichrangig Orientierungs-, Planungs-, Entscheidungs-, Ausführungs- und Auswertungshandlungen. In diesem Fall müßten dann beispielsweise zu den (Teil-)Operationen jener Funktionsphase, die zur Kompensation der auftretenden Fliehkräfte notwendig ist, auch noch die Auswertungs-, Planungs- und Entscheidungshandlungen gezählt werden, über die ein Zuviel oder ein Zuwenig an Innenlage erkannt und entsprechend korrigiert wird.

Entsprechend der eingangs zugrundegelegten Einschränkung (vgl. 17) bleiben die Überlegungen in dieser Arbeit in der genannten motorischen Dimension, und zwar in einer je unterrichtspraktisch naheliegenden Differenzierung. Dabei soll lediglich darauf hingewiesen werden, daß sich für die verschiedenen Sportarten vermutlich eine je spezifische Differenzierung angeben läßt.

Unter dieser Einschränkung ist zu beachten, daß — entgegen bisherigen Vorgehensweisen (vgl. MEINEL 1971, 1976, RIELING u. a. 1967—1969) — nicht einfach *alle* Operationen, die während des Zeitabschnitts einer Funktionsphase erkennbar sind, der Funktionserfüllung zugeordnet werden dürfen. So kann während des Vorschwungs im Langhang zum Kippaufschwung am Reck eine Beuge- und Streck-Bewegung der Beine im Hüftgelenk beobachtet werden. Dieses „Kontern" — FETZ (1972, 137) spricht von einer Kippe mit Beckenarbeit — hat nun, obwohl es während des Vorschwingens ausgeführt wird, nichts mit der durch das Vorschwingen zu erreichenden Funktion zu tun. Es wird als (physiologisch begründbare) Vorbereitung für das am Ende des Vorschwingens auszuführende „Ankippen", also dem schnellen Übergang vom Langhang in den Kipphang, gesehen. Das Vorschwingen dagegen ist Voraussetzung für das sich anschließende Rückschwingen, und dieses wiederum ist in der Zielsetzung des Kippaufschwungs enthalten (worauf später noch ausführlich eingegangen wird). Kontern und Vorschwingen im Langhang sind daher zwei zeitgleiche Vorgänge, sie erfüllen jedoch jeweils eine andere Funktion. Bei einem weiteren Beispiel, der Schwungstemme rückwärts am Barren oder Reck, ist dieselbe Beuge-Streck-Bewegung in der Hüfte auch wieder während eines Pendelschwungs, diesmal jedoch während eines Rückschwungs beobachtbar. In diesem Fall hat das Beugen und Strecken jedoch zeitgleich jene Funktion zu unterstützen, die auch der Pendelrückschwung zu erfüllen hat: Das Erreichen einer möglichst hohen Aufschwunglage (vgl. FETZ 1972, 135, LEIRICH / RIELING 1968, 985).

3. Verlaufscharakteristika der Operationen einer Funktionsphase

Mit der Gliederung des Bewegungsablaufs in funktionale Verlaufsbestandteile wird in der Verlaufsanalyse ein erster Schritt getan, um unter den gegebenen Bedingungen die zur Zielerreichung notwendigen oder möglichen Teilziele zu erkennen. Mit der anschließenden Diskussion der Bewegeroperationen wird dann in einem zweiten Schritt die jeweilige Funktion auf ihre konkreten Realisierungsmöglichkeiten hin geprüft.

Nun brauchen diese beiden Schritte nicht auszureichen, um die Bewegungsspielräume unter den gegebenen Bedingungen schon vollständig zu erfassen. Es ist möglich, daß die verschiedenen bislang erkennbaren Operationsalternativen ihre Funktion nicht erfüllen, weil bei ihrer Ausführung bestimmte *Raum-Zeit-Merkmale* nicht hinreichend genau berücksichtigt worden sind.

Eine Beuge-Streck-Bewegung im Sprung-, Knie- und Hüftgelenk beim Skilaufen beispielsweise kann, wenn ihre Funktion im Ausgleichen von Geländeunebenheiten liegen soll, bei nur minimalen Abweichungen bezüglich ihres Beginns und ihres Verlaufs umgehend gegenteilige Wirkung haben: Der Schüler verliert den Bodenkontakt. Ähnliches kann beim Tennisschlag der Fall sein: Die schönste Ausführung eines Vor- oder Rückhandschlags kann, wenn man sie nur ein wenig zu tief angelegt oder zu spät begonnen hat, am Ball vorbeigehen. Dagegen wiederum führt die Absprungoperation beim Weitsprung aus dem Stand weder bei Veränderung ihres Beginns noch bei (allerdings nicht allzu großer) Veränderung ihres zeitlichen Verlaufs nicht notwendig schon zu einer anderen Sprungweite (vgl. Hochmuth 1967, 183 f.).

Solche Beispiele verdeutlichen, daß allein die Tatsache, daß der Ausführende eine funktional begründbare Operation ausführt, noch nicht den Schluß zuläßt, daß diese Operation auch ihre Funktion bereits erfüllt. Es bleibt stets noch zu prüfen, inwieweit für die räumlich-zeitliche *Einordnung* der Operation und für die räumlich-zeitliche *Verlaufsform* selbst noch Bedingungen gelten, die für das Erreichen bzw. Einhalten der entsprechenden Funktion von maßgeblicher Bedeutung sind.

Aufgabe des folgenden Kapitels soll deshalb sein, für die Analyse der sportlichen Bewegungen Hinweise und Anhaltspunkte bereitzustellen, inwiefern bei einzelnen Operationen notwendigerweise — über die mit der Beschreibung der Operation in der Regel immer schon vorgegebenen Raum-Zeit-Attribute hinaus — noch weitere Verlaufsmerkmale zu berücksichtigen sind.

Solche Anhaltspunkte lassen sich gewinnen, wenn man beachtet, daß eine erste Gruppe von Einschränkungen offensichtlich damit zusammenhängt, daß der *Beginn einer Funktionsphase* bzw. der Beginn einer Operation durchaus nicht immer willkürlich festgelegt werden kann. So ist zum Beispiel der Beginn gymnastischer Bewegungen zeitlich an die Musik und örtlich an die Choreographie gebunden. Aber auch Lage und Position können zu Beginn festgelegt sein: z. B. beim Trampolinspringen, wenn aus dem Stand, aus der Bauch- oder aus der gestreckten oder gewinkelten Rückenlage begonnen werden muß. Und auch der Bewegungszustand des Ausführenden kann betroffen sein, wie das Beispiel des Wasserspringens klar macht, bei dem aus dem Stand oder aus dem Anlauf heraus zu beginnen ist.

Eine zweite Gruppe von Verlaufscharakteristika bezieht sich auf das *Ende der Operation* einer Funktionsphase. Auch hier kann — wie das Beispiel des Tennisrückschlags zeigte — die zeitliche und örtliche Situation, auf die hin die Operation auszurichten ist, durch das Bewegungsverhalten des Balls sehr genau festgelegt sein. Es kann aber auch — wenn man an gelingende und mißlingende Sprünge beim Wasserspringen denkt — auf Lage und Position ankommen, in denen das Ende einer Funktionsphase erreicht werden muß.

Schließlich wird auch noch der *Verlauf der Operation* ein Schwerpunkt der folgenden Überlegungen sein. Das Beispiel der ausgleichenden Beuge-Streck-Bewegung der Beine im Skilauf machte deutlich, daß je nach Geländeform und je nach Fahrtempo der Verlauf dieser Bewegung entsprechend zu modifizieren ist. Auch hier lassen sich die Einschränkungen im Hinblick auf die Zeit-, Orts-, Positions-, Lage- und Bewegungszustandsattribute des Ausführenden aufzeigen. Die Ermittlung der funktional begründbaren Verlaufscharakteristika von Funktionsphasen-Operationen, die nachfolgend als *Fph-Operationen* abgekürzt werden, kann daher an diesen Attributen entlang durchgeführt werden.

Zum Beginn von Fph-Operationen

Wenn zunächst auf die Besonderheiten eingegangen wird, die zu Beginn einer Fph-Operation nachgewiesen werden können, so werden damit zum Teil wieder Kriterien aufgegriffen, die FARRELL, ROBB, SINGER und CRATTY bei ihren Typisierungen verwendet haben.

Zeitliche Einschränkungen: Es läßt sich zeigen, daß die Zeitstelle des Beginns einer Fph-Operation von freier Verfügbarkeit für den Ausführenden bis hin zu vollständig bestimmter Festlegung variieren kann. Der erste Fall der vollständig freien Verfügbarkeit über den Beginn liegt beispielsweise vor beim Anlauf zum Weit-, Hoch- oder Stabhochsprung, er liegt vor beim Beginn einer Übung im Gerätturnen oder Wasserspringen und auch beim Gewichtheben oder Schießen (das Schießen auf Tontauben und laufende Keiler ausgeschlossen), obgleich bei letzteren die Gesamtzeit der Operation durch Regeln formal begrenzt wird. Diese Begrenzungen sind jedoch lediglich organisatorisch bedingt[113].

Das gilt nicht mehr für den zweiten Fall, bei dem die Fph-Operation an Anfangsbedingungen gebunden ist, auf die der Ausführende keinerlei Einfluß hat. So ist beispielsweise der Zeitpunkt des Beginns bei Starts in der Leichtathletik, im Schwimmen oder Radfahren extern bestimmt, was vor allem dann sinnvoll erscheint, wenn der Ausführende zugleich mit anderen eine vorgegebene Strecke möglichst schneller als jene zu überwinden hat[114]. Extern festgelegter Beginn ist aber auch dort zu finden, wo man sich nach begleitender Musik oder nach vorgegebenen Bewegungsrhythmen bewegt. Auch hier hat der Ausführende die Folge seiner Operationen nach äußerlich vorgegebenen Bedingungen auszurichten.

Dies ist dagegen dort nicht mehr gegeben, wo der Beginn der Operation nur vom Bewegungszustand und von der Bewegbarkeitscharakteristik des Bewegers selbst festgelegt wird. Ab wann zum Beispiel bei einem Absprung aus dem Stand oder mit Anlauf das einleitende Tiefgehen abgebremst und in die eigentliche Absprungbewegung übergeführt werden soll, kann allgemeingültig nicht gesagt werden; man kann dies sehr früh tun, wenn bei genügend vorhandener Sprungkraft der (entsprechend kleinere) Beschleunigungsweg schon ausreicht, und man wird es etwas verzögern müssen, wenn länger beschleunigt werden muß[115]. Ähnliches gilt für das „Klappen" von Oberkörper und Beinen in der zweiten Flugphase bei der Hangtechnik im Weitsprung. Auch hier könnte man früh beginnen und entsprechend langsam die Klappbewegung ausführen.

Ob die Funktion dieser Fph-Operation, die man im Einnehmen einer günstigen Landeposition zu sehen hat, erreicht wird, hängt nicht so sehr

---

[113] Gewichtheber müssen beispielsweise ihren Versuch innerhalb von 3 Minuten ausgeführt haben.

[114] Bei entsprechender Meßtechnik wäre der extern bedingte Start auf Grund der Zeitoptimierung allein nicht notwendig. Im Skilaufen beispielsweise kann der Läufer infolge der inzwischen verbesserten Meßtechnik den Zeitpunkt seines Starts (innerhalb bestimmter Grenzen) selbst bestimmen, nachdem früher nur auf externes Kommando hin gestartet wurde.

[115] Unter der Zielsetzung, maximale Weite bzw. Höhe zu gewinnen, ist das zeitliche Verhältnis von Brems- und Beschleunigungsstoß bereits untersucht worden (vgl. HOCHMUTH 1967, 189 ff.). Es hat sich gezeigt, daß der Bremsstoß etwa ein Drittel so groß sein sollte wie der Beschleunigungsstoß. Bei größerem Bremsstoß verbraucht der Ausführende zuviel von jener Energie, die er für den Beschleunigungsstoß verwenden muß. Ob dieses Verhältnis auch auf Operationen bei anderen Aufgabenstellungen übertragen werden kann, ist bislang noch nicht bekannt. Die Resultate von HOCHMUTH sind nicht unangefochten (vgl. BALLREICH 1970, 104).

vom Beginn der Bewegung als vielmehr von ihrer Koordinierung mit dem Auftreffen des Springenden in der Sprunggrube ab. Der Beginn kann daher nur im Zusammenhang mit diesen beiden Situationen beurteilt werden.

Vergleichbare Zusammenhänge gelten in den Fällen, in denen der Beginn der Fph-Operation von Bewegungsverhalten und Bewegbarkeitscharakteristik des Movendum sowie von der Operationsdauer des Bewegers abhängig ist. Wenn der Gewichtheber die Hantel „umsetzen" muß, wenn er also vom Hochziehen der Hantel zum Hochdrücken wechselt, wenn der Torwart nach dem Ball springen muß oder wenn der Angreifer im Volleyball den gestellten Ball schmettern soll, so muß der Beginn der jeweiligen Operation nach Bewegungsverhalten und Bewegbarkeitsattributen des Movendum, aber auch nach der Dauer der Fph-Operation des Ausführenden ausgerichtet werden. Ist ein Gewichtheber in der Lage, schnell umzusetzen, so kann er mit dieser Operation relativ spät beginnen, und wenn ein Volleyballspieler ohne Anlauf und ohne einleitendes Tiefgehen aus dem Stand bis über Netzhöhe springen kann, so kann er mit dem Beginn des Schmetterschlags länger warten als derjenige, der nur mit entsprechenden Sprungvorbereitungen diese Höhe erreicht. Insofern ist der Beginn hier nicht für alle Ausführenden übereinstimmend festlegbar. Als Bezugsgrundlage für die richtige Funktionserfüllung ist daher wieder zu beachten, daß sich die Bewegung des Movendum und die des Ausführenden an der richtigen Stelle treffen.

Waren bislang für die Einschränkungen des zeitlichen Beginns der Fph-Operationen stets noch die verschiedenen Rahmenbedingungen verantwortlich, so ist bei den folgenden Beispielen zu erkennen, daß jene auch gelegentlich allein oder zumindest vorrangig aus der Bewegungssituation des Ausführenden heraus erklärt werden müssen. Das Anhocken der Beine bei einer Saltodrehung ist nur aus der Bewegungssituation des Ausführenden erklärbar. Frühes Anhocken beispielsweise ist dann sinnvoll, wenn aus dem Absprung nur wenig Sprunghöhe und wenig Drehenergie mitgenommen wurde. Entsprechendes gilt für das Wieder-Öffnen der gehockten Haltung. Auch hier muß der Zeitpunkt (wie auch die Verlaufsgeschwindigkeit) des Öffnens aus der jeweils konkreten Bewegungssituation des Ausführenden abgeleitet werden.

Örtliche Einschränkungen: In ähnlicher Weise wie die zeitlichen lassen sich auch die örtlichen Einschränkungen zu Beginn einer Fph-Operation strukturieren. Dabei ist gleichfalls erkennbar, daß der Aktionsort zum Teil völlig frei gewählt werden, daß er aber auch durch verschiedene Bedingungen festgelegt sein kann.

Frei verfügbare örtliche Anfangsbedingungen liegen beispielsweise vor, wenn — wie bei Einzelübungen im Bodenturnen — die Operation in einer homogenen Umgebung stattfindet und nicht auf Instrument-, Umgebungs- oder Partnerunterstützung angewiesen ist.

Demgegenüber können instrumentell-unterstützte Bewegungen auf das Einhalten oder Erreichen bestimmter Ortsbedingungen angewiesen sein. Das Drehen der Ski läßt sich leichter beginnen, wenn eine Geländekante ausgenutzt wird; das Springen auf dem Sprungbrett oder Trampolin ist dann am wirkungsvollsten, wenn es von der Stelle aus begonnen wird, an der die Geräthilfe am größten ist, und auch das Springen mit dem Stab ist günstiger, wenn der Stab dort eingesetzt wird, wo er entsprechenden Halt findet. Dasselbe ist natürlich auch dort der Fall, wo — wie beim Skispringen, beim Wellenreiten oder beim Bobfahren — die spezifische Umgebungsbedingung für die Erzeugung der Bewegung von wesentlicher Bedeutung ist. In allen diesen Fällen zwingen die Umgebungsbedingungen den Ausführenden, die Fph-Operationen an ganz bestimmten Ortsstellen zu beginnen.

In einem weiteren Fall muß allein aus der Bewegungssituation des Ausführenden auf Einschränkungen über die örtlichen Anfangsbedingungen geschlossen werden. So ist der Ausführende beispielsweise beim Hochsprung im Unterschied zum Weitsprung durch keine Vorschriften an das Einhalten eines genauen Absprungorts gebunden. Dennoch schränken Anlauftempo, Sprungvermögen und die zur Lattenüberquerung gewählte Technik diese Stelle relativ eng ein. Dasselbe gilt auch für den Ort, an dem die Beine zur Schwungverstärkung beim Schwingen an den Ringen mit dem Boden Kontakt aufnehmen sollen, und es gilt auch für die Stelle, von der aus etwa der Anfänger den Aufschwung am Reck oder der Könner das Auffelgen ins Handstehen am Barren am besten erreichen können. In allen diesen Fällen sind die örtlichen Einschränkungen nicht willkürlich von außen bzw. durch die verschiedenen Rahmenbedingungen festgesetzt, sondern durch die Bewegungssituation, aber auch durch die Bewegungsfähigkeit und durch das Bewegungskönnen des Ausführenden bestimmt[116].

---

[116] Dies läßt sich sehr deutlich an den genannten Beispielen des Aufschwingens am Reck beim Anfänger und des Aufschwingens bzw. des Auffelgens beim Könner beschreiben. Dem Anfänger ist zu empfehlen, *senkrecht unter* (oder gar hinter, aber auf keinen Fall vor) der Reckstange das Standbein aufzusetzen. Der Könner sollte dagegen *vor* der Reckstange stehen. Durch diese örtlich bestimmte Ausgangssituation erhält der Könner bereits mit dem Abheben des Standbeins einen Pendel-Vorschwung, der für das nachfolgende Auffelgen genutzt werden kann. Derselbe Pendelschwung — und insofern auch dieselbe Ausgangssituation — wäre für den Anfänger im Prinzip zwar ebenfalls von

Örtliche Bedingungen zu Beginn einer Fph-Operation werden ferner noch durch das Bewegungsverhalten und durch die Bewegbarkeitscharakteristik des Movendum gestellt. Darauf ist bei der Diskussion der Einflüsse der Rahmenbedingungen auf den Rückschlag im Tennisspiel schon hingewiesen worden. Es wurde festgestellt, daß das aktuelle Bewegungsverhalten des Balls ein entsprechendes „Laufen zum Ball" erfordern kann. Und es wurde gleichfalls angesprochen, daß damit verbundene Anforderungen an den Lernenden reduziert werden können, wenn einerseits das aktuelle Bewegungsverhalten durch geeignetes Zuspiel, andererseits aber auch das überdauernde Bewegungsverhalten durch entsprechende Movendum-Modifizierung verändert wird.

Schließlich sind noch besondere Gegebenheiten zu erwähnen, die vor allem bei den partner-unterstützten und gegnerbehinderten Bewegungen anzutreffen sind. Dort kann bei einer Reihe von Operationen die zu erfüllende Funktion des erfolgreichen Treffens nur dann erreicht werden, wenn zu Beginn die Gegner durch die Mitspieler auf bestimmte Stellen des Spielfelds gedrängt werden.

Positionelle und energetische Einschränkungen: Die unterschiedlichen positionellen und energetischen Ausgangssituationen einer Fph-Operation — sie sind eingangs mit den Hinweisen auf die unterschiedlichen Absprünge auf dem Trampolin verdeutlicht worden — können verschiedene Ursachen haben.

Eine erste Ursache können wieder Regel- und/oder Zielbedingungen sein. Durch sie kann festgelegt werden, in welcher Weise der Ausführende eine Fph-Operation zu beginnen hat. Man hat im Ringen in regelbestimmten Situationen aus der „Bankstellung" heraus, im Judo mit bestimmten Griffpositionen, im Kugelstoßen mit der Kugel in Halsnähe, beim Gerätturnen in bestimmten Griffarten und bei der Gymnastik mit bestimmten Fuß- oder Körperpositionen zu beginnen. In allen diesen Fällen würde die Veränderung der genannten Ausgangssituation eine Veränderung der Regeln bzw. der Ziele bedeuten. Das wird im Gerätturnen und im Wasserspringen besonders deutlich, weil dort die Veränderung der Ausgangssituation auch zur Variation des Schwierigkeitsgrads verwendet wird: Aus dem Umschwung vorlings am Reck wird ein Umschwung rücklings, aus dem Kippaufschwung ristgriffs wird ein Kippaufschwung im Kamm- oder Zwiegriff und aus dem Salto vorwärts vom 3-m-Brett wird ein aus dem Stand rücklings nach

---

Vorteil, vorausgesetzt, er kann ihn vor Beginn des Rückschwungs nutzen. Da dies aber beim Anfänger (infolge der kurzen Zeit und der noch nicht koordinierten Schrittfolge der zu leistenden Operationen) nicht möglich ist, entstehen mit einsetzendem Rückschwung Kräfte, die ihn beim Versuch, an der Reckstange höher zu kommen, wieder herunterziehen.

hinten zu springender, aber in Vorwärtsrichtung zu drehender „Delphin-Salto".

Demgegenüber gibt es Operationen, die aus bestimmten Positionen oder aus bestimmten Lagen heraus begonnen werden, ohne daß Bewegungsziele oder Regeln Entsprechendes vorschreiben. Die Einschränkungen sind hier nur begründbar mit der Verbesserung der Ausgangsbedingungen für nachfolgende Operationen, also mit ablaufimmanenten Bedingungen: Die talseitig ausgewinkelte und bergseitig eingekantete Stemmstellung in möglichst gebeugter Beinposition im Skilauf beispielsweise verbessert den zur nachfolgenden Abstoßbewegung notwendigen Bodenwiderstand; die möglichst stark gebeugte Körperposition zu Beginn der Sohl-Umschwünge am Reck oder Stufenbarren vergrößert den zur Umschwungdrehung benötigten Abstand des Körperschwerpunkts und gibt damit die Voraussetzung für eine schnellere Drehung, und die auf Fußstellung, Kniewinkel- und Oberkörperhaltung eingehenden Vorschriften bei den verschiedenen Tennisschlagarten sind gleichfalls nur im Hinblick auf eine günstige Ausgangsposition für die entsprechende Schlagbewegung zu sehen bzw. zu begründen.

Solche positionellen oder energetischen Bedingungen zu Beginn einer Operation sind vielfach nur erreichbar, wenn zusätzlich besondere Operationen vorausgeschickt werden. Ihre Funktion kann nur im Erreichen dieser Bedingungen gesehen werden. Auf sie wird daher (im fünften Teil) noch einzugehen sein, wenn die Beziehungen zwischen den Funktionsphasen untersucht werden.

Zum Verlauf von Fph-Operationen

Am Beispiel der Beinbewegungen des Beugens und Streckens, mit denen im Skilaufen Geländeunebenheiten ausgeglichen werden sollen, ist aufgezeigt worden, daß die Angabe der Operation allein nicht genügt, um zu beschreiben, was zur Funktionserfüllung vom Ausführenden zu beachten ist. Die Analyse weiterer, auf den Verlauf gerichteter Merkmale ist unumgänglich.

Im letzten Abschnitt ist auf solche zusätzlich notwendige Charakteristika hinsichtlich des Beginns einer Fph-Operation verwiesen worden. Für das Beispiel des Ausgleichens würden sich hier vor allem hinsichtlich der Lage und der Position des Skiläufers Einschränkungen ergeben. So muß der Ausführende je nach Geländeart und je nach Schneebeschaffenheit vor der Ausgleichsbewegung in möglichst gestreckter bzw. in mittlerer oder aber in tiefer Hockhaltung und entweder in Rück-, oder in Mittel- oder gar in Vorlage sein[117]. Im weiteren Verlauf der Beinbewegung ist dann zu beachten,

---

[117] Vgl. Deutscher Verband für das Skilehrwesen: Skilehrplan 1 — Grundschule (1971, 23—25).

daß durch das Geländeprofil (Kante, Knick, Mulde, u. a.) und durch den Bewegungszustand des Fahrenden Bedingungen gegeben sind, die abgrenzen, wie schnell und bis zu welchen Winkelstellungen in den einzelnen Gelenken das Beugen und Strecken auszuführen ist.

Es ist nachfolgend zu klären, inwieweit allgemeine Hinweise gegeben werden können, die bei der Erfassung der Verlaufsbeschränkungen einer Fph-Operation verwendbar sind. Hierbei zeigt sich, daß die verschiedenen Rahmenbedingungen, aber auch der Bewegungszustand des Ausführenden in Betracht gezogen werden müssen, wenn der Operationsspielraum, der ihm für die Verlaufsgestaltung zur Verfügung steht, zu beurteilen ist. Die Darstellung wird dabei wieder nach zeitlichen, örtlichen, positionellen, lagebedingten und energetischen Einschränkungen strukturiert werden.

Zeitliche Einschränkungen: Geht man von Operationen aus, die — wie der Unterwasserzug im Rudern oder im Schwimmen, wie der Haken im Boxen oder wie das Laufen auf Zeit — das Ziel haben, möglichst schnell eine bestimmte Strecke zu überwinden, so scheinen die zeitlichen Verlaufsbedingungen klar zu sein: Die Operationen sind stets unter schnellstmöglicher Zeit bzw. mit *maximaler Geschwindigkeit* durchzuführen. Da nun zum einen die maximale Geschwindigkeit nur selten am Anfang der zu überwindenden Distanz schon erreicht ist[118] und da sie zum andern auch nicht immer über die gesamte Dauer der Operation gehalten werden kann, kommt es auch hier zu Variationen der zeitlichen Verlaufsgestaltung.

Wenn man die von BALLREICH (1969) für den 100-m-Lauf eingeführte Unterteilung in einen Reaktionsabschnitt, einen Abschnitt positiver Beschleunigung, einen Abschnitt gleichförmiger Geschwindigkeit und einen Abschnitt negativer Beschleunigung aufgreift, so kann die Variationsbreite zeitlicher Verlaufsgestaltung bei zeitoptimalen Bewegungen durch die Dauer und Anordnung dieser Abschnitte beschrieben werden. Beispielsweise sollte der sehr gute 100-m-Sprinter die Abschnitte so einteilen, daß er bis 36,5 m beschleunigt, daß er bis 70,0 m die gleichförmige Geschwindigkeit halten kann und daß er erst danach das erreichte Tempo reduzieren darf (vgl. BALLREICH 1969, 89). In diesem Fall geht die Aussgae auf *statistische* Ermittlungen zurück[119]. Demgegenüber sind die Aussagen von HOCHMUTH (1967, 132), im Schwimmen oder Rudern den Abschnitt der gleichförmigen Geschwindigkeit möglichst lange (gegebenenfalls auch auf Kosten eines

---

[118] Sogenannte „fliegende Starts", bei denen zu Beginn bereits maximale Geschwindigkeit vorliegt, sind in der Regel nur bei Rekordversuchen, nicht aber beim sportlichen Vergleich üblich — Pferderennen ausgenommen.
[119] Auf vergleichbarer statistischer Basis haben auch KUHLOW (1973), LETZELTER (1975), GROSSER (1976) verlaufsbestimmende Merkmale von zeitoptimalen Bewegungen untersucht.

geringeren Maximum) auszudehnen und so Geschwindigkeitsschwankungen zu vermeiden, auf *theoriegeleitete* Überlegungen zurückzuführen: Auf Grund hydrodynamischer Gesetzmäßigkeiten, wonach der Wasserwiderstand im Verhältnis zur Bewegungsgeschwindigkeit im Quadrat ansteigt, läßt sich ableiten, daß die gleiche 100-m-Zeit stets mehr Energie verlangt, wenn sie nicht gleichförmig, sondern mit Geschwindigkeitsschwankungen geschwommen wird. Bislang noch einmalig ist der Versuch von HATZE, zeitoptimale Bewegungen in ihrem gesamten, also nicht nur in ihrem räumlichen oder zeitlichen Verlauf durch Modellbildung zu berechnen. Wenn die aus diesem Ansatz abgeleitete Fundamentalhypothese der Bewegungslehre richtig ist (vgl. 53), dann gibt es allerdings für alle auf Zeitoptimierung ausgerichteten Bewegungen keine Variationsmöglichkeiten mehr.

Von solchen zeitoptimalen Fph-Operationen sind diejenigen abzugrenzen, bei denen die zeitliche Verlaufsform so gestaltet sein muß, daß das *Maximum der Geschwindigkeit* der Operation erst *am Ende* erreicht werden soll. Dies trifft vor allem bei den distanzoptimierenden Bewegungen wie etwa dem Weitspringen oder Kugelstoßen zu: Mit dem Ende der Absprungbzw. Abstoßoperation wird das Movendum sich selbst überlassen, es kann vom Beweger nicht mehr weiter beschleunigt werden, die maximale Geschwindigkeit muß also gerade zu diesem Zeitpunkt erreicht sein. Bewegungen dieser Art sind aber auch die Streckbewegungen bei den Kippen aus der Ruhelage.

Zur Verlaufsgestaltung der jeweiligen Operationen sind für diese Fälle von HOCHMUTH (1967) drei biomechanische Prinzipien entwickelt worden. Das erste Prinzip besagt, daß das Ziel einer hohen Endgeschwindigkeit bei einer (von Menschen ausgeführten) Bewegung nur dann erreicht werden kann, wenn die Ausgangssituation zu Beginn dieser Bewegung entsprechend gestaltet wird: Eine entgegengesetzt gerichtete Bewegung ist abzubremsen und flüssig in die eigentliche Bewegung überzuführen, so daß für die Ausgangssituation bereits eine positive Kraft für die Beschleunigung vorhanden ist. Es wird daher vom Prinzip der *Anfangskraft* gesprochen. Das zweite Prinzip, das des *optimalen Beschleunigungswegs,* geht auf die räumlichen Bedingungen ein, die bei der Operation zu beachten sind. Es beschreibt, daß zum Erreichen einer hohen Endgeschwindigkeit auch ein optimal langer Beschleunigungsweg notwendig ist. Das dritte Prinzip, das als Prinzip der *Koordination der Teilimpulse* bezeichnet wird, schreibt vor, daß die verschiedenen an der Bewegung des Movendum beteiligten Körperteile des Ausführenden zum gleichen Zeitpunkt ihre maximale Geschwindigkeit erreichen und daß zu diesem Zeitpunkt die Schwerpunkte dieser Körperteile sich möglichst in die gleiche Richtung bewegen sollen (vgl. HOCHMUTH 1967, 187—202)[120].

Der Hinweis auf die Bewegungsrichtung der einzelnen Körperteile ist nicht unbedeutend. In einigen Fällen — wie etwa bei dem rückwärts-aufwärts gerichteten Kippstoß, der aus der Nackenkipplage ins Handstehen führen soll, oder auch beim Absprung zu einer Saltodrehung — muß sogar der Richtung der Bewegung gegenüber ihrem Geschwindigkeitsbetrag im Hinblick auf das zu erreichende Ziel eine Priorität eingeräumt werden. Dies ist insofern erforderlich, als bereits geringe Abweichungen in der Bewegungsrichtung größere Folgen nach sich ziehen als entsprechend geringe Abweichungen in der Bewegungsgeschwindigkeit. Letzteres kann dazu führen, daß man dem räumlichen Verlauf der Operation in diesem Fall mehr Bedeutung zumessen muß als dem zeitlichen.

Für einen dritten Typ von Fph-Operationen ist hinsichtlich des zeitlichen Verlaufs charakteristisch, daß bei ihm *die Operation* weder optimal schnell ausgeführt noch mit Höchstgeschwindigkeit beendet, sondern mit möglichst großer Genauigkeit *in ein vorgegebenes Zeitintervall* eingeordnet werden muß. Dabei lassen sich wieder solche Operationen herausgreifen, bei denen dieses Zeitintervall durch gewisse Rahmenbedingungen bestimmt wird. Das Überspringen eines geschwungenen Seils ist, wenn der Ausführende nicht selbst das Seil schwingt, ebenso in ein vorgegebenes Intervall einzuordnen wie gymnastische Bewegungen, wenn sie nach Musik ausgeführt werden, oder wie das Kurzschwingen auf Ski, wenn in einem Gruppenrhythmus gefahren wird. Die verschiedenen Bedingungen begrenzen zwar das zur Verfügung stehende Intervall; in allen Fällen ist es jedoch möglich, diese Beschränkung gegebenenfalls auch „von außen" zu ändern.

Eine solche Änderung ist lediglich dort nicht mehr möglich, wo das zur Verfügung stehende Zeitintervall durch den Ausführenden selbst vorgegeben wird: Im Weitsprung hat man während der Flugphase eine geeignete Landeposition vorzubereiten, beim Trampolin- oder Wasserspringen muß man vor der Landung bzw. vor dem Eintauchen mit der entsprechenden Bewegung fertig sein, bei der Pirouette bzw. bei jedem freien Griffwechsel am Reck oder Stufenbarren hat man rechtzeitig den Griff wieder zu finden und bei den Richtungsänderungen im Skilauf sollte vor Wiedereinsetzen der Belastung die Drehung der Ski schon eingeleitet sein. Typisch für alle diese Fälle ist, daß die Länge des zu beachtenden Zeitintervalls durch die

---

[120] HOCHMUTHs Prinzipien sind zum Teil heftig kritisiert (vgl. GUTEWORT 1967), gelegentlich auch vollständig in Frage gestellt (vgl. HATZE 1976 b) und schon mehrfach modifiziert worden. Die Kritik hat dabei zum Teil (vgl. HATZE 1976 b) die zugrundegelegten Voraussetzungen nicht hinreichend genau beachtet.

vorausgegangenen Bewegungen des Ausführenden selbst bestimmt ist und daß daher Veränderungen auch nur durch ihn selbst möglich sind[121].

Räumliche Einschränkungen: Bei der Analyse des räumlichen Verlaufs einer Fph-Operation ist ebenso wieder zunächst davon auszugehen, daß Verlaufsbesonderheiten einer Fph-Operation durch die Zielsetzung selbst oder durch Regelbedingungen vorgeschrieben sein können. Dabei ist es möglich, daß der gesamte Raumweg aller Teile des Bewegers bestimmt ist. Man denke hier an die Pflichtübungen im Eiskunstlauf oder auch im Kunstturnen bzw. im Synchronschwimmen. Dies ist jedoch schon dort nicht mehr der Fall, wo, wie beispielsweise beim Tiefschneefahren oder auch bei der Gymnastik mit Bändern oder beim Modellfliegen, die Beachtung von Besonderheiten des Raumwegs sich nur auf bestimmte Teile des Bewegersystems erstreckt: Im Skilauf ist zum Beispiel der Raumweg der Ski zu beachten, da er sich als Skispur im Tiefschnee besonders gut erkennen läßt, und im Modellfliegen betrifft es die Raumbahn des Flugzeugs und nicht etwa die der Steuerknüpel, mit denen der Ausführende das Flugzeug vom Boden aus steuert. Allen Beispielen ist aber gemeinsam, daß eine Veränderung dieser räumlichen Besonderheiten stets auch eine Veränderung der verlaufsorientierten Bewegungsziele ist.

Im Unterschied hierzu ist der Fall zu sehen, bei dem eine Operation in ihren räumlichen Verlaufsmodalitäten wie etwa beim S-förmigen Unterwasserzug im Kraulschwimmen (vgl. COUNSILMAN 1968, 52) oder beim S-Schwung im Skilauf (vgl. JOUBERT 1971, 138 ff.) nur deshalb vorgeschrieben wird, weil man das Einhalten dieser Raumbahnen für die bessere bzw. beste Aufgabenlösung ansieht. Wie der jeweilige Raumweg als bessere bzw. beste Aufgabenlösung begründet wird, mag für die momentanen Überlegungen nicht entscheidend sein. Wichtig dagegen ist, daß der Verweis auf die Raumbahn in diesen Fällen als ein relativ einfaches bzw. ökonomisches Beschreibungsmittel einer Fph-Alternative zu sehen ist. Beachtet man dies, so läßt sich sagen, daß eine Diskussion über die Bewegungsspielräume hinsichtlich der Einhaltung dieser Raumbahnen gleichbedeutend ist mit der Diskussion über die Spielräume, die für die Operationen einer Funktionsphase gelten: Solange verschiedene Operationen in ihrer Funktion als gleichwertig im Hinblick auf das zu erreichende Bewegungsziel gesehen

---

[121] Daß dieses Zeitintervall in gewissen Fällen doch noch von außen verändert werden kann, liegt zum einen daran, daß bei vielen der entsprechenden Bewegungen *Geräthilfen* verwendet werden und daher durch Veränderung der Geräte auch Intervalländerungen möglich sind. Es liegt zum andern auch daran, daß man in manchen Fällen auch noch direkt von außen den Bewegungszustand des Ausführenden durch manuelle Hilfe von Lehrer oder Mitschüler beeinflussen kann.

werden können, sind sie auch als Alternativen möglich. Wenn also beispielsweise das Bewegungsziel nicht im Erreichen der besseren Aufgabenlösung gesehen wird, wenn es nur darum geht, die Aufgabe überhaupt zu lösen, dann ist das Einhalten der spezifischen Raumbahnen aus funktionaler Perspektive nicht erforderlich.

Notwendig dagegen ist das Einhalten bestimmter Raumwege bzw. bestimmter Raumstellen bei jenen Fph-Operationen, bei denen auf ein in Bewegung befindliches Movendum einzugehen ist: Wenn der Tennisspieler einen ankommenden Ball zurückschlagen, der Torwart einen Torerfolg verhindern, der Stürmer eine Vorlage verwandeln oder der Schüler einen Treffer im Völkerball verhindern will, so müssen sie ihre Operationen im räumlichen (wie auch im zeitlichen) Verlauf auf die Bewegung des Balls einstellen.

Das Einstellen auf die Bewegung des Movendum bedeutet dabei allerdings in den meisten Fällen nicht, daß lediglich ein einziger Weg zur Verfügung steht. In den beschriebenen Fällen kommt es beispielsweise nur darauf an, das Movendum an einer bestimmten Raumstelle zu einem bestimmten Zeitpunkt zu treffen bzw. einen solchen Treffer zu vermeiden. Über die Möglichkeiten, an diese Raumstelle zu gelangen, ist damit noch nichts ausgesagt.

Ähnliche Einschränkungen durch vorgegebene Bedingungen liegen dort vor, wo mit einer Fph-Operation die entsprechende Funktion nur dann erreicht werden kann, wenn Umgebungsbedingungen berücksichtigt bzw. genutzt werden. So erfüllen die Ausgleichbewegungen beim Skilaufen in der Buckelpiste nur dann ihre Funktion, wenn sie den Umgebungsbedingungen angepaßt werden. Und auch beim Springen über Schanzen oder Geländekanten kann mit einer Beuge-Streck-Bewegung der Beine die erwünschte Funktionsunterstützung nur dann erreicht werden, wenn das vorgegebene Gelände berücksichtigt wird. Bewegungsspielräume ergeben sich daher in beiden Fällen erst aus der Modifikation der Umgebungsbedingungen.

Positionelle, lagebedingte und energetische Einschränkungen: Verlaufsrelevante Einschränkungen bezüglich Lage, Position und Bewegungszustand des Ausführenden sind während einer Fph-Operation dort am einfachsten zu erkennen, wo sie bereits in den Regelbedingungen enthalten sind. Im Schwimmen ist es (heute) selbstverständlich, daß man nur jene Schwimmarten unterrichtet, die im organisierten Schwimmsport durch Regeln fixiert sind[122]. Im Turnen ist es — ebenso wie im Trampolin- oder Wasserspringen — üblich, daß die Haltung während der verschiedenen Operationen in die Bewegungsziele bereits miteinbezogen wird, und auch im Schul-Skilauf, d. h.

---

[122] Eine Ausnahme ist die Arbeit von VOLCK (1977). Dort wird explizit auf Varianten und Kombinationen der bekannten Schwimmtechniken eingegangen (VOLCK 1977, 95/96).

in jenem Skilauf, der durch die verschiedenen nationalen Skilehrpläne repräsentiert wird, beharrt man auf Vorstellungen, in welcher Position und Lage der gute Skiläufer zu fahren hat[123].

Die unter funktionalem Bewegungsverständnis wesentliche Frage, welche Bewegungsspielräume solche Positions- und Lageattribute noch zulassen und welche für den Anfänger mit möglicherweise anderen Zielsetzungen gegebenenfalls unberücksichtigt bleiben können, ist allgemeinverbindlich nicht zu beantworten: Für einen Teil der Verlaufsbeschränkungen gilt, daß sie als durchaus sinnvoll angesehen werden können, also funktional im Hinblick auf das mit der entsprechenden Operation zu erreichende Teilziel sind. Eine Längsachsendrehung im Turnen ist, weil bei einer Drehung die enge Massenlagerung um die Drehachse sich auf die Drehgeschwindigkeit begünstigend auswirkt, leichter erreichbar, wenn dabei die Beine gestreckt und eng geschlossen bleiben, wenn dabei also eine im turnerischen Sinne gute Haltung eingehalten wird. In diesem Fall ist daher die Haltungsvorschrift durchaus als „sinnvoll" anzusehen. In anderen Fällen wiederum, etwa bei den Umschwüngen, sind dieselben Haltungsvorschriften nur im Hinblick auf ästhetische Normen sinnvoll. Ähnliches gilt auch für Lage- und Positionsvorschriften im alpinen Skilauf. Die einmal in eine bestimmte Drehrichtung versetzten Ski benötigen weniger mechanische Energie bei der Umkehrung dieser Drehrichtung, wenn zusätzlich zum drehenden Ski nicht auch noch der gesamte Körper des Ausführenden mitgedreht wird. Wenn daher das „Rotieren"[124] des Körpers als Fehler und eine entsprechend ruhige Oberkörperposition demgegenüber als richtig angegeben werden, so kann diese Positionsvorschrift gleichfalls begründet als sinnvoll angesehen werden. Verallgemeinert man diese Vorschrift aber und überträgt sie auch auf Situationen, in denen der Fahrer genügend Zeit und Energie aufbringen kann, den mitdrehenden Körper abzustoppen und in die neue Drehrichtung zu bringen, so kann sie ihren Sinn wieder verlieren.

Diese Beispiele zeigen, daß Lage- und Positionsvorschriften, die durch Lehrmeinungen oder durch sportartspezifische Norm-Vorstellungen geprägt sind, weder generell als sinnlos abzulehnen, noch stets als richtig anzusehen sind. Ihre Überprüfung ist von Fall zu Fall notwendig, wobei die umfassende Analyse der Bewegungsziele und der Rahmenbedingungen unerläßliche Voraussetzung ist.

Zu gleichen Ergebnissen gelangt man hinsichtlich der Einschränkungen, die auf Grund der durch andere Funktionsphasen entstehenden Effekte

---

[123] Vgl. S. 23 Anmerkung 15.
[124] Unter Rotieren versteht man im Skilauf eine „Drehbewegung der Hüfte und des Oberkörpers im Sinne der folgenden Richtungsänderung" (TSCHERNE 1975, Ski-Term d/4).

notwendig oder möglich sind. Als Beispiel ist die bei erfolgreichem Skidrehen und Skikanten einsetzende Wirkung genannt worden, die zum Kompensieren der Fliehkraft zwingt (vgl. 126). Mechanische Gesetzmäßigkeiten verweisen darauf, daß es sinnvoll ist, eine bestimmte Lage einzunehmen. Derselbe Zusammenhang gilt für die Position des Ausführenden, wenn er etwa bei Saltodrehungen temporegulierend eingreifen will. Demgegenüber läßt sich die Position bzw. der Bewegungszustand, die bzw. den ein Spieler in einem Mannschaftsspiel einnehmen soll, nicht über mechanische Gesetze ableiten. Dennoch ist sie bzw. er nicht beliebig. Die Einschränkungen, die hier zu finden sind, werden über taktische Konzepte begründet, deren Gültigkeitsbereich sich mit dem mechanischer nicht vergleichen läßt, deren Bedeutung im Hinblick auf die Zielerreichung jedoch nicht zu übersehen ist.

Auch wenn damit recht unterschiedliche Beispiele angesprochen wurden, eines haben sie gemeinsam: Die Einschränkungen über Lage, Position oder Bewegungszustand des Ausführenden während einer Fph-Operation werden — im Unterschied zu den eingangs beschriebenen Einschränkungen — nicht direkt durch Ziel- oder Regelbedingungen vorgeschrieben, sondern über problemadäquate bewegungstheoretische Konzepte bestimmbar.

Zum Ende einer Fph-Operation

Geht man von formalen Überlegungen aus, so ist mit der Beschreibung der Ausgangssituation, in der eine Fph-Operation beginnen soll, und mit der Festlegung der zeitlichen, räumlichen, positionellen, lagespezifischen und energetischen Bedingungen, unter denen die Operation verlaufen soll, auch bereits ihre Endsituation umrissen. Dieser Zusammenhang liegt beispielsweise der Kinetographie LABAN insofern zugrunde, als in ihr nur die Ausgangssituationen und die zeitlichen und räumlichen Verlaufsmodalitäten der einzelnen Operationen, nicht aber Zwischen- oder Endsituationen beschrieben werden. Die gesonderte Beschreibung einer Endsituation ist nicht mehr wichtig, da zu jedem Zeitpunkt die gerade erreichte Bewegungssituation aus den bis dahin geleisteten Beschreibungen ersichtlich sein muß.

Wenn nachfolgend nun dennoch verschiedene, das Ende von Fph-Operationen betreffende Einschränkungen besprochen werden, so ist das zum einen darin begründet, daß Ausgangssituation und Verlauf jener Operationen, die nicht einer Verlaufsorientierung unterliegen, nie so exakt umrissen werden, daß sich daraus die Endsituation notwendigerweise ergeben würde. Es liegt zum andern aber auch daran, daß die einzelnen Operationen auf so unterschiedliche Endsituationen hin ausgerichtet sein können, daß eine gesonderte Aufarbeitung dieser Unterschiede angebracht erscheint.

Im einfachsten Fall verläuft die Operation entsprechend dem vorgegebenen Bewegungsziel bis zu einer bestimmten Raum- oder Zeitstelle. Mit dem Erreichen dieser Stelle ist auch das Bewegungsziel erreicht. Ob und gegebenenfalls welche Operationen sich danach noch anschließen oder angeschlossen werden müssen, ist für den Verlauf der Bewegung (und daher auch für deren Analyse) solange unbedeutend, als dies keine Konsequenzen für die vorausgehende Operation hat. Man läuft beispielsweise bei allen Laufstrecken bis zur entsprechenden Ziellinie, oder man schwimmt bis zum Anschlag am Beckenrand, ohne daß durch die zu erreichende Endsituation Einschränkungen bezüglich des dorthin führenden Operationsverlaufs zu beachten sind.

Betrachtet man diese Vorgänge jedoch differenzierter, so erkennt man Situationen, in denen dies nicht mehr richtig ist. Beim Abfahrtslauf im alpinen Skisport oder beim 100-m-Lauf in der Leichtathletik kommt es im Hochleistungssport auf Unterschiede an, die nur über Hundertstel-Sekunden gemessen werden können. Daher werden Überlegungen angestellt, wie die eigentlichen, zum Ziel führenden Operationen noch mit zusätzlichen Operationen überlagert werden können, die im Augenblick des Erreichens der Endsituation Vorteile erbringen. So unterscheidet FETZ im Skilauf verschiedene „Zieleinfahrtechniken", die als motorische Lösungsverfahren zur möglichst frühzeitigen Unterbrechung der Lichtschranke im Zieltor beschrieben werden (FETZ 1977, 68). Vergleichbare Überlegungen stellt BALLREICH (1970) bei den Landetechniken im Weitsprung an. Auch hier geht es darum, die eigentliche, zum Ziel führende Operation des Springens bzw. Fliegens kurz vor dem Erreichen der Lande-Situation durch eine (zusätzliche) Operation so zu überlagern, daß noch einige Zentimeter gewonnen werden können.

Das Beispiel des Weitsprungs weist aber schon Merkmale auf, die für eine andere Gruppe von Fph-Operationen charakteristisch sind. Wenn wie beim Kugelstoßen ein „Nicht-Übertreten-Dürfen" oder wie bei den Abgängen am Reck und bei den Landungen im Skispringen ein „In-den-sicheren-Stand-Kommen" oder wie beim Wasserspringen ein „Spritzerloses-Eintauchen" in den Ziel- bzw. Regelbedingungen enthalten ist, so müssen, ähnlich dem Weitspringen, zusätzliche Operationen bereits zu einem Zeitpunkt eingeleitet werden, an dem das Ende der gerade ablaufenden Operation noch gar nicht erreicht ist. Beim gehockten Salto ist beispielsweise die zur Zielsetzung gehörende gehockte Haltung bereits vor Erreichen des gleichfalls in der Zielsetzung festgelegten Drehwinkels wieder aufzulösen, beim Skilaufen ist das zur Richtungsänderung benötigte In-Drehung-Versetzen der Ski bereits vor Erreichen der gewünschten Richtung wieder einzustellen und beim Skispringen ist die zum Erreichen einer großen Weite notwendige Flughaltung bereits vorzeitig, nämlich vor der Bodenberührung wieder aufzugeben. In allen diesen Beispielen kann dies dazu führen, daß bei schlechter Einordnung der zusätzlich notwendig werdenden Operationen die gewünschte Endsituation nicht erreicht wird, obgleich die zu ihr führende Operation richtig realisiert wurde.

Noch differenzierter wird es bei den Einschränkungen, die sich ergeben, wenn verschiedene Fph-Operationen unmittelbar aneinandergereiht werden müssen. In diesem Fall ist die Endsituation der einen Phase zugleich als Ausgangssituation der nachfolgenden Phase zu sehen: Alle einschränkenden Bedingungen, die für den Beginn einer Fph-Operation gelten können, sind nun zugleich mit den Bedingungen zu berücksichtigen, die für das Erreichen der Endsituation zu beachten sind. Wenn also beispielsweise die Saltodrehung im Trampolinspringen nicht nur zum Stand, sondern zum sofortigen Weiterspringen führen soll, so ist nicht nur zu berücksichtigen, daß die Rotation im Flug zum richtigen Zeitpunkt durch entsprechende Landevorbereitungen beendet wird. Es ist zugleich auch zu beachten, daß die voraussichtliche Landeposition den Bedingungen der nachfolgenden Operationen entsprechen muß. Daraus ist unschwer abzuleiten, daß die Bewegungsspielräume in diesem Fall kleiner geworden sind, als wenn nur zum Stand hätte gesprungen werden müssen.

4. Funktionale Verlaufsanalyse am Beispiel der Schwungkippen am Reck

Bei der Beschreibung der verschiedenen Analyseschritte, die zur Gliederung eines Bewegungsablaufs in seine funktionalen Verlaufsbestandteile und zur Ermittlung der zugehörigen Operations- und Verlaufscharakteristika führen, ist zur Verdeutlichung der notwendigen Begrifflichkeiten immer wieder auf praktische Beispiele aus dem Bereich der sportlichen Bewegungen zurückgegriffen worden. Wenn nun wieder wie am Ende des dritten Teils in Umkehrung der bisherigen Darstellungsweise von einzelnen Bewegungen bzw. von den mit ihnen verbundenen Bewegungsaufgaben ausgegangen wird und nachfolgend deren Funktionsphasen sowie deren Operations- und Verlaufscharakteristika ermittelt werden, so wird damit nicht nur für das bisher Entwickelte exemplarisch ein Analysebeispiel aufgezeigt. Es wird zugleich auch den in der Regel im Sportunterricht vorliegenden konkreten Situationen entsprochen: Es wird von einer irgendwie stets vorgegebenen Bewegungsvielfalt ausgegangen, es werden ihr (nicht immer eindeutig) bestimmte Bezugsgrundlagen zugeordnet, und es werden dann mittels dieser Bezugsgrundlagen die Notwendigkeiten, aber auch die

Alternativen ermittelt, die für die gegebene Bewegungsvielfalt charakteristisch sind.

Als Beispiel werden die Bewegungsabläufe gewählt, die man als Schwungkippen am Reck bezeichnen kann[125] und von denen eine in Abbildung 13

Abb. 13

dargestellt ist. Aus dieser Abbildung ist erkennbar, daß der Ausführende im Langhang vorschwingt, daß er gegen Ende dieses Vorschwingens durch ein schnelles Hochführen der Beine in eine neue, als Kipphang bezeichnete Position gelangt, daß er danach in diesem Kipphang zurückschwingt — was vom Ausführenden aus gesehen allerdings ebenfalls wieder ein Vorschwingen ist — und daß er während dieses Rückschwingens in der Aufschwungphase den Körper an die Reckstange heran in den Stütz bringt.

Welche Bezugsgrundlagen bestimmen den Verlauf der Schwungkippen?

Zur Klärung der für die funktionale Verlaufsanalyse notwendigen Bezugsgrundlagen gibt es hinsichtlich der Bestimmung der Movendum- und Bewegerbedingungen keine Schwierigkeiten: Der Ausführende ist Movendum und Beweger zugleich, er hat sich also selbst in die verschiedenen Lagen, Positionen und Bewegungszustände zu bringen. Er wird hierbei nicht von Instrumenten oder Partnern unterstützt. Er bewegt sich jedoch unter den durch das Turngerät Reck gegebenen spezifischen Umgebungsbedingungen.

Die Klärung des Bewegungsziels ist allerdings dann nicht mehr ganz so einfach, wenn man möglichst genau wissen will, welcher Art die Verlaufsorientierung ist. Man könnte zunächst einmal festlegen, daß bei den

---

[125] Die Bezeichnung „Schwungkippe" ist gebräuchlicher als die von BUCHMANN (1972) vorgeschlagene (strukturgerechte) Bezeichnung „Kippaufschwung". In der Praxis wird bildhaft auch von Pendelkippen gesprochen.

Schwungkippen lediglich die Stützposition zu erreichen ist. Dann würde für diesen Fall auch der Aufschwung oder die Zugstemme dem Bewegungsziel genügen. Will man dies ausschließen, dann ist eine engere Zieleingrenzung nötig. Das könnte dadurch geschehen, daß man neben der zu erreichenden Stützposition weitere Zwischenpositionen einbezieht: Aus dem Langhang muß der Kipphang und aus diesem der Stütz erreicht werden. Diese Zielveränderung würde zumindest die Zugstemme als mögliche Bewegungsalternative ausschließen, nicht aber den Aufschwung. Letzteres gelingt erst, wenn man für Schwungkippen als *Bewegungsziel* das Erreichen einer *Stützposition aus dem Kipphang während eines* (vom Ausführenden aus gesehen) *vorwärts gerichteten Aufschwungs* festlegt.

Welche Funktionsphasen lassen sich festlegen?

Entsprechend unseren früheren Überlegungen ist die Gliederung eines Bewegungsablaufs davon abhängig, welche Funktionen im Hinblick auf die vorgegebenen Bezugsgrundlagen charakterisiert werden können. Im vorliegenden Beispiel läßt sich nun zunächst einmal eine Phase dadurch abgrenzen, daß ihr die Funktion zukommt, durch *Annäherung des Körpers an die Drehachse* während des Aufschwingens, die Aufschwunghöhe zu verbessern. Würde der Turnende den Körper nicht annähern, so würde er in der Regel nicht über die Horizontale aufschwingen können. Das läßt sich im praktischen Versuch erkennen; das läßt sich aber auch — wenn das Movendum „Turner" als Pendel betrachtet wird — aus dem Energieerhaltungssatz der Mechanik ableiten.

Eine zweite Funktion hängt mit dieser ersten zusammen. Erreicht der Ausführende eine entsprechende Aufschwungerhöhung, so muß er noch dafür sorgen, daß diese instabile Situation in eine stabile Stützposition übergeleitet wird. Zum Verbessern der Aufschwunghöhe muß also noch ein *Absichern der erreichten Höhe* hinzukommen. Würde der Ausführende dieser Funktion nicht genügen, so würde er durch die Wirkung der Schwerkraft wieder zu einem Rück-Abschwung gezwungen werden.

Weitere Funktionen lassen sich erkennen, wenn man bedenkt, daß der Ausführende zum einen *in die Position des Kipphangs* und zum andern in den gleichfalls durch die Festlegung des Bewegungsziels bestimmten Bewegungszustand des *vorwärts gerichteten Aufschwingens* gelangen muß. Während im ersten Fall die entsprechende Funktionsphase dem Erreichen einer Position dient, gilt dies im zweiten Fall für das Erreichen eines bestimmten Bewegungszustands. Letzteres kann allerdings auch ersetzt werden durch das Erreichen einer bestimmten Lage: der aus der Senkrechten ausgelenkten (Pendel-)Hanglage.

Zusammenfassend läßt sich daher bei den Schwungkippen *unter Beachtung der genannten Bezugsgrundlagen* von vier Funktionsphasen sprechen: dem Erreichen der ausgelenkten Hanglage, dem Erreichen der Kipphangposition, dem Annähern des Körpers an die Drehachse Reck und dem Absichern der erreichten Aufschwunghöhe.

Durch welche Bewegeroperationen können die Funktionen erfüllt werden?

Wenn nun auf die funktionserfüllenden Bewegeroperationen eingegangen wird, so sind entsprechend dem Anspruch der funktionalen Bewegungsanalyse auch möglichst alle unter den vorliegenden Bedingungen zulässigen Operationsalternativen zu nennen.

Bewegeroperationen zur Annäherung an die Drehachse: Die im Gerätturnen übliche Operation zur Erreichung der genannten Funktion läßt sich (vom Ausführenden aus gesehen) als ein Heranschieben der Reckstange vom Fußrist über die Knie bis zu den Hüften beschreiben. In dieser gelegentlich auch mit dem Anziehen von Strümpfen verglichenen Beschreibungsart (vgl. KNAUF 1976) ist ein (auf die Reckstange drückendes) Heranführen des Körpers durch die Arme (Adduktion) und eine Streckbewegung in den Hüftgelenken enthalten. Es verkleinert sich der Winkel zwischen Oberarm und Rumpf und es vergrößert sich gleichzeitig der Winkel zwischen Rumpf und Beinen. Beides führt zur Annäherung an die Drehachse.

Als Alternativoperation könnte auch das Heranziehen des Oberkörpers an das Reck durch ein klimmzugartiges Beugen der Arme genannt werden; auch hierdurch würde der Ausführende näher an die Drehachse gelangen.

Und schließlich bietet sich, da das Heranziehen mit dem Heranführen der Arme zugleich ausgeführt werden kann, die Überlagerung beider Operationen als dritte Alternative an.

Diese theoretisch möglichen Alternativen sind nur mit Einschränkung praktisch realisierbar. Das Heranziehen des Oberkörpers durch Beugen der Arme scheidet insofern aus, als die dabei erreichbare Endsituation nur schlecht bzw. gar nicht stabilisiert werden kann: Der Turnende käme auf Brusthöhe an die Reckstange, die Hauptmasse läge daher immer noch unter dem Reck, sie müßte also erst noch angehoben werden. Und auch die Überlagerung des Heranziehens und Heranführens würde ausscheiden, wenn unter dem Gesichtspunkt des wettbewerblichen Gerätturnens geturnt wird: Dort ist das Beugen im Ellbogengelenk eine fehlerhafte Ausführung. Da dies jedoch bei den hier angegebenen Bezugsgrundlagen nicht ausdrücklich genannt wurde, ist eine solche Alternativoperation noch zulässig.

Ausgeschlossen werden muß allerdings eine Operation, die häufig von Anfängern versucht wird. Es ist das „Weg-Schlagen" der Beine, also ein

Strecken in der Hüfte ohne zusätzliches Heranführen des Oberkörpers durch die Arme. Diese Operation, die bei Kippen aus der Ruhelage durchaus richtig sein kann, ist insofern nicht angebracht, als sie nicht zu einer Annäherung an die Drehachse führt.

Letztlich verbleiben daher nur die Alternativen des Heranführens des Körpers durch die abwärts drückenden Arme mit oder ohne Heranziehen durch Beugen der Ellbogen, wobei zu beiden auch die Hüften zu strecken sind.

Im Zusammenhang mit diesen Operationen kann nun im Sinne der erweiterten Funktionsphasencharakterisierung (vgl. 127) festgestellt werden, daß vor allem das Heranführen des Körpers durch Armadduktion günstiger auszuführen ist, wenn eine entsprechende Griffposition eingenommen bzw. eingehalten wird. Auf Grund besserer Hebelverhältnisse und eines kürzeren Arbeitswegs darf man davon ausgehen, daß im sogenannten *Obergriff* ristgriffs das Heranführen des Körpers einfacher ist.

Aus der Operation, die zur Annäherung des Körpers an die Drehachse führen soll, ist daher mit dem *Erreichen bzw. Einhalten einer günstigen Griffposition* eine neue, nicht unbedingt notwendige, jedoch die Operation erleichternde Funktion erkennbar geworden.

Bewegeroperationen zum Absichern der erreichten Aufschwunghöhe: Vergleicht man die Situation gegen Ende der Operationen der eben beschriebenen Funktionsphase mit der zu erreichenden Stützposition, so wird letztere möglich, wenn der Griff aus der während des Aufschwingens vorliegenden Hangposition in eine Stützposition verändert wird: Man hat aus einem Griff, bei dem das Handgelenk unter dem Reck ist, in einen, bei dem es über dem Reck ist, „umzusetzen". Bei genauerer Betrachtung ist nämlich erkennbar, daß der Turnende während des Rückschwungs kaum um die Reck-, sondern vor allem um die Handgelenkachse dreht. Die Hände verbleiben daher während des Rückschwungs in der Hangposition und müssen infolgedessen noch umgesetzt werden. Es braucht kaum erwähnt zu werden, daß dieses Umsetzen einfacher ist, wenn es aus der Obergriff-Position heraus ausgeführt werden kann. Der für die Funktionsphase des Annäherns an die Drehachse günstige Obergriff stellt insofern auch eine günstige Ausgangssituation für die eben beschriebene Phase dar.

Zwei Bemerkungen sind hinsichtlich der in dieser Funktionsphase notwendigen Operationen noch hinzuzufügen: Bei Anfängern kann es vorkommen, daß sie zwar alle Operationen funktionsgerecht ausgeführt und infolgedessen auch die Stützposition bzw. eine hinreichend hohe Aufschwunghöhe erreicht haben, daß sie diese Bewegungssituation dennoch nicht stabilisieren können. Neben der Möglichkeit, daß dies auf mangelhaftes Umsetzen der Hände von der Hang- in die Stützposition zurückzuführen ist, darf nicht unbeachtet bleiben, daß gelegentlich auch der bei einem schnellen Aufschwung sich einstellende Rückschwung der Beine den Ausführenden wieder von der schon erreichten Stützposition wegtreibt. Insofern erscheint es gerechtfertigt, den Streckvorgang im Hüftgelenk, der zur Annäherung an die Drehachse notwendig war, noch vor Erreichen der 180°-Streckung im Hüftgelenk zu „blockieren". Dieses Blockieren kann daher als funktional zu rechtfertigende (Teil-)Operation im Rahmen der Absicherung der erreichten Aufschwunghöhe genannt werden.

Das Blockieren der Beine wird allerdings dann notwendig, wenn ohne Zwischenschwung, d. h. ohne ein zusätzliches Rück- und Vorschwingen der Beine in der erreichten Stützposition, eine weitere Bewegung angeschlossen werden soll. Ein Weiterschwingen ins Handstehen beispielsweise ist nur möglich, wenn die Schwungkippe nicht in eine überstreckte, sondern in eine gebeugte Stützposition geturnt wird, da das Schwingen in das Handstehen über einen Beinschwung eingeleitet wird, der aus einer solchen gebeugten Position heraus beginnen muß.

Bewegeroperationen zum Erreichen der ausgelenkten Hanglage: Die Operationsalternativen, die vom Beweger ausgeführt werden können, um in eine ausgelenkte Hanglage zu gelangen, sind vielfältig. Die sicherlich einfachsten sind die, in denen bereits aus einer solchen Lage heraus begonnen wird. Das ist möglich bei einem „Hangstand", bei dem der Ausführende zugleich steht und hängt, wenn der Stand nicht senkrecht unter der Griffstelle gewählt wird. Es ist auch möglich bei einem „Liegehang", der mit Kastenhilfe oder am Stufenreck eingenommen werden kann. Der Ausführende braucht, da der Schwerpunkt nicht senkrecht unter der Griffstelle ist, nur den Boden- oder Gerätkontakt zu lösen, um in ein Pendeln zu gelangen.

Für den Ausführenden kaum schwieriger ist das Erreichen der ausgelenkten Hanglage, wenn er aus dem Stand vor dem (reichhohen) Reck in die gewünschte Auslenkung springt. Günstig ist diese Operationsalternative insofern, als sie vor allem solche Körperteile beansprucht, die bei den nachfolgenden Operationen nicht oder nur in geringem Maße noch eingesetzt werden müssen.

Solange nun die vorab festgelegten Bezugsgrundlagen — wie im hier gewählten Fall — das Ausnutzen entsprechender Umgebungsbedingungen und entsprechender Operationsalternativen nicht ausschließen, können im Prinzip alle genannten Alternativen zur Erreichung der Auslenkung als bezugsadäquate Lösungen gesehen werden. Daß dennoch nicht alle angemessen sind, wird sich erst zeigen, wenn die zugleich oder danach noch zu leistenden Operationen anderer Phasen bzw. deren Verlaufsmodalitäten berücksichtigt werden.

Bewegeroperationen zum Erreichen der Kipphangposition: Für das Erreichen des Kipphangs, was auch als „Ankippen" oder „Anristen" bezeichnet wird, können — im wesentlichen — drei Alternativoperationen genannt werden: Entweder man springt aus dem Stand in diesen Hang, wobei man hierzu auch mit Schwungbeinhilfe arbeiten kann, oder man erreicht ihn aus dem Langhang über ein (aus einem Beugen in den Hüft- und Schultergelenken bestehendes) Aufschwingen, oder man läßt sich aus einer Stützposition über ein Zurücklegen des Rumpfs und ein Beugen in den Hüftgelenken in diese Position fallen.

Welche Verlaufsmerkmale lassen sich für die verschiedenen Fph-Operationen angeben?

Nachdem entsprechend dem zweiten Analyseschritt die Vielfalt der funktionserfüllenden Bewegeroperationen ermittelt wurde, ist im nächsten Schritt auf die Verlaufsbesonderheiten dieser Operationen einzugehen. Das ist notwendig, weil die bisherigen Überlegungen nur wenig über den Verlauf ausgesagt haben. So läßt sich zwar erkennen, daß beispielsweise das Ankippen oder auch das Auslenken *vor* dem Annähern des Körpers an die Drehachse erfolgen muß. Es ist aber damit nicht geklärt, wie das Ankippen in zeitlicher Beziehung zum Auslenken steht oder wie schnell es erfolgen muß. Es fehlen auch Überlegungen, wie weit auszulenken ist oder wann das Umsetzen zu beginnen hat. Entsprechend den Überlegungen im dritten Kapitel werden die Verlaufscharakteristika zu Beginn, während und gegen Ende der jeweiligen Fph-Operationen in zeitlicher, örtlicher, positioneller, lagebedingter und energetischer Hinsicht besprochen.

Verlaufsmerkmale der Operationen zur Annäherung an die Drehachse: Beginn, Verlauf und Ende der Operationen zur Annäherung an die Drehachse sind *zeitlich* eng begrenzt. Der Ausführende sollte den Operationsverlauf so gestalten, daß er mit der Annäherung nicht vor dem Übergang des Pendelabschwungs in den Aufschwung beginnt und daß er erst am Ende des Aufschwingens die beste Annäherung erreicht. Diese zeitliche Eingrenzung kann gegeben werden, weil Abweichungen zu negativen Folgen führen: Fängt der Ausführende früher an, so besteht die Gefahr, daß er schon während des Aufschwingens die (für ihn) beste Annäherung erreicht, diese jedoch nicht bis zum Ende des noch andauernden Aufschwingens — wegen der stets wirkenden Schwer- und Trägheitskräfte — beibehalten kann. Kann er aber diese Annäherung nicht beibehalten, so muß er beim Umsetzen der

Hände in der nachfolgenden Funktionsphase eine Bewegungssituation stabilisieren, in der die gegen die Stabilisierung gerichteten Kräfte sehr groß sind.

Mit den zeitlichen Einschränkungen vergleichbar sind auch die *positionellen*, die bei den zu betrachtenden Fph-Operationen zu berücksichtigen sind (*örtliche* Einschränkungen können außer Acht bleiben, da während der ganzen Operation der Ort, und das heißt hier die Griffstelle am Reck, nicht verlassen wird). Zu Beginn der Operation sollten die Beine auf Höhe des Fußrists und nicht etwa auf Höhe der Knie oder gar der Oberschenkel an der Reckstange sein; es sollten ferner die Arme im Ellbogengelenk gestreckt und die Hände im genannten Obergriff sein. Damit ergibt sich ein optimal langer Arbeitsweg für die Operation der Annäherung. Während des Verlaufs ist darauf zu achten, daß die Beine möglichst dicht an der Reckstange entlang geführt werden. Jedes Entfernen würde die zu erreichende Körperannäherung wieder verschlechtern. Dieses „Dicht-am-Reck-Entlangführen-der-Beine" muß bis zum Ende der betrachteten Funktionsphase beibehalten werden, da damit eine wichtige Voraussetzung für das in der nachfolgenden Phase zu leistende Umsetzen erfüllt werden kann.

Lagebedingte Einschränkungen ergeben sich als Folge des bisher Beschriebenen. Man kann lediglich hinzufügen, daß je höher der Ausführende aufschwingen kann — je höher also seine Schwerpunktlage am Ende dieser Phase ist — desto leichter wird das nachfolgende Umsetzen werden.

Eine hohe Endlage könnte der Ausführende erreichen, wenn er zu Beginn der Annäherung bereits viel Schwung hat, wenn er also in einem Bewegungszustand mit großer Rotationsenergie beginnt. Daß trotz dieses Vorteils die Fph-Operationen zur Annäherung dennoch nicht mit zu großem Pendelschwung begonnen werden dürfen, daß also auch hinsichtlich des *Bewegungszustands* zu Beginn der Funktionsphase Einschränkungen vorliegen, kann auf zwei Gründe zurückgeführt werden. Zum einen ist mit einem hohen Pendelschwung immer auch eine hohe von der Drehachse wegtreibende Fliehkraft zu berücksichtigen, so daß das höhere Aufschwingen mit einer Erschwerung der eigentlich zu erreichenden Schwerpunktannäherung an die Drehachse erkauft wird. Zum andern kann der hohe Pendelschwung nur durch eine hohe Auslenkung zu Beginn des Rückschwungs erreicht werden. Dies wiederum ist nur erreichbar, wenn der Obergriff der Hände aufgegeben wird. Ein Aufgeben des Obergriffs würde jedoch gleichfalls wieder die Annäherungsoperation verschlechtern, weil das Heranführen des Körpers durch die Arme erschwert wird. Der durch den Pendelschwung charakterisierte Bewegungszustand zu Beginn der Annäherungsphase kann daher nicht beliebig vergrößert werden.

Verlaufsmerkmale der Operationen zum Absichern der erreichten Aufschwunghöhe: Beginn, Verlauf und Ende des Umsetzens der Hände — und gegebenenfalls auch des Blockierens der Hüftgelenke — sind nicht beliebig wählbar. Der Ausführende sollte mit der Operation kurz vor dem Ende des Aufschwungs und der besten Schwerpunktannäherung beginnen. Er muß sie dann so schnell ausführen, daß sie *zugleich* mit dem Ende des Aufschwungs und der besten Annäherung beendet ist. Dies ist angebracht, weil der Körper nach dem Aufschwung infolge der Schwerkraftwirkung wieder zurückfällt und im Zurückfallen sicherlich schwieriger zu stabilisieren ist.

Die positionellen Einschränkungen sind unterschiedlich eng eingegrenzt. Auf den Obergriff ist schon hingewiesen worden. Er erleichtert auch das Umsetzen, weil der Winkel, um den der Griff aus der Hang- in die Stützposition zu drehen ist, entsprechend kleiner ist. Merkmale der Bein- und Rumpfhaltung sind gleichfalls schon genannt worden: Insbesondere dann, wenn an die Schwungkippen ein Rückhochschwingen ins flüchtige Handstehen angeschlossen werden soll, muß die Position am Ende des Umsetzens so geformt sein, daß sie den zum Rückhochschwingen benötigten Beinschwung auch ermöglichen kann, d. h., es dürfen die Beine und der Rumpf dann nicht schon während des Umsetzens zurückschwingen, sie müssen vielmehr in einer Beugeposition fixiert bleiben.

Verlaufsmerkmale der Operationen zum Erreichen der ausgelenkten Hanglage: Wenn die Schwungkippen nicht innerhalb einer Übungsfolge geturnt werden, dann sind die Operationen zum Erreichen der ausgelenkten Hanglage die einzigen, über deren *zeitlichen Beginn* der Ausführende *frei* verfügen kann.

Das gilt schon nicht mehr für die *Position* und für die *Lage*, die zu Beginn der Operation gewählt werden sollen. Beide sind abhängig von der zu erreichenden Amplitude der Auslenkung. Dies ist vor allem dort der Fall, wo die Auslenkung durch entsprechend gestaltete Umgebungsbedingungen zu erreichen ist. Da für die Auslenkung jedoch nur die Einschränkung gilt, daß sie nicht übermäßig groß sein soll, kann dennoch vielfältig variiert werden.

Weitere Verlaufsmerkmale, die während des zur Auslenkung führenden Schwingens zu beachten sind, hängen nicht mit dem Erreichen dieser Auslenkung zusammen: Das „Kontern" beispielsweise, das während dieses Schwingens ausgeführt werden kann, ist Teil der jetzt noch zu besprechenden Fph-Operation.

Verlaufsmerkmale der Operationen zum Erreichen des Kipphangs: Zwei Merkmale bestimmen die Verlaufsform der zum Kipphang führenden Fph-Operationen. Es ist zum einen notwendig, daß der Kipphang schon mit dem

Einsetzen des Pendelrückschwungs — bzw. des Pendelvorschwungs, wenn man die Perspektive des Ausführenden wählt — erreicht sein muß, obgleich er auf Grund der genannten Bezugsgrundlagen auch noch später eingenommen werden könnte. Und es ist zum andern angebracht, die in den Kipphang führende Operation nicht während des größten Pendelschwungs auszuführen. Beides läßt sich damit begründen, daß im Falle eines Abweichens von diesen Verlaufseinschränkungen entsprechend größere Fliehkräfte zu überwinden sind. Unter diesen Bedingungen kommt daher das Ankippen *nur in der Nähe der Umkehrpunkte* in Frage. Das bedeutet, daß die Verlaufsform, bei der während des Vor-Abschwingens bereits mit dem Ankippen begonnen wird, auszuschließen ist. Diese Verlaufsform wird von Anfängern wohl deshalb häufig gewählt, weil sie der anfängerüblichen Operation des Schwungholens sehr naheliegt (vgl. 135). Da sie den beschriebenen Einschränkungen widerspricht, führt sie in der Regel auch zu Mißerfolgen.

Besonders geeignet sind dagegen die folgenden beiden Verlaufsmodalitäten. Bei der ersten wird durch das Beachten einer *ausgeprägten Bogenspannung* verhindert, daß mit dem Ankippen zu früh begonnen wird. Bei der zweiten wird das Ankippen durch eine *Konterbewegung* vorbereitet (vgl. 138). In beiden Fällen wäre es daher möglich, von einer neuen Funktionsphase zu sprechen, deren Sinn in der Verbesserung der zeitlichen Verlaufsmerkmale des Ankippens zu sehen ist.

Neben diesen zeitlichen Einschränkungen ist beim Ankippen auch noch auf positionelle Merkmale gegen Ende der Operation einzugehen. Wie die Diskussion der Merkmale zu Beginn der Operationen zur Annäherung an die Drehachse ergeben hat, muß das Ankippen so ausgeführt werden, daß der Ausführende in einen Kipphang mit gestreckten Armen und entsprechendem Obergriff gelangt, bei dem die Fußriste und nicht etwa die Knie oder Oberschenkel auf der Höhe der Reckstange sind.

Zusammenfassung

Die Analyse der Operations- und Verlaufsalternativen am Beispiel der Schwungkippen hat am auffälligsten wohl bei den Fph-Operationen zum Erreichen einer ausgelenkten Hanglage, aber auch bei der Diskussion der Alternativen beim Umsetzen gezeigt, wie sehr diese Alternativen von den vorweg gewählten Bezugsgrundlagen abhängig sind. Eine möglichst genaue Analyse dieser Rahmenbedingungen ist daher notwendige Voraussetzung einer funktionalen Verlaufsanalyse.

Nun ist dies nicht damit gleichbedeutend, daß diese Bezugsgrundlagen auch so rigide gewählt werden müssen, daß sie keine Operationsspielräume mehr offen lassen. Möglichst genaues Analysieren der Bezugsgrundlagen heißt nicht möglichst enges Einschränken der Bedingungen. *Rahmenhafte* Bezugsgrundlagen sollen, wenn es sinnvoll sein kann, auch rahmenhaft bleiben. Eine Analyse der Bezugsgrundlagen ist in diesem Fall genau dann optimal, wenn sie auf die Rahmenhaftigkeit dieser Grundlagen verweisen kann.

Die Ermittlung und Festlegung der Bezugsgrundlagen ist insofern nicht nur eine bewegungsanalytische Angelegenheit. Bereits das Beispiel der Schwungkippe kann klar machen, daß nicht ohne didaktische Entscheidungen im engeren Sinne auszukommen ist. Das Bewegungsziel, das erst nach Ablehnung verschiedener Alternativen umrissen wurde, muß nicht in dieser Weise ausfallen. Es könnten weitere Operations- und Verlaufsmerkmale mit aufgenommen werden, so daß einige der ermittelten Alternativen nicht mehr möglich sind. Die exemplarische Analyse dürfte allerdings gezeigt haben, daß man damit dann auch eine Reihe von Alternativen ausschließen würde, die in der Lehr-Lern-Situation durchaus genutzt werden können.

Daß solche Alternativen in der Praxis bereits genutzt werden, zeigt die nachweisbare Übereinstimmung der hier „abgeleiteten" Operations- und Verlaufsalternativen mit den im methodischen Schrifttum vorliegenden Lehrvorschlägen[126]. Diese Übereinstimmung bestätigt damit das, was eingangs (vgl. 16) als einer der Gründe für die Analyse sportlicher Bewegungen unter funktionalem Verständnis gesagt wurde: Die Funktionalität der einzelnen Operations- und Verlaufsmodalitäten geben den Rahmen ab, innerhalb dessen sich die Konzepte in der Sportpraxis zur Erleichterung der Lehr-Lern-Situationen bewegen. Diese Übereinstimmung kann somit auch als eine Bestätigung aufgefaßt werden, daß das bislang beschriebene Analysekonzept als eine brauchbare Verallgemeinerung des sich in der Praxis Bewährenden verwendet werden kann.

---

[126] Vergleiche hierzu vor allem WIEMANN (1971, 133—139) und KNIRSCH (1974, 273—277).

V. Funktionale Bewegungseigenschaften

Mit der Analyse der Schwungkippen am Reck konnte am Ende des vierten Teils exemplarisch aufgezeigt werden, inwiefern das bislang beschriebene Analyseverfahren bei der systematischen Suche nach den Abhängigkeiten zwischen den je vorgegebenen Bezugsgrundlagen und den verlaufsrelevanten Folgen verwendet werden kann. Damit konnten jene Fragen exemplarisch beantwortet werden, die am Anfang der Überlegungen zu einer funktionalen Bewegungsanalyse gestellt wurden; es ließ sich klären, inwiefern einzelne (motorische) Operationen bei dieser Bewegungsaufgabe wesentlich sind, inwieweit sie gegebenenfalls ausgetauscht werden können, inwiefern die Abfolge der Operationen einzuhalten bzw. auf einzelne Raum-Zeit-Modalitäten der Bewegung besonders zu achten ist.

Die systematische Suche nach den möglichen Bezugsgrundlagen und nach den bezugsrelevanten Operations- und Verlaufs-Alternativen einer sportlichen Bewegung sollte jedoch nicht bewegungsanalytischer Selbstzweck sein; sie war eingangs in unmittelbaren Zusammenhang mit Problemen des Lehrens und Lernens sportlicher Bewegungen gestellt worden (vgl. 13). Ihre Vorgehensweise sollte die bewegungsanalytische Kompetenz des Sportlehrers in der konkreten Unterrichtssituation verbessern helfen, und ihre Ergebnisse sollten bei Entscheidungen, welche Bewegungen unter welchen Alternativen in welcher Weise zu lehren und zu lernen sind, auch genutzt werden können.

Nun sind die mit sportlichen Bewegungen verbundenen Aufgaben und ihre (motorischen) Lösungen *nur ein* Problemfeld, das zur Steuerung und Regelung der Lehr- und Lern-Prozesse im Sport zu analysieren ist; die Verhaltensweise des Lernenden ist *ein anderes*, ohne dessen Analyse kompetentes Unterrichten sicherlich nicht möglich ist. Um im Sport unterrichten zu können, sollte man auch wissen, wie der Lernende sich verhalten wird, wenn er sportliche Bewegungen zu erlernen bzw. mehr oder weniger schwierige Bewegungsaufgaben zu lösen hat; man sollte abwägen können, welche „Ersatz"-Lösungen er gegebenenfalls bevorzugt, und man sollte möglichst genau wissen, ab wann oder an welcher Stelle die Kapazität des Lernenden, vieles gleichzeitig oder in dichter und geordneter Folge zu realisieren, überlastet ist.

Die Bemühungen zur Klärung solcher Fragen sind im Bereich der sportlichen Bewegungen noch nicht sehr weit vorangekommen. Dabei ist allerdings zu berücksichtigen, daß die Fragen ernsthaft auch erst in letzter Zeit gestellt worden sind (vgl. KAMINSKI 1972, 1973). Konkrete Hinweise, die zur Gestaltung einer Lehr-Lern-Situation genutzt werden könnten, liegen daher noch nicht vor. Lediglich verschiedene Anhaltspunkte allgemeiner Art lassen sich nennen.

So muß man davon ausgehen, daß der (Bewegungs-)Lernende im Sport in irgendeiner Weise immer überfordert ist, daß er im Zeitquerschnitt stets Mehrfachaufgaben zu lösen (KAMINSKI 1972, 1973) und die Koordination einer für ihn in der Regel zu komplizierten Bewegung zu bewältigen hat (MEINEL 1976, 62). Man kann annehmen, daß der Ausführende bei sportlichen Bewegungen eine umso größere Überforderung empfindet,

— je mehr verschiedenartige Elemente zugleich auszuführen sind (MEINEL 1976, 202), wobei hierunter nicht immer nur die simultane Ausführung motorischer Operationen, sondern auch die zugleich notwendige Kontrolle dieser Vorgänge und die Planung nachfolgender als Überforderung zu sehen sind (KAMINSKI 1973);
— je mehr Elemente nacheinander auszuführen sind (UNGERER 1970, 1971, MEINEL 1976, 202);
— je weniger Elemente automatisch, unbewußt, als „subroutines" (ROBB 1972, 42 ff.) bzw. als gekonnte (Teil-)Fertigkeiten ablaufen (VOLPERT 1971, 30 ff., MEINEL 1976, 198 f.);
— je mehr Freiheitsgrade, d. h., je mehr potentiell bewegbare oder bewegliche Bewegerteile zu beherrschen sind (MEINEL 1976, 202);
— je stärker die Bewegung oder einzelne Operationen bzw. Phasen der Bewegung die volle Ausschöpfung der motorischen Leistungsfähigkeiten verlangen, je mehr also Kraft, Ausdauer oder Schnelligkeit benötigt wird (MEINEL 1976, 202);
— je mehr sich die Umgebungsbedingungen ändern, unter denen die Bewegung auszuführen ist;
— je genauer bestimmte Raumbahnen oder bestimmte Raum-Zeit-Modalitäten einzuhalten sind;
— je weniger die Bewegung (zumindest bei den ersten Lernversuchen) visuell kontrolliert werden kann (CRATTY 1975, 153);
— je größer die Gefahr ist, bei Nichterreichen der Bewegungsziele bzw. Teil-Ziele oder bei Nichteinhalten der Rahmenbedingungen physische Schäden oder Verletzungen einkalkulieren zu müssen.

Solche Zusammenhänge führen nun beinahe zwangsläufig dazu, im letzten Teil der Arbeit noch auf jene Besonderheiten einer sportlichen Bewegung einzugehen, die sich aus der funktionalen Bewegungsanalyse erkennen lassen und die im Zusammenhang mit solchen Überforderungssituationen Bedeutung haben können. Es ist zu erwarten, daß das Nachprüfen der Zusammenhänge zwischen Bezugsgrundlagen und bezugsrelevantem Verlauf unter funktionalem Verständnis zugleich auch Ideen und Anregungen liefern kann, die zur Reduktion der verschiedenen Überforderungsaspekte genutzt werden können. Diese Besonderheiten werden, da sie sich über funktionale Bewegungsanalysen aus dem beobachtbaren Geschehen erkennen und vorwiegend qualitativ beschreiben lassen, als *funktionale Bewegungseigenschaften* bezeichnet werden[127].

Eine erste Gruppe dieser Eigenschaften umfaßt Besonderheiten, die durch das Herausstellen verschiedener *Beziehungen* unter den analysierten Bestandteilen erkennbar sind. Hier soll von *strukturellen* Eigenschaften gesprochen werden. Als besonders wichtig erweist sich dabei das, was man einer Bewegung als *Aufgabenstruktur* zuordnen kann: die spezifische Konfiguration der verlaufsbestimmenden Bezugsgrundlage. Über diese Strukturen lassen sich verschiedene *Aufgabenklassen* — in der gebräuchlichen Terminologie am ehesten noch mit den Bewegungsverwandtschaften vergleichbar — bilden, die bei gröberer Klassenbildung etwa mit der Typisierung der Sportarten, bei feinerer Klassenbildung eher mit verschiedenen sportlichen Disziplinen oder auch mit sportmotorischen Fertigkeiten vergleichbar sind. Auf diese Weise wird für die einzelnen Lösungsalternativen ein Bezugsrahmen festgelegt, der vor allem unter didaktischen Gesichtspunkten von Interesse ist. Wenn sich nun bei den Aktivitäten zur Lösung einzelner Bewegungsaufgaben Überforderungen ergeben, so liegt es nahe, zunächst

---

[127] Damit wird eine in der sportwissenschaftlichen Terminologie gebräuchliche Begrifflichkeit verwendet, die *inhaltlich* die nachfolgend zu beschreibenden Bewegungsbesonderheiten am ehesten zu erfassen vermag. So ist beispielsweise die bekannteste Bewegungseigenschaft einer sportlichen Bewegung — ihre (Grob-)Strukturierung in Vorbereitungs-, Haupt- und Endphase (MEINEL 1976, 103—110) — mit der noch zu besprechenden Typisierungsmöglichkeit der Funktionsphasen in Haupt- und Hilfsfunktionsphasen vergleichbar. Definitorisch werden Bewegungseigenschaften abgegrenzt als „am ablaufenden oder aufgezeigten Bewegungsvollzug erkennbare intersubjektiv prüfbare primär qualitative Eigenschaften" (MITTERBAUER 1977, 200). Vom Standort dieser Arbeit müßte die Definition der Bewegungseigenschaften allerdings auch auf die *Erfassung der Merkmale der Bewegungsaufgaben*, nicht nur der Lösungsalternativen erweitert werden. Insofern wäre auch eine Unterscheidung in aufgaben- und lösungsspezifische Bewegungseigenschaften angebracht. Sie wird jedoch in dieser Arbeit (noch) nicht vorgenommen. Es ist anzumerken, daß die hier zugrundegelegte Begrifflichkeit nicht der in der Psychologie, insbesondere der in der Persönlichkeitspsychologie gebräuchlichen unterzuordnen ist (vgl. DORSCH 1976).

innerhalb einer Aufgabenklasse nach Alternativen zu suchen. Dabei sind Schwierigkeiten zu beachten, weil eng verwandt scheinende Alternativen dies durchaus nicht immer sein müssen. Es kann des weiteren Probleme geben, weil derartige Verwandtschaftsklassen auch Bewegungen enthalten können, die bei den „tradierten" sportlichen Bewegungen (bislang noch) nicht zu finden sind.

Als eine weitere wichtige Hilfe zur Reduktion von Überforderungsaspekten wird sich eine zweite strukturelle Eigenschaft erweisen: Die unter Funktionsphasen definierbaren *funktionalen Abhängigkeitsbeziehungen* liefern auf der Menge dieser Phasen *Funktionsstrukturen.* Über diese Strukturen läßt sich deutlich erkennen, daß es bei einem Bewegungsablauf stets so etwas wie wichtige und weniger wichtige bzw. nicht austauschbare und austauschbare Bestandteile im Hinblick auf die jeweils vorgegebenen Bewegungsziele und Rahmenbedingungen gibt. Aus dieser Einsicht lassen sich Konsequenzen ziehen, die gleichfalls zu einer sinnvollen Reduktion der Komplexität von Bewegungen benutzt werden können.

Eine dritte Gruppe funktionaler Bewegungseigenschaften betrifft die an der „Oberfläche" des Bewegungsablaufs, an den konkreten Bewegungsrealisierungen erkennbaren Abhängigkeiten in der Verlaufsgestaltung. Es wird gezeigt werden können, daß der Verlauf der einzelnen Operationen einer Funktionsphase gewissen *Folge-Abhängigkeiten* unterworfen ist, daß es also so etwas wie *Verlaufsstrukturen* gibt. Auch hier ergibt es sich, daß die Einsicht in solche Abhängigkeiten bei der Verbesserung der Lehr-Lern-Situation genutzt werden kann.

Nicht ohne die Kenntnis der bisher genannten strukturellen Eigenschaften ist eine weitere funktionale Bewegungseigenschaft zu verstehen. Es handelt sich um die Möglichkeit, einen (längeren) Bewegungsablauf in sinnvolle *Teil-Bewegungen* zu zerlegen. Wenn ein Grund zur Überforderung in der zu langen Folge verschiedener Operationen liegen kann, dann ist es angebracht, die Bewegung auf die Stellen hin zu untersuchen, an denen sie von der Sache her sinnvoll zerlegt werden kann.

Schließlich können auch noch „lokale" Bewegungseigenschaften darauf hinweisen, daß Überforderungen oftmals nur an einer *einzigen Stelle* in einem Bewegungsablauf vorliegen. Das wird vor allem dort der Fall sein, wo sich aufzeigen läßt, daß das Erreichen der Bewegungsziele und das Einhalten der Rahmenbedingungen davon abhängen, ob an einer einzigen Stelle bestimmte Funktionen erfüllt werden können oder nicht. Auch hier steht das Aufdecken dieser Stellen bereits im Zusammenhang mit der Suche nach entsprechenden Verbesserungen in der konkreten Lehr- und Lern-Situation.

Der fünfte Teil dieser Arbeit wird daher zum Abschluß auf Möglichkeiten verweisen, wie unterrichtspraktische Einsichten zu gewinnen sind, wenn der Lehrstoff „sportliche Bewegung" im Sinne funktionaler Bewegungsanalysen untersucht wird.

1. Aufgabenstrukturen

Im Konzept der funktionalen Bewegungsanalyse ist davon ausgegangen worden, daß die Untersuchung einer sportlichen Bewegung notwendigerweise mit der Analyse der verlaufsrelevanten Bezugsgrundlagen verknüpft werden muß. Zur Differenzierung dieser Grundlagen ist ein Kategoriensystem entwickelt worden, das der funktionalen Bedeutung der vielfältigen Operations- und Verlaufsmodalitäten gerecht werden sollte. Diese Differenzierung kann daher auch als *Strukturierung* der mit dieser Bewegung zu verbindenden Aufgabenstellung angesehen werden, und die für verschiedene sportliche Bewegungen typischen Strukturierungen der Bezugsgrundlagen können dementsprechend als die bewegungsspezifischen *Aufgabenstrukturen* bezeichnet werden.

Die Bedeutung, die mit diesen Strukturen bisher verbunden wurde, hing mit den Einschränkungen zusammen, die sich für den konkreten Bewegungsablauf ergaben. Ein Zusammenhang mit der Gestaltung von Unterrichtssituationen besteht nun insofern, als bei Kenntnis der Aufgabenstrukturen die Spielräume im Hinblick auf die Reduktion der Komplexität der Lehr- und Lern-Situation in zwei Ebenen gewissermaßen abgesucht werden können: auf der Ebene der verlaufsbestimmenden Aufgabenstrukturen und auf der Ebene der Bewegungsrealisierungen, die der entsprechenden Aufgabenstruktur genügen.

(a) Auf der Ebene der *verlaufsbestimmenden Aufgabenstrukturen* erlaubt die Art und Weise, wie die Strukturierung der Bewegungsaufgabe vorgenommen wurde, das Eingehen auf Bewegungssituationen, die im Zusammenhang mit neueren fachdidaktischen Entwicklungen gesehen werden können. So weist KURZ (1977) beispielsweise darauf hin, daß es aus didaktischen Erwägungen heraus nicht sinnvoll ist, die Gliederung der im Schulsport zu berücksichtigenden Bewegungen (bzw. Elemente) nach Sportarten vorzunehmen. Es wäre viel eher angebracht, von bestimmten Bewegungssituationen auszugehen, ohne schon im einzelnen festzulegen, wie die Bewegungen in solchen Situationen ausfallen sollen oder können.

Was nun in solchen (offenen) Situationen an Konkretem gefordert und was vom Schüler realisiert werden kann, läßt sich leichter beurteilen, wenn mit Hilfe der bisher entwickelten Analysemodalitäten bestimmte *Aufgabenklassen*, oder in der gängigen Terminologie, bestimmte Bewegungsverwandtschaften eingeführt und näher betrachtet werden. Im Unterschied zur bisher üblichen Definition, wonach Bewegungen dann als verwandt angesehen werden, wenn ihre Abläufe in wesentlichen Merkmalen übereinstimmen (vgl. RÖTHIG 1973, SCHNABEL 1965), und bei der eigentlich von einer *Ablaufverwandtschaft* zu sprechen wäre, ist es besser, wenn hier (in dieser Arbeit) vom Begriff einer *Aufgabenverwandtschaft* ausgegangen wird: Sportliche Bewegungen sollen dann als aufgabenverwandt gelten, wenn in den Aufgabenstrukturen der betrachteten Bewegungen einzelne Merkmale übereinstimmen.

So ist von Ziel-, Movendum- oder Bewegerverwandtschaften zu sprechen, wenn bei den Bewegungen entweder die Bewegungsziele oder aber die Movendum- bzw. die Bewegerbedingungen übereinstimmen. Entsprechendes kann auch auf die Umgebungs- oder Regelbedingungen übertragen werden. Dies führt zunächst zu so großen *Verwandtschaftsklassen* wie dem Schnee- oder Wasser- oder Bergsport, dem motorisierten oder nichtmotorisierten Sport oder dem treffer- oder verlaufsorientierten Sport.

Mit diesem Vorgehen lassen sich aber auch mehr oder weniger enge Verwandtschaften gruppieren, indem die (additiv gesehen) größere Menge an übereinstimmenden Merkmalen in den Bezugsgrundlagen auch als engere Verwandtschaft angesehen wird. So läßt sich beispielsweise innerhalb des trefferorientierten Sports, zu dem ja zum Beispiel das Ringen ebenso wie das Basketballspielen gehört, eine Verwandtschaftsklasse herausfinden, die vieles mit den *Sportspielen* gemeinsam hat: die Klasse der trefferorientierten Bewegungen, bei denen die Treffer durch ein gegner-behindertes, gegebenenfalls auch partner- und instrument-unterstütztes Bewegersystem mit (genau) einem (nicht mit Teilen des Bewegers übereinstimmenden) passiv-reaktiven Movendum in einem abgegrenzten Aktionsraum und definierter Aktionszeit erreicht werden müssen. Die treffergerichtete Verlagerung des Movendum und die Art der Gegnerbehinderung können dabei Regelungen unterworfen werden.

Als Vorteil solcher Klassenbildungen zeigt sich, daß mit ihnen an neuere fachdidaktische Überlegungen (vgl. EHNI 1977, KURZ 1977) aus bewegungsanalytischer Perspektive angeknüpft werden kann. Das dort geforderte Aufbrechen der durch die tradierten Sportarten gegebenen Grenzen wird schon dadurch erreicht, daß man etwa bei der Auswahl der Bewegungen innerhalb der Elemente des Schulsports nicht mehr von der einzelnen Sportart, sondern von einer *sportarttypischen Aufgabenverwandtschaft* ausgeht. Unter letzterem ist dabei jene Klassenbildung zu verstehen, bei der die sportlichen Bewegungen auf Grund einer für die *Sportart typischen Aufgabenstruktur* untereinander verwandt sind.

So könnten beispielsweise als „leichtathletische Bewegungen" jene Bewegungen verstanden werden, bei denen (wie beim Kugelstoßen oder Weitspringen) ein passiv-reaktives Movendum oder der Ausführende selbst ohne Instrument- und ohne Partnerunterstützung, aber auch ohne Gegnerbehinderung und ohne besondere Umgebungsbedingungen (also nicht im oder auf dem Wasser oder auf Schnee, sondern auf „normalem" Boden) auf Distanz- oder Zeitoptimierung hin zu bewegen ist. Die Charakterisierung dieser „Leichtathletik" bezieht jedoch das Hoch- und Stabhochspringen nicht mit ein. Diese Bewegungen fallen heraus, weil bei ihnen das Bewegungsziel der Schwierigkeitsoptimierung zu erreichen ist und weil, wie beim Stabhochspringen, auch noch instrumentelle Unterstützung zur Lokomotion des Ausführenden eingesetzt werden kann. Würde man diese Merkmale in die Verwandtschaftscharakterisierung miteinbeziehen — und man müßte dies tun, wenn einem an der Einordnung aller klassischen leichtathletischen Bewegungen liegt — so erreichte man zweierlei: Es wären alle tradierten leichtathletischen Bewegungen in der Verwandtschaftsklasse enthalten, ohne daß Bewegungen aus anderen Sportarten — Gewichtheben ausgenommen — miteinbezogen werden müßten, und es wären darüber hinaus aber auch eine Fülle weiterer Bewegungen berücksichtigt — wie zum Beispiel das Weit- oder Hochspringen mit Geräthilfen, oder auch das Schnellaufen mit Rollschuhen — die wesentlich über die bislang als „leichtathletisch" verstandenen Bewegungen hinausgehen würden. Dabei ist hervorzuheben, daß die Analyse solcher neuen Bewegungen auch mit den bisher entwickelten Hilfsmitteln geleistet werden kann.

(b) Auf der Ebene der *aufgabenrelevanten Bewegungsrealisierungen* kann die genaue Kenntnis der Aufgabenstrukturen vor allem genutzt werden, um bei vorliegenden Lehrvorschlägen zu überprüfen, inwiefern die in den einzelnen Lehrstufen empfohlenen Übungen auch als adäquate Lösungen der einzuhaltenden Rahmenbedingungen gesehen werden können. Man kann davon ausgehen, daß an den Lernenden teilweise Forderungen gestellt werden, die mit anderen, gleichfalls für notwendig gehaltenen, nicht in Einklang zu bringen sind. Dazu soll etwas ausführlicher auf das Beispiel des Grundschwungs im Skilaufen eingegangen werden.

Der Grundschwung ist eine Fahrform, die dem Lernenden in den Skilehrplänen mit der Zielsetzung angeboten wird, so früh wie möglich „Geländegängigkeit" zu erwerben[128]. Er wird als eine Bewegungsform

---

[128] Im Lehrplan 1 — Grundschule (Deutscher Verband für das Skilehrwesen 1971, 36—39) wird von einer „ersten schwunghaften Richtungsänderung über die Fallinie" gesprochen. Der Ablauf wird mit einem beidbeinigen Einpflügen begonnen, „das bei zunehmender Belastung gegen den Außenski in die Fall-

VERLAUFSRELEVANTE BEZUGSGRUNDLAGEN		
BEWEGUNGSZIELE	MOVENDUMTYPEN	BEWEGER-KONFIGURATION
Treffer-optimierung	aktiv, sich selbstbewegend	natürlich
		instrument.-unterstützt
		partner-unterstützt
		gegnerbehindert
	passiv-reaktiv	natürlich
		instrument.-unterstützt
		partner-unterstützt
		gegnerbehindert
	aktiv-reaktiv	natürlich
		instrument.-unterstützt
		partner-unterstützt
		gegnerbehindert
Schwierigkeits-optimierung	aktiv, sich selbstbewegend	natürlich
		instrument.-unterstützt
		partner-unterstützt
		gegnerbehindert
	passiv-reaktiv	natürlich
		instrument.-unterstützt
		partner-unterstützt
		gegnerbehindert
	aktiv-reaktiv	natürlich
		instrument.-unterstützt
		partner-unterstützt
		gegnerbehindert
Zeit-optimierung	aktiv, sich selbstbewegend	natürlich
		instrument.-unterstützt
		partner-unterstützt
		gegnerbehindert
	passiv-reaktiv	natürlich
		instrument.-unterstützt
		partner-unterstützt
		gegnerbehindert
	aktiv-reaktiv	natürlich
		instrument.-unterstützt
		partner-unterstützt
		gegnerbehindert

Abb. 14 Beispielhafte Aufgabenverwandtschaften. Zunehmende Gemeinsamkeit

BEISPIELHAFTE AUFGABENVERWANDTSCHAFTEN (Verw.-beziehungen durch)		
vergleichbare Bewegungsziele	*und* vergleichbare Movendumbedingungen	*und* vergleichbare Bewegerbedingungen
Trefferorientierte Bewegungen, z. B. Handball, Fußball, Tennis, aber auch Schießen, Boxen oder Judo, ...	Karate, Fechten, Boxen (falls nicht auf K. O. ausgerichtet)	
	Handball, Fußball, Tennis, Tischtennis, Hockey, ...	Torwand-, 11-m-Schießen
		Tennis, Tischtennis
		Handball, Fußball, ...
	Ringen, Judo, Boxen (falls nur auf K. O. ausgerichtet)	
Schwierigkeits-optimierende Bewegungen, z. B. Hochsprung, Stabhochsprung, Gewichtheben, ...	Hochspringen, Stabhochspringen	Hochspringen
		Stabhochspringen
	Gewichtheben	
	Springreiten (auf Höhe)	
Zeitoptimale Bewegungen, z. B. Laufen, Schwimmen, Skilanglaufen, Skiabfahren, Radfahren, usw.	Laufen, Schwimmen, Skilang-, Rollschuh-, Schlittschuhlaufen	Laufen, Schwimmen, ...
		Ski-, Rollschuhlaufen, ...
	Bobfahren, Rodeln, Segeln, Tandemfahren, Modellfliegen (auf Zeit), ...	
	Pferderennen	

bei den Bezugsgrundlagen führt zu „engerer" Verwandtschaft gesehen, die nicht unmittelbar zum (eigentlichen) Ziel des Parallel- und Umsteigeschwingens führen soll[129]. Bei ihm ist vielmehr berücksichtigt, daß möglichst alle Operations- und Verlaufsmerkmale, die den Ausführenden überfordern könnten, wegzulassen sind. Für diese Schwungform läßt sich daher das verlaufsorientierte Bewegungsziel in der Weise charakterisieren, daß das zur Richtungsänderung während des Fahrens notwendige Drehen und Kanten der Ski mit der für den einzelnen geeignetsten Operation auszuführen ist. Dabei sollte sich der Verlauf dieser Operation der Geländesituation anpassen und daher einmal schnell und mit engem Bogenradius, ein anderesmal langsam und mit großem Bogenradius gefahren werden. Das wiederum bedingt, daß das Einleiten des Drehens und Kantens aus einer Bewegungssituation heraus zu geschehen hat, die für den Lernenden so sicher sein muß, daß er es möglichst an jeder Stelle der Piste beginnen kann. Konkret heißt dies: Im flachen buckelfreien Hang wird man in offener und paralleler Skistellung bereits vor dem Erreichen der Fallinie das Drehen und Kanten einleiten können; im etwas steileren Gelände wird man von der parallelen zur gewinkelten (Gleit-)Pflugstellung wechseln müssen, weil sonst das Tempo zu hoch werden könnte; und je steiler der Hang wird, desto mehr wird man auch noch in eine bremsende Pflugstellung übergehen und in dieser in die Fallinie „einpflügen" müssen, ehe man mit dem schwunghaften Drehen und Kanten beginnen kann. Aus den genannten Bedingungen läßt sich nun nicht ableiten, in welcher Weise man in die erwähnte Winkelstellung gelangen soll. Diese ist lediglich dadurch bestimmt, daß sie ein Schneller-Werden des Lernenden beim Einfahren in die Fallinie in steilerem Gelände verhindern kann.

Vergegenwärtigt man sich nun auf dieser Bezugsgrundlage, daß der Lehrplan beim Grundschwung vorsieht, daß stets in einer Winkelstellung begonnen werden muß, daß diese Winkelstellung durch ein gleichzeitig ausgeführtes Auswinkeln beider Ski zu erreichen ist, und daß in dieser Position stets bis in die Fallinie zu fahren ist[130] — wobei man sich auf internationaler Ebene nicht einigen konnte, ob hierbei der bogenäußere Ski oder der bogeninnere oder gar die Winkelhalbierende in der Fallinie sein

---

linie führt. Stockeinsatz und gleichzeitiger Abdruck ermöglichen ein Beidrehen des Innenski. Die anschließende Rutschphase, ausgelöst durch Beinedrehen im Tiefgehen, wird in eine Schrägfahrt mit offener Skistellung ausgesteuert."

[129] So nennt der Lehrplan einige „direkte" Wege zum Schwingen, die den Grundschwung nicht enthalten (Deutscher Verband für das Skilehrwesen: Skilehrplan 3, 1972, 45).

[130] Hierbei ist hinzuzufügen, daß in der Aus- und Weiterbildung von Skilehrern und Übungsleitern gerade das Nichteinhalten solcher Verlaufsvorschriften als wesentliche Fehler gezählt werden.

muß — dann kann gesagt werden, daß die vorab getroffene Entscheidung einer relativ offenen Zielsetzung, nämlich den Grundschwung als erreichbare Zwischenstufe für alle Lernenden zu sehen, mit dem Beharren auf derlei differenzierten Operations- und Verlaufsbesonderheiten nicht in Einklang zu bringen ist.

Die Analyse der Aufgabenstruktur ist aber auch dort noch von Nutzen, wo das Erlernen oder Verbessern bestimmter Bewegungen mit dem Üben bzw. Vorüben von anderen, mehr oder weniger naheliegenden Bewegungen gekoppelt werden soll. Anhand einzelner Aufgabenbedingungen kann in diesem Fall ermittelt werden, wo sich die Vorübung oder die „verwandte" Übung in ihrer Aufgabenstellung von der zu erlernenden unterscheidet und wie der Abbau dieser Unterschiede die Lösungen im einen Fall in Lösungen der eigentlichen Bewegungaufgabe überführen soll.

So ist beispielsweise weit verbreitet, daß man die auf ein passiv-reaktives Movendum gerichteten Bewegungen dadurch vorbereitet, daß die Bewegbarkeitseigenschaften des Movendum, wie im Falle des Schaumstoffballs im Tennis oder des Zeitlupenballs im Volleyball (vgl. 92), verändert werden. Als besonders günstig kann in diesem Fall festgehalten werden, daß man dabei die Struktur der Bewegungsaufgabe nicht verändert, daß man also in derselben Verwandtschaftsklasse bleibt. Dies führt vielfach dazu, daß auch die Menge der Funktionen und die sie erfüllenden Operationen erhalten bleiben können, so daß lediglich die Verlaufsmerkmale (geringfügig) anders zu gestalten sind. Man kann in diesem Fall von Lehrkonzepten sprechen, die auf *Movendum-Transformationen* (bei sonst gleichbleibenden Bedingungen) beruhen.

Vergleichbar mit diesen durch Movendum-Transformationen erreichbaren Vorübungen sind auch jene Lehrvorschläge, bei denen in den Vorübungen eine Veränderung der Instrumentcharakteristik vorgenommen wird. Auch bei ihnen kann die Struktur der Bewegungsaufgabe dieselbe bleiben.

Nun können bei solchen *Instrument-Transformationen* (und im Prinzip auch bei den Movendum-Transformationen) Bedingungen entstehen, die zu einem veränderten Funktions-Gefüge und in der Folge dieser Veränderung auch zu einer entsprechenden Operationsmodifikation führen. Die zu erlernenden Vorübungen brauchen dann nicht mehr notwendig leichter zu sein. Im Skilaufen beispielsweise hat man, um die schneefreien Sommermonate zu überbrücken, als Ersatzgerät einen Grasski entwickelt. Der Ski wird hierbei durch ein kleines Kettenfahrzeug ersetzt, mit dessen Hilfe „wie beim Skilaufen" bergab gefahren werden kann. Dieses Instrument weicht in seinem Bewegungsverhalten und in seiner Bewegbarkeitscharakteristik jedoch in verschiedener Hinsicht vom Original-Instrument ab: Es kann zum Beispiel nicht so gegen die Fahrtrichtung angestellt werden, daß man das, was im Skilauf als Seit- oder Querrutschen bezeichnet wird, ausführen kann. Damit läßt sich aber auch eine wichtige Funktion, nämlich die der Temporegulation, nicht mit jener Operation ausführen, mit der sie beim Skilaufen in der Regel ausgeführt wird: Ein Bremsen durch Aufkanten im Seitrutschen, die sicherlich effektivste Art des Anhaltens im Skilauf, ist nicht möglich. In dieser Hinsicht kann das Grasskifahren daher auch nicht als Vor- oder Ersatzübung gesehen werden. In einer zweiten wichtigen Funktion zwingen die veränderten Instrumentcharakteristika gleichfalls zu einer wesentlichen Modifikation der Bewegeroperationen. Der im Verhältnis zum Winterski sehr kurze Grasski erlaubt nur sehr geringe Abweichungen in der Vor- oder Rücklage. Er erfordert daher eine größere Gleichgewichtssicherheit als der Normalski, was sicherlich nicht als Erleichterung beim Erlernen des Skilaufens, wohl aber zur differenzierten Schulung des Gleichgewichtsgefühls bei solchen, die schon skilaufen können, betrachtet werden kann. Lediglich in einer Hinsicht dürfte Lernerleichterung gegeben sein. Das zur Richtungsänderung des Fahrenden gleichfalls verwendbare, allerdings beim Grasski nicht unbedingt notwendige Drehen der Ski wird nur von einem geringen Drehwiderstand behindert, so daß auch entsprechende Operationen zur Verringerung des Drehwiderstands praktisch überflüssig sind: Vertikalbewegungen müssen nicht mehr zur Entlastung der Ski ausgeführt werden (zur Entlastung der ermüdenden Muskulatur sind sie jedoch noch berechtigt). Unter diesen Aspekten könnte daher die Instrumentveränderung als eine das Erlernen fördernde Verbesserung gesehen werden[131].

2. Funktionsstrukturen

Als wesentliche Hilfe bei der Suche nach Möglichkeiten zur Reduktion der Überforderungsaspekte ist eine zweite strukturelle Besonderheit genannt worden: die Eigenschaft, daß zwischen den Funktionsphasen Abhängigkeitsbeziehungen bestehen können, die zu einer Diskussion über die Wichtigkeit einzelner Phasen, aber auch einzelner Operationen oder einzelner Verlaufsmodalitäten herangezogen werden können. Die Analyse des Kippaufschwungs beispielsweise hat aufgezeigt, daß einige ihrer Operationen und einige ihrer Verlaufsmodalitäten nicht so wichtig sind, als daß sie nicht unter bestimmten Bedingungen verändert oder gar ausgetauscht oder weggelassen werden können (vgl. 154 ff.). Die nachfolgende Verallgemeinerung

---

[131] Solche Überlegungen sind nicht skilaufspezifisch. In vergleichbarer Weise können auch die Instrument-Transformationen geprüft werden, die im Tennis das Erlernen des Rückschlagens erleichtern sollen.

des entsprechenden Sachverhalts wird auf diese strukturelle Besonderheit zwischen den Funktionsphasen führen: Die Menge der Funktionsphasen einer Bewegung ist kein beliebiges Gebilde; sie ist in sich geordnet. Eine als *funktionale Abhängigkeit* bezeichenbare Beziehung läßt bei jeder sportlichen Bewegung auf eine Abhängigkeitsstruktur schließen, die — als Funktionsphasenstruktur, kürzer als *Funktionsstruktur* bezeichnet — bei der Gestaltung der Lehrwege verwendet werden kann.

Bei letzterem ist allerdings auch noch auf eine zweite Art von Abhängigkeitsbeziehung zu achten. Sie setzt die Verlaufsformen der einzelnen Fph-Operationen miteinander in Verbindung. Die Art nämlich, wie eine Fph-Operation in ihrer räumlich-zeitlichen Verlaufsform realisiert wird, hat Einfluß auf nachfolgende Phasen. Und dieser Einfluß — teils nur qualitativ beschreibbar, teils aber auch quantitativ erfaßbar — ist wiederum nicht ohne Folgen auf die Funktion dieser Phasen. In solchen Fällen soll dann von *Folge-Abhängigkeiten* gesprochen werden.

Beide Beziehungsarten lassen sich am Beispiel der Richtungsänderung im Skilaufen verdeutlichen. Wenn dort festgestellt werden kann, daß zur Erleichterung der bei der Skidrehung ausgeführten Operationen eine Funktionsphase vorgeschaltet werden kann, so verbindet die Funktionsphase F_d des Drehens und die Funktionsphase F_e des Entlastens eine Beziehung, die als funktionale Abhängigkeit zu beschreiben ist: Operations- und Verlaufsmodalitäten der Phase des Entlastens sind insofern *abhängig von* der Phase des Drehens, als ihre Funktion auf das Verbessern der in F_d ausgeführten Operationen bzw. auf das Verbessern der Verlaufsmodalitäten dieser Operationen gerichtet ist: Das Drehen der Ski kann früher beginnen und läßt sich schneller und leichter ausführen. Diese Art von Abhängigkeit drückt sich dann zum Beispiel darin aus, daß beim Herausgreifen einer bestimmten F_d-Operation des Skidrehens nicht mehr alle denkmöglichen F_e-Operationen des Entlastens in Frage kommen. Soll man beispielsweise die Drehung der Ski in F_d mit einer Unterschenkelrotation vollziehen, so wird eine durch Strecken der Beine zu erreichende (Hoch-)Entlastung wegfallen, da bei gestrecktem Bein der Unterschenkel nicht mehr gedreht werden kann.

An diesem Beispiel wird aber zugleich auch deutlich, wie sich Folge-Abhängigkeiten auswirken können: Wenn die Operationen in F_e „schlecht" ausgeführt werden, wenn sie also beispielsweise sehr langsam vollzogen werden, so kann vorausgesagt werden, daß das Drehen der Ski nicht mehr (oder nur unvollständig) gelingt. Die Folge wird sein, daß der Skiläufer bogeneinwärts stürzt, weil er die in der Regel schon eingenommene Innenlage nicht (durch die beim Skidrehen und Kanten erst entstehenden Trägheitskräfte) ausbalancieren kann. Solche Folgen können nicht immer in Form eines gesetzmäßigen Zusammenhangs formulierbar sein. Der erfahrene Skiläufer wird die abweichende Situation erkennen und beispielsweise mit einem bogeneinwärts gerichteten Schritt oder Sprung die Balance wiederherzustellen versuchen. Dieses Beispiel widerspricht jedoch nicht dem Sachverhalt, daß zwischen den Phasen bzw. zwischen ihren Operationen oder ihren Verlaufsformen auch Folge-Abhängigkeiten zu berücksichtigen sind.

Über die Diskussion der *funktionalen Abhängigkeit* wird sich nun das abgrenzen lassen, was an Operationen und Verlaufsmodalitäten *im Hinblick auf eine* (in ihren Operations- und Verlaufscharakteristika vorgegebene) *andere Funktionsphase* möglich ist. Durch die Beschreibung der *Folge-Abhängigkeiten* wird dagegen auf das eingegangen, was sich notwendigerweise als *Folge bestimmter Realisierungsformen* ergibt oder aber auch ergeben würde, wenn nicht diese oder jene Korrektur im aktuellen Ablauf vorgenommen werden würde. Bei der Nutzung der Ergebnisse einer funktionalen Bewegungsanalyse verweist die Untersuchung der funktionalen Abhängigkeiten daher vor allem auf die *Möglichkeiten,* die der Lehrende für die Gestaltung der Lehr-Lern-Situation (vorab) überlegen kann. Die Untersuchung der Folge-Abhängigkeiten macht dagegen die *Notwendigkeiten* deutlich, die der Lernende während der Realisierungen einer Bewegung zu beachten hat.

Funktionale Abhängigkeit und Unabhängigkeit als Grundlage der Typisierung verschiedener Funktionsphasen

Wenn nachfolgend die am Beispiel des Entlastens der Ski aufgezeigte funktionale Abhängigkeit und deren Komplementbeziehung, die funktionale Unabhängigkeit, auf eine allgemein verwendbare Definitionsgrundlage gebracht werden, so soll zugleich darauf verwiesen werden, daß in bisherigen Phasengliederungen bereits von solchen Beziehungen Gebrauch gemacht wurde. Allerdings, und darauf wird genauer einzugehen sein, sind einige wichtige Unterschiede zu nennen.

In Anlehnung an das obige Beispiel wird eine Funktionsphase als *funktional abhängig* von einer weiteren Funktionsphase gesehen, wenn die Funktion jener Phase (und gegebenenfalls auch deren Operations- und Verlaufscharakteristika) nur dadurch beschrieben werden kann (bzw. können), daß auf diese weitere Funktionsphase (bzw. auf deren Operations- oder Verlaufsmerkmale) Bezug genommen werden muß.

Unter Berücksichtigung dieser Definition kann das Einnehmen einer Innenlage während einer Richtungsänderung (vgl. 126) als eine vom Skidrehen und Skikanten funktional abhängige Phase ebenso angesehen werden wie das Einnehmen einer bestimmten Körper- und Bein-Stellung während des Rückschlags im Tennisspiel (vgl. 115) oder auch wie das als Kontern bezeichnete Hüftbeugen und Strecken beim Vorschwingen im Langhang zum Kippaufschwung. Jede der entsprechenden Funktionen ist beschreibbar, wenn auf andere Funktionsphasen Bezug genommen wird.

Diese funktionale Abhängigkeitsbeziehung ist bei den bisherigen Phasengliederungen schon immer implizit zur Definition der einzelnen Phasentypen verwendet worden. So konnte beispielsweise die Vorbereitungsphase bei MEINEL oder die einleitende oder überleitende Funktionsphase bei RIELING u. a. nur in bezug auf die Hauptphase bzw. auf die Hauptfunktionsphase definiert werden; sie setzt diese Phase stets voraus. Explizit wird von einer solchen Beziehung jedoch erst in MEINEL / SCHNABEL (1976) gesprochen: Unter dem Begriff der *Zweck-Relation* bzw. der *Final-Relation* wird darauf hingewiesen, daß zwischen Vorbereitungs- und Hauptphase eine Beziehung besteht, „die bereits bei der Programmierung des Bewegungsakts die Vorbereitungsphase in allen Zügen der Hauptphase unterordnet" (MEINEL / SCHNABEL 1976, 109). Charakteristisch für ein solches Vorgehen ist, daß die Art der Beziehung zwischen einzelnen Funktionsphasen erst *nach* Definition der verschiedenen Phasentypen festgestellt wird. Das ist nun allerdings insofern inkonsequent, als diese Beziehung bereits der Definition zugrundegelegt wird. Bei der Vorbereitungsphase heißt es zum Beispiel, daß ihre Funktion — allgemein gesehen — in der Schaffung optimaler Voraussetzungen für die erfolgreiche und ökonomische Ausführung der Hauptphase besteht (vgl. MEINEL / SCHNABEL 1976, 104). Die Zweck-Relation zwischen der Vorbereitungs- und Hauptphase muß nicht besonders hervorgehoben werden. Sie ist in der Definition dieser Phasen schon enthalten. Konsequent wäre jedoch, einen bestimmten Phasentyp erst auf Grund von bestimmten Beziehungen zu definieren, die ihn im Vergleich zu anderen Phasentypen hervorheben.

Während so MEINEL / SCHNABEL mit der Definition von verschiedenen Funktionsphasen beginnen und erst danach auf die (für die Definition schon benötigte) Zweck-Relation eingehen, wird in dieser Arbeit erst nach der Definition der Funktionsphase — als dem allgemeinen Analyseelement — auf Grund der Einführung der funktionalen Abhängigkeitsbeziehung eine Klassifizierung dieser Funktionsphasen in (zunächst einmal) zwei Phasentypen vorgenommen.

Dazu ist die vorliegende Definition in der Weise zu vervollständigen, daß in logischer Konsequenz zum Bisherigen als *funktional unabhängige* Funktionsphasen einer Bewegung solche anzusehen sind, bei denen die

Charakterisierung der Funktion *nicht* auf andere Funktionsphasen Bezug nehmen muß.

Als Beispiel kann, um zunächst noch an der bisher bevorzugt behandelten Bewegung der Richtungsänderung im Skilauf zu bleiben, die Phase des Skidrehens und Skikantens als eine solche funktional unabhängige Funktionsphase gesehen werden. Die Funktion des Skidrehens und Skikantens ist aus dem Bewegungsziel „Richtungsänderung" und der Movendumbedingung „Ski" erkennbar. Ein Verweis auf andere Phasen ist nicht notwendig. Entsprechend ist auch die Phase des Ballkontakts während der Rückschlagbewegung im Tennisspiel (oder im Volley- oder Faustballspiel) als eine funktional unabhängige Funktionsphase zu sehen. Die in dieser Phase zu erreichende Funktion, nämlich den Ball so zu „manipulieren", daß ein Treffer erreicht werden kann, benötigt zu ihrer Charakterisierung lediglich die Festlegung des Bewegungsziels. Ein weiteres Beispiel einer funktional unabhängigen Phase ist schließlich noch das Überqueren der Hochsprunglatte aus einem einbeinigen Absprung heraus. Auch hier ist zur Funktionscharakterisierung lediglich das Bewegungsziel heranzuziehen.

Ähnlich wie beim Beispiel des Hochsprungs könnten die funktional unabhängigen Phasen bei Salto-Bewegungen definiert werden. Doch zeigen sich hier schon erste Notwendigkeiten der Differenzierung. Wird der Salto lediglich als eine im Flug zu vollziehende Rotation um die Körperquerachse gesehen, so ist nur die Flugphase die funktional unabhängige Phase, da die in ihr zu erreichende Funktion allein aus dem Bewegungsziel ableitbar ist. Man kann zwar aus dieser Bedingung wiederum notwendig auf eine Phase verweisen, in der die Funktion der Einleitung der Rotation erreicht werden muß. Doch ist diese Phase als funktional abhängig von der Flugphase zu sehen, da sie in bezug auf diese erst definiert werden kann. Infolgedessen bleibt auch offen, ob diese Bewegung aus einem Absprung oder aus einem Aufschwung oder gar über einen Abwurf vom Partner oder Schleuderbrett eingeleitet wird. Bezüglich des in diesem Fall vorgegebenen Bewegungsziels sind die entsprechenden Operationen funktional gleichwertig. Wird der Salto jedoch bereits als eine Querachsenrotation im Flug angesehen, bei dem der Flug aus einem Absprung einzuleiten ist, dann beinhaltet die funktional unabhängige Phase auch noch das Abspringen. Sie besteht dann aus zwei gegenseitig voneinander (funktional) abhängigen Funktionsphasen, die erst beide zusammen eine funktional unabhängige Phase ergeben. Das Abspringen kann dann auch nicht mehr mit einem Aufschwingen beispielsweise ersetzt werden, weil es in der Zielsetzung bereits mitenthalten ist. Konsequenter wäre es daher, in diesem Fall von einem *Sprung-Salto* zu sprechen.

An diesem letzten Beispiel wird deutlich, daß funktionale Abhängigkeit und funktionale Unabhängigkeit in der hier eingeführten Weise keine der sportlichen Bewegung an sich zukommenden Beziehungseigenschaften sind. Sie sind vielmehr wesentlich durch die Festlegung der Bezugsgrundlagen, insbesondere der Bewegungsziele geprägt. Das ist insofern auch zu erwarten gewesen, als die Grundkonzeption der in dieser Arbeit verfolgten Bewegungsanalyse ja nach dem eingangs umrissenen bedingt-funktionalen Bewegungsverständnis ausgerichtet sein sollte. Und da für dieses Verständnis die nur bedingt-gültige Zielsetzung charakteristisch war, mußte erwartet werden, daß eine Veränderung der Bewegungsziele sich gegebenenfalls auch auf die Abhängigkeit oder Unabhängigkeit einzelner Phasen auswirken kann.

Haupt- und Hilfsfunktionsphasen

Es wird im folgenden für die funktional unabhängigen Funktionsphasen der Begriff der *Hauptfunktionsphase* und für die funktional abhängigen Funktionsphasen der der *Hilfsfunktionsphase* verwendet werden. Damit wird auf eine inhaltliche Verwandtschaft mit den Phasentypen von RIELING bzw. MEINEL verwiesen. Volle inhaltliche Übereinstimmung liegt jedoch nicht vor.

Das läßt sich für die Hauptfunktionsphase am oben erwähnten Beispiel der Saltobewegung verdeutlichen. Da MEINEL wie auch RIELING davon ausgehen, daß die Saltobewegung sich als Lösung einer charakteristischen Bewegungsaufgabe bestimmen läßt — MEINEL spricht pauschal von einer „eigentlichen" Bewegungsaufgabe und RIELING legt sie im Rahmen der Strukturmerkmale der Bewegungen des Gerätturnens explizit fest (vgl. 41 f.) —, können bei der Analyse dieser Bewegung die Hauptfunktionsphasen in den verschiedenen Bedeutungen nur dann mit der hier zugrundegelegten übereinstimmen, wenn bei der funktionalen Bewegungsanalyse auch von dieser „letztlich typischen" oder „eigentlichen" Bewegungsaufgabe ausgegangen wird. Ein solches Vorgehen ist zwar möglich, im Sinne des bedingt-funktionalen Bewegungsverständnisses erscheint es jedoch nicht angebracht, weil unter dieser Prämisse keine letztlich typische oder letztlich richtige Aufgabenstellung gestellt werden kann.

Weitere Unterschiede werden deutlich, wenn auf verschiedene Besonderheiten eingegangen wird, die bei Hauptfunktionsphasen (im Sinne dieser Arbeit) zu beachten sind.

(a) In bisherigen Phasengliederungen ist man bis vor kurzem davon ausgegangen, daß es bei einer sportlichen Bewegung stets nur genau eine Hauptphase bzw. Hauptfunktionsphase gibt. Erst MEINEL / SCHNABEL (1976,

117) und LEIRICH (1976, Heft 5, 8) erkennen, daß dies durchaus nicht immer zutrifft. Bei dem hier eingeschlagenen Weg läßt sich aus den Definitionen bislang gleichfalls lediglich ableiten, *daß* es überhaupt eine solche in jedem Bewegungsablauf geben muß. Dazu ist zu beachten, daß, wenn eine Bewegung in *endlich* viele Funktionsphasen gegliedert wird, jede (Teil-)Folge von funktional abhängigen Phasen auch nicht beliebig lange fortgesetzt werden kann. Dies bedeutet: Es muß *mindestens eine* diese Folge beendende Funktionsphase geben, die zu ihrer Funktionscharakterisierung keiner weiteren Funktionsphase mehr bedarf und daher *funktional unabhängig* ist. Dieser Schluß erlaubt aber nur den Existenznachweis von mindestens einer Hauptfunktionsphase. Er schließt die Existenz *weiterer* solcher Phasen nicht aus, und er sagt auch nichts darüber aus, wie viele solcher Phasen höchstens vorkommen können.

Als Beispiele für Bewegungsabläufe mit mehr als einer Hauptfunktionsphase können vor allem die Bewegungen aus der Jazz-Gymnastik bzw. des Jazz-Tanzes herangezogen werden. Für diese ist ja charakteristisch, daß man nicht — wie in der rhythmischen Gymnastik — von Ganzkörperbewegungen, sondern von isolierten Bewegungen ausgeht. Die Bewegungen setzen sich gewissermaßen additiv aus getrennten und unabhängig voneinander auszuführenden Bewegungen verschiedener Körperzentren (wie Kopf und Hals, Schultergürtel, Brustkorb, Becken, Arme und Beine) zusammen. Man hat zu lernen, „die einzelnen Körperzentren unabhängig voneinander, eben isoliert einzusetzen und zu bewegen" (vgl. GÜNTHER 1969, 26).

(b) Als eine weitere Besonderheit ist zu beachten, daß manche Hauptfunktionsphasen sich erst aus der Überlagerung von (mindestens) zwei Funktionsphasen ergeben. Das ist zum Beispiel dort der Fall, wo eine Funktionsphase F_1 von einer anderen Phase F_2 funktional abhängig ist, diese ihrerseits aber auch wieder von F_1. Durch diese *gegenseitige* funktionale Abhängigkeit ergibt sich dann, daß erst zur Charakterisierung der Funktion der — aus der Vereinigung beider Phasen entstehenden — neuen Phase $F_1 F_2$ auf keine andere Phase mehr Bezug genommen werden muß. Daher ist erst $F_1 F_2$ Hauptfunktionsphase.

Ein Beispiel dieser Art ist das Skidrehen und Skikanten. Die Phase des Skidrehens ist unter dem Ziel der Richtungsänderung funktional abhängig vom Skikanten, da ein gedrehter Ski zur Fahrtrichtungsänderung erst dann beiträgt, wenn er eingekantet wird. Und umgekehrt ist das Skikanten funktional abhängig vom Skidrehen, da die Änderung der Fahrtrichtung des Skiläufers erst dann möglich ist, wenn der gekantete Ski auch gegen die Fahrtrichtung gedreht wird. Infolgedessen ist das Skidrehen und Skikanten zusammen nicht mehr von anderen Phasen funktional abhängig; beide zusammen bilden also eine Hauptfunktionsphase.

Ein zweites Beispiel ergibt sich, wenn man den Rückschlag im Tennisspiel unter wettbewerblicher Zielsetzung etwas differenzierter als bisher betrachtet. Die Phase des Ballkontakts wurde oben noch als funktional unabhängige Phase bezeichnet (vgl. 180); ihre Funktion — den Ball so in einen Bewegungszustand zu versetzen, daß er mit hoher Wahrscheinlichkeit einen Treffer bringt — konnte ohne Verweis auf andere Phasen charakterisiert werden. Genau besehen nimmt man in dieser Funktionscharakterisierung aber Bezug auf eine andere Phase: auf jene nämlich, in der der Ausführende sich entscheiden muß, welcher Bewegungszustand (welche Flugrichtung, welches Tempo, welcher Schnitt, usw.) höchstwahrscheinlich einen Treffer bringen wird. Daß es sinnvoll sein kann, einer solchen Entscheidungs-Operation auch eine Funktion zuzuordnen, läßt sich verdeutlichen, wenn man den Unterschied zwischen dem Rückschlag im Tennis in wettbewerblicher Form und dem Rückschlag im Anfängerunterricht betrachtet. Bei letzterem wird dem Anfänger in der Regel die (Teil-)Aufgabe erlassen, darüber nachzudenken, welcher Bewegungszustand des Balls eine hohe Trefferwahrscheinlichkeit haben könnte (vgl. 114). Daß eine solche Entscheidungs-Phase — die beispielsweise auch im Billard- oder Golfspiel zu finden und, weil keine Einschränkungen den Spieler zur sofortigen Ausführung zwingen, unter Umständen auch beobachtbar ist — ihrerseits wiederum von der Phase des Ballkontakts abhängt, kann daran erkannt werden, daß die in ihr zu treffende Entscheidung mit der Überlegung gekoppelt werden muß, durch welche Schlagtechnik der gewünschte Bewegungszustand des Balls erreichbar ist und ob diese Schlagtechnik dem Ausführenden auch zur Verfügung steht. Da daher beide Phasen in ihrer Funktionscharakterisierung gegenseitig aufeinander Bezug nehmen, könnte erst ihre Vereinigung als eine funktional unabhängige Phase gesehen werden[132].

(c) Schließlich ist als eine dritte Besonderheit der Hauptfunktionsphasen zu beachten, daß Modifikationen der Bezugsgrundlagen auch zu Veränderungen der Hauptfunktionsphasen führen können. Solche Modifikationen liegen beispielsweise dort vor, wo einzelne Bewegungen miteinander gekoppelt werden sollen. Als Beispiel kann der Stützüberschlag rückwärts gewählt werden, der einmal als selbständiger Bewegungsablauf und einmal als Teilbewegung einer Sprungfolge, etwa als Vorbewegung zum

---

[132] Das Beispiel macht deutlich, daß die Einschränkung, nur motorische Ausführungshandlungen in die funktionale Bewegungsanalyse einzubeziehen (vgl. 17 f.), nicht ohne Probleme ist.

Salto rückwärts, gesehen werden soll. Im ersten Fall kann als *Hauptfunktionsphase das Springen rückwärts in das flüchtige Handstehen*, dagegen das nachfolgende Senken der Beine in den (Hock-)Stand als eine funktional abhängige Funktionsphase gesehen werden; in dieser letzten Phase ist die labile Bewegungssituation des flüchtigen Handstehens in eine stabilere überzuführen. Das ist im zweiten Fall der Sprungfolge *nicht mehr möglich*. Hier muß das Senken vom flüchtigen Handstehen zu einem explosiven Abdrücken bzw. Abspringen von den Händen umgeformt werden. Und damit dies gelingt, muß auch der Sprung rückwärts ins flüchtige Handstehen, also die bisherige Hauptfunktionsphase, entsprechend umgeformt und *in seiner Funktion und seinen Operations- und Verlaufscharakteristika der nachfolgenden Phase angepaßt werden*: Er muß flacher ausgeführt und in einer relativ genau festgelegten Landeposition (vgl. WIEMANN 1971, 91) beendet werden, damit er für die nachfolgende Phase des Abspringens von den Händen geeignete positionelle und energetische Voraussetzungen liefern kann; die Hauptfunktionsphase ist daher zur Hilfsfunktionsphase geworden.

Aber nicht nur bei den Hauptfunktionsphasen, auch hinsichtlich der Hilfsfunktionsphasen sind Gemeinsamkeiten wie auch Unterschiede zur Phasentypisierung von MEINEL / SCHNABEL bzw. RIELING zu beachten. Die hier zugrundegelegte Charakterisierung der funktionalen Abhängigkeitsbeziehungen legt zunächst einmal nur fest, daß bei der Definition der Funktion einer Phase notwendig auf eine weitere Phase Bezug zu nehmen ist. Untersucht man die entsprechenden Abhängigkeiten im einzelnen, so lassen sich bei aller Unterschiedlichkeit der einzelnen sportlichen Bewegungen gewisse Gemeinsamkeiten auffinden.

Zunächst kann festgestellt werden, daß durch Beachtung der Zeitfolge eine Typisierung der funktionalen Abhängigkeiten erreicht wird; man kann *vorbereitende, unterstützende* und *überleitende* funktionale Abhängigkeiten unterscheiden, je nachdem, ob bei der Charakterisierung der Funktion der entsprechenden Phase auf *nachfolgende, zugleich ablaufende* oder bereits *abgelaufene* Funktionsphasen Bezug genommen wird. Diese eher formale Gliederung ist jedoch in der Regel damit übereinstimmend, daß bei vorbereitenden Hilfsfunktionsphasen vorrangig die *Ausgangssituation*, bei unterstützenden dagegen eher bestimmte *Verlaufsmodalitäten* der zugehörigen Funktionsphase ermöglicht oder verbessert werden und daß bei überleitenden Hilfsfunktionsphasen vorrangig die *Endsituation* einer Funktionsphase in eine andere Bewegungssituation überzuführen ist. Infolge dieser Übereinstimmung wird die folgende Diskussion der verschiedenen

Abhängigkeitstypen an jenen Merkmalen entlanggehen können, die sich bei der Besprechung der Verlaufscharakteristika der Fph-Operationen ergeben haben (vgl. 139—154).

Vorbereitende Hilfsfunktionsphasen

Geht man davon aus, daß vorbereitende Hilfsfunktionsphasen die Ausgangssituationen des Bewegers für eine nachfolgende Funktionsphase ermöglichen oder verbessern, und berücksichtigt man, daß solche Momentsituationen beim Beweger durch die Beschreibung von Orts-, Lage-, Positions- und Bewegungszustandsattributen erfaßt werden sollen (vgl. 73), so können auch vorbereitende (funktionale) Abhängigkeiten sich im Prinzip auf je eine Gruppe dieser Situationsattribute ausrichten.

Hilfsfunktionsphasen zum Erreichen bestimmter Ortsstellen: Bei der Diskussion der Verlaufscharakteristika zu Beginn einer Funktionsphase wurde festgestellt, daß nur in wenigen Fällen die örtlichen Bedingungen an diesem Zeitpunkt beliebig gewählt werden können. In den meisten Fällen ist vielmehr davon auszugehen, daß Phasen vorgeschaltet werden müssen, deren Funktion in der Erreichung einer für die nachfolgende Phase geeigneten Ortsstelle liegt. Die Festlegung der Ortsstelle ist dabei in der Regel über die verlaufsbestimmenden Bezugsgrundlagen bestimmt. Das ist beim Abspringen vom Weitsprungbalken (Regelbedingung) oder vom Sprungbrett (Instrument- bzw. Umgebungsbedingung) der Fall, und es trifft auch für die Ortsstelle zu, an der (am leichtesten) eine Richtungsänderung im Skilaufen (Umgebungsbedingung) oder ein Torschuß (Gegnerbehinderung) eingeleitet werden kann. Sie kann sich aber auch erst durch die Analyse der vorzubereitenden Funktionsphase ergeben: Die Auswahl der Stelle, an der beispielsweise der Hochspringer abspringen soll, richtet sich nach der verwendeten Sprungtechnik und der zu überwindenden Lattenhöhe, also nach ablaufimmanenten Bedingungen.

Insofern können die Hilfsfunktionsphasen zur Erreichung bestimmter Ortsstellen als durch die Bezugsgrundlagen bedingte Notwendigkeiten, aber auch als ablaufimmanent bestimmte Möglichkeiten angesehen werden.

Hilfsfunktionsphasen zum Erreichen bestimmter Lagen oder Positionen: Doch nicht nur zum Erreichen von Ortsstellen, sondern auch zur Einnahme bestimmter Lagen oder Positionen des Bewegers sind vorbereitende Funktionsphasen notwendig oder möglich. Und auch hier machen die verschiedenen Verlaufscharakteristika zu Beginn einer Funktionsphase deutlich (vgl. 140 f.), daß das Erreichen einer bestimmten Lage und das Einnehmen einer bestimmten Position einerseits notwendigen, andererseits aber auch begünstigenden Charakter haben können.

Das Einnehmen des Kipphangs beispielsweise ist notwendige Bedingung für das Ausführen einer Kippbewegung, weil diese durch Definition aus jener spezifischen Position und Lage heraus zu beginnen hat (vgl. 156). Dasselbe gilt für die Position der Pflugstellung in der Nähe der Fallinie beim Grundschwung im Skilauf, wenn man die Form des im Skilehrplan beschriebenen Grundschwungs zugrundelegt[133]. Auch hier ist diese Position als Ausgangsposition für die Phase des nachfolgenden Drehabstoßes definitorisch festgelegt. Die in diesen Fällen zur entsprechenden Positionserreichung auszuführenden Operationen sind daher mit den Rahmenbedingungen bestimmt, also letztlich notwendig, wenn diese Bedingungen eingehalten werden sollen.

Nicht mehr unbedingt notwendig dagegen sind die Phasen, die beispielsweise vor den mit Hochentlastung gefahrenen Richtungsänderungen im Skilauf ausgeführt werden. Wenn man dort etwa versucht, die Ski während eines Tiefgehens leicht gegen die Fahrtrichtung anzustellen, so ist dies damit begründbar, daß durch diese Ski- bzw. Bewegerstellung die nachfolgende Hochbewegung verbessert werden kann. Und ebenso kann man nur von der Möglichkeit einer Verbesserung des Nachfolgenden sprechen, wenn man beim Sohlumschwung am Reck oder Stufenbarren vor dem Abschwung eine möglichst eng gebückte Position und eine entsprechend hohe Ausgangslage einzunehmen versucht; unbedingt notwendig ist das Erreichen bzw. Einnehmen solcher Positionen bzw. Lagen nicht.

Hilfsfunktionsphasen zum Erreichen bestimmter Bewegungszustände: Vorbereitende Hilfsfunktionsphasen können schließlich auch noch dort vorliegen, wo das Bewegersystem oder ein Teil von ihm einen bestimmten Bewegungszustand nur deshalb zu erreichen hat, weil gewisse Folgeoperationen aus diesem Bewegungszustand heraus überhaupt erst ermöglicht oder aber erleichtert werden.

Ermöglicht werden beispielsweise Bewegungen während einer Flugphase in der Regel dadurch, daß ihnen Absprungbewegungen vorausgehen. Der Absprung ist daher in seiner Funktion auch genau nach dem auszurichten, was in der nachfolgenden Flugphase zu erreichen ist. Zur Erleichterung dienen dagegen die Entlastungsbewegungen im Skilauf, weil sich das zur Richtungsänderung notwendige Drehen der Ski unter verringerter Belastung leichter einleiten bzw. durchführen läßt. Dasselbe ist der Fall beim Schleudern an den Ringen, wo die explosive, rückwärts aufwärts gerichtete Streckbewegung in den Hüft- und Schultergelenken einen kurzzeitigen Entlastungszustand herstellt, der zum „Auskugeln" der Arme genutzt wird. Zur Verbesserung der nachfolgenden Operationen dienen schließlich alle Anlauf-, Anschwung- oder Ausholbewegungen, bei denen der Ausführende

---

[133] Vgl. Anm. 128, S. 171.

sich (oder Teile seines Systems) in Bewegung zu versetzen versucht, um entweder — wie beim Weitsprung — bereits in einem für die nachfolgende Operation günstigen, weil gleichsinnig gerichteten Bewegungszustand zu sein oder um durch das Abbremsen dieses Bewegungszustands die nachfolgende Operation bereits mit einer höheren Anfangskraft beginnen und dadurch den Gesamtimpuls der Bewegung verbessern zu können (vgl. 147).

Unterstützende Hilfsfunktionsphasen

Funktionale Abhängigkeitsbeziehungen wurden unterstützend genannt, wenn die Charakterisierung der Funktion auf eine *zugleich* verlaufende Funktionsphase verweist. Wie bereits bei den vorbereitenden Abhängigkeiten kann auch hier festgestellt werden, daß das Weglassen der unterstützenden Phase nicht in allen Fällen zum Nichterreichen der unterstützten Phase führen muß. Die Unterstützung kann ebenso notwendige wie auch nur mögliche Bedingung für andere Phasen sein. Und ähnlich den vorausgegangenen Überlegungen können auch hier in Abhängigkeit von den zu unterstützenden Operationen und deren Verlaufscharakteristika verschiedene Beziehungstypen genannt werden. Hierbei ist allerdings zu beachten, daß die Operations- und Verlaufsmerkmale der unterstützenden Phase im Prinzip mit den sie bedingenden Funktionsphasen zu einer einzigen Phase zusammengefaßt werden können. Die auf diese Weise erweiterte Funktionsphase wäre dann durch entsprechende Überlagerung der Operations- und Verlaufsmerkmale zu beschreiben. Eine solche Zusammenfassung würde zwar eine gesonderte Untersuchung funktionsunterstützender Abhängigkeit erübrigen. Sie würde jedoch den Verwendungsbereich der entsprechenden Analyseergebnisse einschränken, da bei ihr zum Beispiel die funktional notwendige von der lediglich möglichen Unterstützung nicht mehr unterschieden werden kann.

Unterstützende Abhängigkeiten lassen sich in zweifacher Weise unterscheiden. Einmal handelt es sich um Operationen, die gewissermaßen parallel zu den Operationen jener Funktionsphase, auf die sich die Unterstützung richtet, auch zur Erreichung dieser Funktion eingesetzt werden können. Hier soll von *direkter* Funktionsunterstützung gesprochen werden. Zum andern handelt es sich um Operationen, die mögliche Funktionsbehinderungen vermeiden sollen. Entsprechend soll hier von indirekter Funktionsunterstützung gesprochen werden.

Direkt unterstützende Hilfsfunktionsphasen: Im Falle der direkten Funktionsunterstützung lassen sich zunächst einmal Funktionsphasen abgrenzen, bei denen die Unterstützung auf die *Vielgliedrigkeit der Bewegersysteme* zurückgeht. Im Skilaufen muß der Skistock nicht unbedingt zur

Entlastung oder Gleichgewichtssicherung eingesetzt werden; er kann aber gelegentlich dabei brauchbar und nützlich sein. Ebenso muß bei Absprüngen aus dem Stand nicht notwendig ein Armschwung überlagert werden; er kann allerdings unterstützend eingesetzt werden. Und schließlich müssen auch bei einem Hand-, Fuß- oder Volleyballspiel nicht alle Spieler notwendigerweise den Ball spielen. Diese Beispiele weisen darauf hin, daß zur Erreichung der jeweiligen Funktion nicht notwendig alle Teile eines Bewegers eingesetzt werden müssen, so daß eine direkte Funktionsunterstützung durch das Einsetzen weiterer Bewegerteile erreicht werden kann.

Direkte Funktionsunterstützung ist aber auch dort erreichbar, wo bestimmte Bewegerteile durch *zusätzliche Operationen* bislang noch *ungenutzte (äußere) Kräfte* hervorrufen können. Im Skilaufen beispielsweise kann der Wechsel der Innenlage, der bei einer Folge von Richtungsänderungen notwendig wird, und der (normalerweise) durch entsprechenden Abdruck vom inneren Bein erreicht wird, auch durch Trägheitskräfte unterstützt werden, wenn der Ausführende die Bahnkurve zum Schwungende hin nur noch einmal etwas stärker zu krümmen versucht. Er nutzt damit den Effekt aus, den auch Radfahrer oder Rollbrettfahrer beispielsweise ausnutzen, um sich aus der Innenlage aufzurichten. Notwendig ist diese Phase beim Skiläufer nicht, sie kann aber zusätzlich (bei entsprechendem Können vielleicht sogar auch allein) die Funktion des Aufrichtens aus der Innenlage unterstützen (bzw. ersetzen).

Des weiteren muß von direkter Funktionsunterstützung auch dort gesprochen werden, wo die zur Erreichung einer Funktion eingesetzten Bewegerteile durch zusätzliche Operationen die *Wirkungszeit der entsprechenden Funktion zu verlängern* versuchen: Wenn normalerweise der Übergang von der Kipplage in den Stütz am Barren durch eine explosive Hüftstreckung (den Kippstoß) erreicht wird, so kann die Funktion dieser Operation nicht nur im Sinne der zuerst genannten Möglichkeit durch ein zusätzliches Abdrücken der Arme unterstützt werden, sie kann auch noch durch ein schnelles Arretieren des Hüftgelenks im Anschluß an die explosive Streckung die Funktion des Aufrichtens des Oberkörpers in die „Normallage" unterstützen (vgl. KASSAT 1977). Ähnliches gilt für das sogenannte „weiche Landen" nach einer mehr oder weniger explosiven, als Entlastung gedachten Streckbewegung im Skilaufen; auch hier wird die mit der Hochbewegung zu erreichende Funktion der Entlastung in ihrer Wirkungszeit verlängert (vgl. FUKUOKA 1972). In beiden Fällen ist die zusätzliche Operation nicht unbedingt notwendig, aber in beiden Fällen kann sie die Wirkung der Fph-Operation wirksam unterstützen.

Schließlich müssen auch jene Phasen als direkt funktionsunterstützend eingeordnet werden, deren Funktion auf die während einer Fph-Operation zu beobachtende *Verbesserung der Kontaktstelle zwischen Beweger und Umgebung* gerichtet ist. Die meisten Bewegungen im Sport kommen nur dadurch zustande, daß der Ausführende Kräfte auf die Umgebung richtet, deren Reaktionskräfte wiederum seine Fortbewegung bewirken (die Teilkörperverlagerungen im Flug beim Trampolinspringen oder beim Sprungwurf im Hallenhandball oder bei der Lattenüberquerung im Hochsprung sind hier also auszuschließen). In diesen Fällen lassen sich vielfach besondere Operationen erkennen, deren Funktion nur in der Verbesserung bzw. in der Bestgestaltung der Kontaktstelle zwischen Umgebung und Ausführendem ist. Beim Kippaufschwung ist mit dem Obergriff während des Aufschwungs bereits eine solche Hilfsfunktion angesprochen worden, ebenso bei dem Seitwärts-auswärts-Führen des Schlittschuhs beim Schnellaufen oder Abspringen (vgl. 99). Allgemein können hier aber nahezu alle Hand- oder Fußstellungen genannt werden, wenn sie zur Verbesserung des Kontakts zur Umgebung dienen.

Indirekt unterstützende Hilfsfunktionsphasen: Im zweiten Fall der indirekten Funktionsunterstützung steht die *Stabilisierung beweglicher Teile des Bewegers* im Vordergrund. Denn so wie die vielgliedrige Bewegbarkeit des Bewegers einerseits den unterstützenden Einsatz noch nicht genutzter Teile erlaubt, so kann sie andererseits aber auch die Operationen einzelner Teile an der Funktionserreichung behindern. In diesen Fällen werden Operationen abgrenzbar, deren Funktionen in der Verhinderung von Bewegung bzw. in der Stabilisierung beweglicher Teile liegen.

Die Stabilisierung von zwei oder mehr beweglichen Teilen des Bewegers kann insofern indirekt unterstützend wirken, als die durch sie bewirkte Vergrößerung der Masse auch zu anderen Trägheitskräften und damit zu einer veränderten Bewegbarkeit der zu bewegenden Teile führt. Von Vorteil kann dies beispielsweise bei Bewegungen mit erhöhten Gleichgewichtsanforderungen der Fall sein: Beim Gehen, Laufen oder Hüpfen auf dem Schwebebalken entsteht durch die Stabilisierung verschiedener Gelenkverbindungen derselbe Effekt, den die Seiltänzer durch Verwendung von Balancierstangen auszunutzen versuchen.

Derselbe Grund der veränderten Bewegbarkeit gilt auch für die Stabilisierungsanforderungen, die man im Turnen vor allem an die Ausführungen von Drehbewegungen stellt. Pendelschwünge am Reck, am Barren oder an den Ringen können als Drehungen um schwerpunktferne Geräteoder Körperachsen nur dann geeignet verstärkt werden, wenn durch Körperstabilisierungen die Schwingungszeiten (und damit ebenfalls wieder die Bewegbarkeit) der einzelnen Körperteile aufeinander abgestimmt werden.

Ganz andere Gründe hat dagegen die Stabilisierung von Bewegerteilen dort, wo jene *Operationsgewohnheiten und reflexhaften Aktivitäten* des Ausführenden verhindert werden sollen, die sich auf ablaufende Funktionsphasen nachteilig auswirken können. Skilaufanfänger neigen sich beispielsweise während des Schrägfahrens oder auch während des Bogenfahrens mit dem Oberkörper zur Bergseite bzw. zur bogeninneren Seite hin. Diese Anfängergewohnheit ist sowohl für das Schrägfahren als auch für das Bogenfahren hinderlich, weil sie beim Bogenfahren zum Beispiel zu einer starken Belastung der Innenkante und damit zu erschwertem Weiterdrehen des Ski führt. Wenn in der Methodik des Skilaufs daher empfohlen wird, den Oberkörper talseits zu neigen — obwohl eine Mittelstellung für das Einkanten genügen würde — so kann dies in gewisser Weise als eine Möglichkeit gesehen werden, der Funktionsbehinderung durch Gewohnheit entgegenzuwirken.

Überleitende Hilfsfunktionsphasen

Schließlich waren Hilfsfunktionsphasen auch noch als *überleitend* charakterisiert worden, wenn ihre Funktion nur unter Einbeziehung von vorausgegangenen Funktionsphasen definiert werden kann. In der Regel kommt diesen Phasen die Aufgabe zu, den gegen Ende der vorangehenden Funktionsphase vorliegenden Bewegungszustand bzw. allgemeiner, die dort vorliegende bzw. erreichte Bewegungssituation in einen neuen Bewegungszustand bzw. in eine neue Bewegungssituation überzuführen. Um mehr über diese Hilfsfunktionsphasen zu erfahren, ist daher die Bewegungssituation gegen Ende einer Funktionsphase zu beachten. Es hat sich gezeigt (vgl. 152—154), daß auf Grund der jeweils gegebenen Bezugsgrundlagen, aber auch wegen ablaufimmanenter Gegebenheiten das Ende von Fph-Operationen verschiedenen Einschränkungen unterliegen kann. Am Beispiel der Landevorbereitungen bei einer Saltodrehung, beim Weitsprung oder auch beim Skisprung war darauf hingewiesen worden, daß diese Einschränkungen oft zu zusätzlichen Operationen zwingen. Da für diese Einschränkungen unterschiedliche Gründe verantwortlich sind (vgl. 153 f.), sind auch die überleitenden Hilfsfunktionsphasen entsprechend zu unterscheiden.

Ohne Bedeutung (und nur der Vollständigkeit halber zu nennen) sind jene Phasen, bei denen erst *nach* Erreichen der Zielsituation für eine Überleitung in eine normale Bewegungssituation zu sorgen ist. In welcher Weise der Läufer nach Erreichen des 100-m-Ziels oder der Ski- oder Bobfahrer nach Überfahren der Ziellinie seinen zur Erreichung dieses Ziels notwendigen Bewegungszustand wieder „normalisiert", bleibt ohne Einfluß auf den Vorgang der Zielerreichung. Eine spezielle Analyse erübrigt sich daher in diesem Fall. In der Regel findet man solche Phasen bei Bewegungen, die unter Zeitoptimierung oder Schwierigkeitsoptimierung auszuführen sind.

Zielansteuernde Hilfsfunktionsphasen: Wesentliche Bedeutung für das Erreichen der Zielsituation haben dagegen jene überleitenden Hilfsfunktionsphasen, deren Funktion darin besteht, ein *Übersteuern* der Zielsituation zu *verhindern*.

Es gibt Phasen, deren Operationen dadurch charakterisiert werden können, daß sie einerseits zu bestimmten Zielsituationen hinführen, daß sie andererseits aber zugleich auch wieder über dieses Ziel hinaus führen. Das Skidrehen und Skikanten sind beispielsweise ebenso wie das Anhocken und das In-der-Hocke-Bleiben bei einer Saltobewegung Operationen, die zur gewünschten Zielsituation hin, aber zugleich auch über sie hinaus führen können. Da in diesen Fällen das Bewegungsziel *nicht* im *Passieren* einer (momentanen), sondern im *Erreichen* einer zumindest kurzzeitig stabilen Bewegungssituation liegt, *muß* von einem bestimmten Zeitpunkt bzw. einer bestimmten Stelle ab eine *Überleitung* stattfinden, die ein Übersteuern oder Passieren dieser Zielsituation verhindert. Die Aufgabe der entsprechenden Hilfsfunktionsphasen wird daher einerseits vom vorliegenden Bewegungszustand der ablaufenden Funktionsphase, andererseits von der zu erreichenden Zielsituation geprägt. Im Unterschied zur vorbereitenden Abhängigkeit ist daher bei überleitenden Funktionsphasen eine *zweifache* Abhängigkeit gegeben.

Anschluß ermöglichende Hilfsfunktionsphasen: Überleitende Hilfsfunktionsphasen sind schließlich auch noch dort auszumachen, wo die Zielsituation einer Fph-Operation *in eine Ausgangssituation einer neuen Fph-Operation* überzuführen ist, wo also der Anschluß an andere Aktivitäten erreicht werden soll. Dabei sind zwei Fälle zu unterscheiden. Es kann sein, daß — wie bei der Kippe am Barren, wenn sie ohne Unterbrechung ins Handstehen weitergeturnt werden soll — die bei einer Fph-Operation erreichbare Zielsituation *zugleich* Ausgangssituation für eine nachfolgende Fph-Operation ist. Und es kann sein, daß zwischen diesen beiden Situationen notwendig eine zeitliche Trennung — eine Zwischenphase — einzulegen ist.

Im ersten Fall entspricht die in der Regel erreichbare Zielsituation meist schon *näherungsweise* der gewünschten neuen Ausgangssituation. Lediglich in einigen Situationsattributen der Lage oder der Position oder des

Bewegungszustands ist sie noch geringfügig zu modifizieren. Der Vorgang des Erreichens der (ursprünglichen) Zielsituation — bei der Kippe am Barren ist es das Erreichen der Stützposition — muß daher derart modifiziert werden, daß die zusätzlich notwendigen Situationsattribute rechtzeitig erreichbar sind. Der Kippstoß ist daher beispielsweise so explosiv auszuführen und vor Erreichen der Körperstreckung wieder zu arretieren, daß der Ausführende nicht nur in einen Stütz, sondern in einen „hohen" oder „freien" Stütz kommt, d. h. in einen Stütz, der durch höhere Schwerpunktlagerung und geeignete Bein-Rumpfhaltung für den nachfolgenden Rückschwung in das Handstehen bereits (energetisch und positionell) günstige Bedingungen besitzt. Die Überleitung hat in diesem Fall daher eher den Charakter der *Modifikation* der einzelnen Verlaufsmerkmale einer Fph-Operation[134].

Das ist dort nicht mehr der Fall, wo die Ausgangssituation des Nachfolgenden sich in ihren Merkmalen so sehr von der Zielsituation des Vorausgehenden unterscheidet, daß eine Modifikation der ablaufenden Fph-Operation allein nicht mehr genügt, um beide Situationen in Übereinstimmung zu bringen. Im Schwimmen sind, gleichgültig welche Technik zur Fortbewegung gewählt wird, die Arme nach hinten — bezogen auf die Schwimmrichtung — zu bewegen. Die dabei sich ergebende Endsituation kann nun nicht so modifiziert werden, daß sie zugleich wieder Ausgangssituation für eine neue, Vortrieb bewirkende Folgeoperation sein kann[135]. Infolgedessen ist eine *Zwischenphase* notwendig (vgl. MEINEL / SCHNABEL 1976, 115). Ihre Funktion besteht in der Überleitung der erreichten Endsituation in die neue Ausgangssituation. Es ist naheliegend, daß solche Zwischenphasen vor allem dort vorliegen, wo das Gesamtziel einer Bewegung nicht bereits durch einmalige, sondern nur durch wiederholte Ausführung einer Fph-Operation erreicht werden kann.

Wie bei den zielansteuernden Hilfsfunktionsphasen kann auch hier festgehalten werden, daß im Unterschied zu den vorbereitenden Phasen die *zweifache Abhängigkeit* ein Charakteristikum der überleitenden Phasen darstellt: Operations- und Verlaufscharakteristika dieser Phasen sind in ihren Möglichkeiten und Notwendigkeiten daher immer unter dieser doppelten Abhängigkeit zu sehen.

---

[134] Die heute bevorzugten Formen des Gerätturnens unterscheiden sich etwa von den Übungen des Schulturnens bei JAHN (1816) oder SPIESS (1840) vor allem dadurch, daß man Bewegungsteile bevorzugt, die zu Bewegungssituationen führen, von denen aus fließend weitergeturnt werden kann.

[135] Das wäre nur dann möglich, wenn nach dem Prinzip des Schraubenantriebs kreisförmige Bewegungen quer zur Schwimmrichtung ausgeführt werden würden.

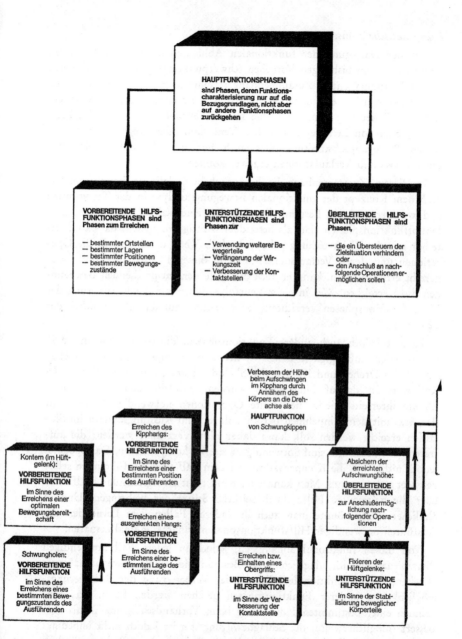

Abb. 15 a) *Allgemeine Funktionsstruktur*
b) *Spezifische Funktionsstruktur (Beispiel Schwungkippe)*

Lehrpraktische Konsequenzen

Mit der Darlegung der funktionalen Abhängigkeitsbeziehungen ist im Unterschied zum bisherigen Vorgehen schwerpunktmäßig auf das Erkennen von ablaufimmanenten Zusammenhängen eingegangen worden. Für den Lehrenden werden die dabei erkennbaren Zusammenhänge insbesondere dort von Bedeutung sein, wo er die Folgen beurteilen muß, die sich beim Konzipieren von Lehrwegen mit dem Verändern oder Weglassen von einzelnen Bewegungsabschnitten oder auch mit dem Verändern einzelner Operations- und Verlaufsformen ergeben können.

In diesem Zusammenhang ist hervorzuheben, daß die Verlaufsanalyse nach dem Konzept der funktionalen Bewegungsanalyse in der Tat wichtige und weniger wichtige Bestandteile eines Bewegungsablaufs erkennen läßt: Hauptfunktionsphasen sind als besonders wichtig anzusehen, da sie unmittelbar mit der Zielerreichung gekoppelt sind. Wenn der Lernende die Operationen und deren Verlaufsmodalitäten in diesen Phasen nicht funktionsgerecht erfüllen kann, kann er auch die Ziele der entsprechenden Bewegungen nicht erreichen. Wer in einer Lehrfolge daher auf die Realisierung der Hauptfunktionsphasen verzichtet, der verzichtet auf das „Eigentliche" der Bewegung.

Es gibt jedoch auch andere Funktionsphasen, die — auch wenn sie in funktionaler Abhängigkeit stehen — als kaum weniger wichtig anzusehen sind. Beim Drehen und Kanten der Ski oder beim einseitigen Belasten des Rollbretts ist darauf hingewiesen worden, daß die dabei eintretenden Effekte ihrerseits wieder bestimmte Operationen notwendig machen. Auf das, was mit dem Einnehmen der Innenlage beim Richtungsändern im Skilaufen erreicht werden soll, kann daher nicht verzichtet werden; die auftretenden Fliehkräfte sind notwendigerweise zu kompensieren. Das bedeutet jedoch nicht, daß die Kompensation in jedem Fall vom Ausführenden selbst geleistet werden muß. Man kann dem Kind recht erfolgreich das Radfahren über die zeitweilige Hilfe durch seitliche Stützräder beibringen. Und in ähnlicher Weise könnte man auch in anderen Fällen dem Lernenden das Ausführen notwendiger Hilfsfunktionsphasen zunächst einmal ersparen.

Von diesen funktional abhängigen, jedoch in jedem Fall notwendigen Phasen lassen sich dagegen jene Bestandteile eines Bewegungsablaufs abheben, deren Funktion lediglich in der Verbesserung der Realisierungsmöglichkeiten anderer Funktionsphasen gesehen werden kann. Das Einnehmen einer bestimmten Fußstellung beim Vorhandschlag im Tennis verbessert (möglicherweise) die Schlagbewegung, sie ist jedoch nicht unbedingt notwendig. Dasselbe ist der Fall für den Stockeinsatz beim Richtungsändern im Skilaufen, und es gilt auch für das Kontern beim Kippaufschwung am

Reck. Alle diese Operationen könnten gegebenenfalls weggelassen werden. Ob man sie jedoch tatsächlich weglassen soll, kann allgemein wohl kaum entschieden werden. *Für ein Weglassen* würde sprechen, daß der Ausführende dann weniger Operationen zu realisieren hätte, die Mehrfachaufgabe daher nicht so umfangreich wäre. *Dagegen* spricht nun allerdings wieder, daß der Ausführende damit auf ablaufimmanente Erleichterungen verzichten müßte.

Aus dieser widersprüchlichen Situation kann in vielen Fällen ein Ausweg gefunden werden. Er beruht auf dem Gedanken, daß das, was der Lernende *selbst zu realisieren* hat, weggelassen wird, jedoch von seiner Funktion her zunächst durch externe Maßnahmen kompensiert wird. Der Lernende kann dann beispielsweise vor und während der Hauptfunktionsphase vom Ausführen einzelner Operationen oder vom Beachten bestimmter Verlaufsmodalitäten entbunden werden, ohne daß er auf deren Hilfsfunktion verzichten muß. Entsprechend arrangierte Hilfsmaßnahmen bieten *funktional* (möglichst) *gleichwertigen Ersatz*.

— Hat der Lernende beispielsweise eine bestimmte Ortsstelle zu erreichen, so ist zu überlegen, ob nicht — wie beim anfänglichen Zuspiel im Tennis — auf diese Phase ganz verzichtet werden kann.
— Muß er zu Beginn der Hauptfunktionsphase eine bestimmte Position erreichen, so ist zu prüfen, ob er aus dieser Position heraus — wie etwa beim Grund- bzw. Pflugschwung im Skilaufen — nicht schon beginnen kann.
— Ist eine bestimmte Lage zu erreichen, so ist zu ermitteln, ob diese nicht — wie beim ausgelenkten Kipphang — durch Hilfeleistungen von Mitübenden bewirkt werden kann.
— Soll ein bestimmter Bewegungszustand vorhanden sein, so ist abzuwägen, ob man in diesen Zustand nicht gewissermaßen passiv, ohne eigenes Zutun — wie beim Anfahren oder Abrollen auf schiefer Ebene oder beim Einspringen in das Trampolin aus erhöhter Ausgangsposition — gelangen kann.

Auf solche Weise könnte zumindest ein Teil der vorbereitenden und unterstützenden Hilfsfunktionsphasen bei den ersten Lehrschritten weggelassen werden. Vielfach kann so auch auf die Ausführung überleitender Funktionsphasen verzichtet werden: Der Reck- oder Bodenturner braucht beispielsweise auf ein Beenden der Salto- oder Schraubendrehungen nicht mehr zu achten, wenn er wie der Hoch- oder Stabhochspringer in eine entsprechend ausgebaute Sprunggrube „eintauchen" kann.

Nun kann nicht nur bei der Reduktion der Komplexität der zu leistenden Aufgabe das Wissen um funktionale Abhängigkeiten genutzt werden. Es liefert zugleich auch Hinweise, in welcher Reihenfolge Lehrschritte sinnvollerweise gewählt werden sollten. Geht man nämlich davon aus, daß das Erkennen der funktionalen Abhängigkeiten zwischen einzelnen Phasen und das Wissen um die Konsequenzen bei entsprechenden Veränderungen dem Lernenden nicht vorenthalten werden sollen, und beachtet man, daß der Lernende durch dieses Wissen erst in die Lage versetzt werden kann, bei der Lösung der gestellten Aufgabe auch *selbst* aktiv mitzuwirken, dann erscheint es sinnvoll, die Lehrfolge so zu konzipieren, daß alles neu zu Erlernende und alles zusätzlich Hinzuzufügende stets in seiner Funktion vom Lernenden auch erkannt werden kann. Darunter ist zu verstehen, daß das, was an Operationen oder an Verlaufsmodalitäten beim Übergang von einer Lehrstufe zur anderen neu hinzukommt, in seiner Funktion im Rahmen dessen, was bislang schon in der Lehrfolge realisiert wurde, auch überprüfbar ist. Die Operation einer funktional abhängigen Phase sollte also nur dann neu hinzugelernt werden, wenn auch jene Phase mitrealisiert werden kann, von der erstere abhängig ist: Das Vorschwingen am Reck kann weder positionell noch energetisch vom Lernenden als richtig oder falsch erkannt werden, wenn unklar ist, wozu es dienen soll. So kann beispielsweise die Art und Weise, wie Kinder und Anfänger am Reck schwingen (vgl. 135) erst dann als unbrauchbar erkannt werden, wenn es mit dem Erreichen der ausgelenkten Kipphangposition verknüpft werden muß (vgl. 159 f.).

Es liegt daher nahe, Lehrfolgen so zu entwerfen, daß *nicht* mit dem Erlernen von Hilfsfunktionsphasen begonnen wird. Die Lehr-Lern-Situation sollte so gestaltet werden, daß der Lernende gegebenenfalls unterstützt durch externe Hilfsmaßnahmen eine Bewegungsaufgabe zu lösen hat, die unmittelbar mit dem Erreichen der Hauptfunktionen der zu erlernenden Bewegung verbunden ist. Beim Kippaufschwung bedeutet dies, daß mit den Operationen zur Annäherung des Körperschwerpunkts an die Drehachse begonnen werden sollte, bei den Richtungsänderungen im Skilauf führt dies dazu, daß zunächst nur auf das Skidrehen und Skikanten zu achten ist, und bei den Sportspielen ergibt dies, daß neue Spiele mit dem Erreichen der spielspezifischen Treffersituationen anzufangen sind. Entsprechende Bewegungsaufgaben können natürlich nur dann gestellt bzw. gelöst werden, wenn die nicht zu realisierenden vorbereitenden und überleitenden oder unterstützenden Hilfsfunktionsphasen *funktional gleichwertig* ersetzt und die notwendigen Phasen entsprechend kompensiert werden. Das bedeutet, daß der Turnende am Reck in der Kipphangposition beginnt und von außen durch Mitübende in den Pendelschwung versetzt wird, daß der Skifahrer durch entsprechendes Skimaterial und durch entsprechende Geländegestaltung keinen nennenswerten Drehwiderstand mehr zu überwinden hat oder daß die Spieler durch Verändern des Movendum, der Regeln oder der dabei gegebenenfalls verwendeten Instrumente von Anfang an zum Erreichen von Treffern in die Lage versetzt werden.

Mit einem solchen Einstieg bietet sich dann das weitere Vorgehen beinahe von selbst an. Die externen Hilfen sind in dem Maße abzubauen, in dem sie vom Ausführenden durch eigene zusätzlich vorgeschaltete, überlagerte oder angefügte Operationen funktional gleichwertig ersetzt werden können. Auf diese Weise besteht die Möglichkeit für den Ausführenden, die Funktion der jeweils neu hinzugefügten Operationen erkennen zu können. Hinweise des Lehrenden, warum eine Operation in dieser oder jener Weise auszuführen ist, können unmittelbar erfahren werden. Die Folgen bei Abweichungen werden erlebt, sie brauchen vom Lehrenden kaum mehr beschrieben zu werden. Darüber hinaus lassen sich Operations- und Verlaufsalternativen an den Stellen im Lernprozeß erproben, an denen sie auch von der Sache her erprobt werden müßten (vgl. Abb. 16)[136].

3. Folge-Abhängigkeiten

Es war bisher davon ausgegangen worden, daß bei einem Bewegungsablauf einzelne Abschnitte vorliegen, in denen im Hinblick auf das jeweilige Bewegungsziel und unter den verschiedenen Rahmenbedingungen bestimmte Funktionen zu erfüllen sind. Unter lehrpraktischen Interessen ist dabei von Bedeutung, daß hierzu vielfach Operationsalternativen möglich sind und daß sogar, wie die letzten Abschnitte im vorigen Kapitel gezeigt haben, auf einen Teil der Operationen in den ersten Lehrschritten verzichtet werden kann.

Es ist ferner festgestellt worden, daß allein das Ausführen der Fph-Operationen nicht notwendig schon das Erreichen der entsprechenden Funktionen garantiert: Einschränkungen hinsichtlich des Beginns, des Verlaufs und des Endes der Operation müssen zusätzlich beachtet werden. Verlaufseinschränkungen solcher Art müssen aus der Perspektive des Lernenden aber wohl immer als zusätzliche Belastung gesehen werden. In die lehrpraktischen Überlegungen sollte daher stets miteinbezogen werden, inwieweit solche Belastungen nicht durch die Veränderung der Bezugsgrundlagen reduziert werden können. Hilfestellung hierzu kann die Bearbeitung der Verlaufscharakteristika einer Fph-Operation im vorletzten Kapitel des

---

[136] Die Grundgedanken einer solchen Lehrweise sind erstmals in GÖHNER (1975) konzipiert worden. Erste Einsichten aus funktionalen Bewegungsanalysen und das Konzept des „differenzierteren Handlungsgrundschemas" von KAMINSKI (1973) waren die anregenden Bezugspunkte.

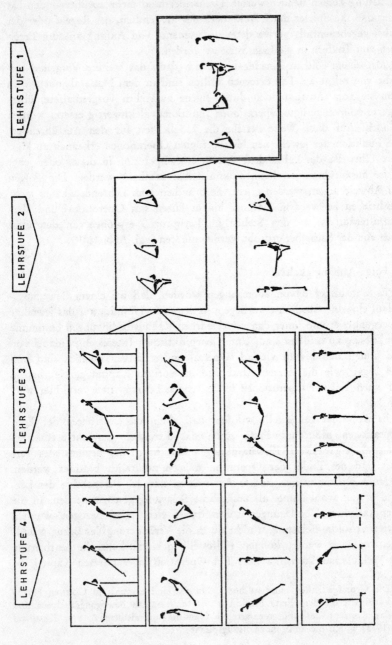

Abb. 16 Aus GÖHNER (1975, 49)

vierten Teils geben, da dort der Zusammenhang zu den verursachenden Bezugsgrundlagen hervorgehoben wurde.

Es sind jedoch nicht nur die verschiedenen Rahmenbedingungen der Bezugsgrundlage, die zu Verlaufseinschränkungen führen. Bestimmte Verlaufsformen sind oft nur deshalb einzuhalten, weil damit negative Folgen für nachfolgende Phasen vermieden werden können. Am Beispiel des Richtungsänderns sind solche Folgen schon angedeutet worden: Wenn jemand das Entlasten schlecht ausführt, wenn er durch diesen Vorgang keine gute Drehwiderstandsverringerung erhält, dann läßt sich voraussagen, daß das nachfolgende Drehen der Ski nicht gelingen wird. Dabei ist jedoch einzuräumen, daß man das Eintreten dieser Folge nur als höchstwahrscheinlich voraussagen kann. Der Ausführende hat, wenn er den Mangel rechtzeitig erkennt, noch die Möglichkeit zu korrigieren. Verlaufsabweichungen können zu bestimmten Folgen führen, sie müssen es aber nicht in jedem Fall.

Da derlei Zusammenhänge für den Lernenden nicht unbedeutend sind, soll mit der Analyse der Folge-Abhängigkeiten jetzt vor allem auf das eingegangen werden, was sich „innerhalb" eines Bewegungsablaufs notwendig oder höchstwahrscheinlich ergibt, wenn während einer Bewegungsrealisierung der Verlauf einer Fph-Operation von der funktional bestimmten Weise abweicht. Es soll dabei erkennbar werden, wo und wie Abweichungen bzw. die Folgen dieser Abweichungen noch während des Verlaufs korrigiert werden können.

Es wird daher nicht allein auf die Beschreibung von Folgen, sondern vor allem auch auf das Einbeziehen möglicher Korrekturen ankommen: Wenn ein Trampolinspringer während des Abspringens in Vor- oder Rücklage gerät, dann läßt sich zwar auf Grund mechanischer Folge-Abhängigkeiten voraussagen, daß er auf keinen Fall wieder an der gleichen Stelle landen wird. Es läßt sich aber auch darauf hinweisen, daß für ihn die Möglichkeit besteht, mit dem nachfolgenden Absprung den gemachten Fehler wieder zu korrigieren. Inwiefern dies verallgemeinerungsfähig ist, wird nachfolgend zu zeigen sein.

Streng gesetzmäßige Folge-Abhängigkeiten

Von einer streng gesetzmäßigen Folge-Abhängigkeit soll gesprochen werden, wenn die Veränderung des Operationsverlaufs bei einer Funktionsphase zu Folgen bei einer anderen führt, die *allgemeingültig* vorhergesagt werden können. Das Beispiel der Vor- oder Rücklage während des Abspringens auf dem Trampolin führte zu der sicher vorhersagbaren Folge der Ortsveränderung bei der nachfolgenden Landung. Ebenso sicher läßt sich voraussagen, daß eine Drehung der seitwärts-auswärts gestreckten Arme um die Tiefenachse des Ausführenden während einer Saltodrehung zu einer Längsachsendrehung führt (vgl. KARAS 1969, 23, DONSKOI 1975, 230).

Diesen Beispielen ist gemeinsam, daß die entsprechenden Folge-Aussagen durch Zuhilfenahme mechanischer Bewegungsgesetze zustandekommen. Die dabei postulierte Allgemeingültigkeit ist immer dann möglich, wenn das zur Anwendung der mechanischen Gesetze notwendige Wissen über die Anfangs- und Nebenbedingungen und über das Verhalten der verlaufsbestimmenden (mechanischen) Kräftesysteme bekannt ist.

Es darf dabei im Zusammenhang mit lehrpraktischen Überlegungen jedoch nicht übersehen werden, daß dieses Wissen nur jeweils soweit zu präzisieren ist, wie es für die Bearbeitung der jeweiligen Aufgabe benötigt wird. Die Forderung nach größtmöglicher Exaktheit (vgl. BALLREICH 1972) und die damit in der Regel verbundene Ablehnung von lediglich qualitativen Folge-Aussagen (vgl. GROH 1968) erscheint für lehrpraktische Überlegungen nicht durchweg sinnvoll. Sie ist lediglich dort angebracht, wo die einzelne Aufgabenstellung ohne entsprechende Differenzierung nicht mehr zu lösen ist.

So wird im Falle des Absprungs auf dem Trampolin beispielsweise für die Beurteilung der üblichen Lehr-Lern-Situation der qualitative Zusammenhang, wonach die Folge einer Vor- bzw. Rücklage beim Absprung eine vorwärts bzw. rückwärts gerichtete Flugkurve ist und wonach sich aus einer größeren Abweichung der Vor- oder Rücklage von der Senkrechten auch eine größere örtliche Abweichung ergibt, genügen. Ein entsprechend differenzierter Zusammenhang, der diese Aussagen noch quantitativ zu erhärten und zu präzisieren mag, würde über das hinausgehen, was bei der Beurteilung von Unterrichtssituationen gebraucht wird.

Nicht übersehen werden darf jedoch, daß die genannten Voraussetzungen für die allgemeine Gültigkeit einer Folge-Aussage auf mechanischer Basis nicht immer gegeben sind. Inwiefern dabei dennoch — bedingt gesetzmäßige — Aussagen möglich sind, ist nachfolgend zu klären.

Bedingt-gesetzmäßige Folge-Abhängigkeiten

Bei den Lehrwegen, die zur Erreichung des Stützüberschlags rückwärts aus dem Stand vorgeschlagen werden[137], fällt als ein charakteristisches Merkmal auf, daß Lage und Position des Ausführenden vor und während der Absprungphase überall besonders beachtet werden: Der Lernende soll in einer Körperstellung beginnen, in der die Unterschenkel und der Oberkörper senkrecht, die Oberschenkel waagrecht sind, in der also eine „Sitz"-

---

[137] Vgl. WIEMANN (1971, 91), BETSCH (1972), KNIRSCH (1974, 45—50).

Stellung eingenommen wird[138]. Die Gründe für das besondere Beachten der Ausgangsposition in der vorbereitenden Absprungphase hängen damit zusammen, daß man beim Abweichen von dieser Ausgangsposition Folge-Aussagen zu kennen glaubt, die als bedingt-gesetzmäßig beschrieben werden können: Beginnt der Lernende in der genannten Situation, so erreicht er — einen hinreichend kräftigen Absprung vorausgesetzt — bei der Landung im flüchtigen Handstehen einen Landewinkel[139], der die Weiterführung der Bewegung zum (Hock-)Stand oder zum nachfolgenden Salto erlaubt. Je mehr er jedoch den Operkörper nach vorne beugt, je weiter er also von der Sitz-Position abweicht — wozu Anfänger neigen —, desto flacher wird der Landewinkel. Ein Abstützen mit den Armen kann dann nicht mehr gewährleistet werden.

Dieser Zusammenhang läßt sich als gesetzmäßige Folge aus mechanischen Überlegungen heraus ableiten: Mit zunehmender Oberkörperbeugung hat der Turnende vom Absprung bis zur Landung einen größeren Drehwinkel zu überspringen. Bleiben Kraftstoß und Drehimpuls während des Abspringens gleich groß, so kann eine hinreichend sichere Landeposition und Landelage nicht mehr erreicht werden. Dennoch ist diese Folge-Aussage nur bedingt richtig und nie sicher vorhersagbar, da man die genannte Annahme des gleichbleibenden Kraftstoßes, die für die uneingeschränkte Richtigkeit notwendig wäre, in keinem Fall als selbstverständlich voraussetzen kann. Es ist nicht auszuschließen, daß einzelne Ausführende aus den verschiedenen Körperpositionen heraus auch wesentlich verschiedene Kraftstöße entwickeln können. Die für die Abweichung von der Sitz-Position angebbaren Folgen sind daher nur bedingt gesetzmäßig.

Ein zweites Beispiel bezieht sich auf Folgen bei den Rollen rückwärts in das flüchtige Handstehen. Man beugt dabei während des Abrollens über Gesäß und Rücken die Beine im Hüftgelenk. Die Funktion dieser Beugebewegung liegt im Einnehmen einer geeigneten Ausgangsposition für die an das Abrollen sich anschließende Phase der Felgbewegung, in der die Aufwärtsbewegung ins Handstehen zu bewältigen ist. Als Fph-Operationen kommen bei dieser Felgbewegung das Abdrücken vom Boden mit den Armen und ein schnelles Strecken in den Hüftgelenken in Frage. Für die Verlaufsmodalitäten dieser Phase gibt es gleichfalls Folge-Aussagen. Man weiß zum Beispiel, daß ein späte Streckung einen flachen Bewegungsverlauf zur Folge hat, so daß die Handstandposition „überflogen" wird

---

[138] BETSCH spricht vom „gedachten Stuhl", auf den sich der Ausführende vor dem Abspringen setzen soll.
[139] Darunter ist der Winkel zu verstehen, den die Armachse und die Waagrechte (des Bodens) in der Bewegungsebene im Augenblick der Landung bilden.

(vgl. SÖLL 1975, 112). Begründen läßt sich dies damit, daß die späte Streckung das für die Drehgeschwindigkeit mitverantwortliche Trägheitsmoment erst spät verändert und der Ausführende infolgedessen dann auch die Drehgeschwindigkeit zu spät verringern kann.

Diese Folgeaussage ist jedoch nur solange richtig, wie der Ausführende nicht den späteren Beginn mit einer schneller ausgeführten Streckbewegung wieder ausgleicht. Da über die Gründe, weshalb der Ausführende eine schnellere Streckung zur Korrektur durchführt bzw. nicht durchführt, *keine mechanische Bewegungstheorie* Auskunft geben kann, bleibt die genannte Folge-Aussage auch nur stets bedingt gültig.

Für diese und alle ähnlich gelagerten Beispiele ist typisch, daß bei ihnen eine in der Regel vielfach praktisch gemachte Erfahrung durch Verwendung entsprechender mechanischer Bewegungsgesetze auch theoretisch begründet wird. Die dann auf dem Hintergrund mechanischer Bewegungsgesetze geleisteten *Folge-Aussagen* sind jedoch nur *bedingt gültig*, weil bei der Anwendung der Gesetze die notwendigen Zusatzkenntnisse nicht vollständig erfaßt sind und vielfach auch nicht über mechanische Bewegungstheorien erfaßt werden können.

Statistisch gesicherte Folge-Abhängigkeiten

Um solche Unsicherheiten zu beseitigen, ist in der Biomechanik des Sports eine Forschungsrichtung entwickelt worden, bei der die eigentlich mechanische Vorgehensweise — nämlich die noch nicht bekannten Nebenbedingungen bei einem Bewegungsablauf zu erforschen — nicht mehr weiter verfolgt wird. Es wird stattdessen versucht, die Unsicherheit in den Folge-Aussagen dadurch zu verringern, daß durch entsprechend zahlreiche Versuche Folge-Aussagen auf statistischer Basis gefunden und „abgesichert" werden können. Im Unterschied zu dem bislang Dargestellten wird nicht mehr zur Erklärung vermutlicher Folge-Aussagen auf die Anwendung und Übertragung bewegungstheoretischer Gesetze oder Prinzipien zurückgegriffen. Man registriert stattdessen eine möglichst umfassende Auswahl von Einzeldaten und versucht, Zusammenhänge unter diesen Daten durch statistische Aufarbeitung zu erhalten.

So wird die resultatverbessernde Folge einer höheren Geschwindigkeit in der Anlaufphase beim Weitspringen beispielsweise nicht durch Einbeziehung von mechanischen Energieerhaltungssätzen abzugrenzen versucht. Es werden vielmehr eine Vielzahl von Messungen durchgeführt, aus denen sich durch statistische Verarbeitung der Lauf- und Sprungdaten entsprechende Folge-Aussagen ergeben sollen. In Abhängigkeit von den ermittelten Korrelationsbeziehungen kann mit entsprechender Wahrscheinlichkeit auf einzelne Folgen verwiesen werden.

Dieses Vorgehen ist in der sportspezifischen Bewegungsforschung bislang vorwiegend bei der Charakterisierung der optimalen resultat-orientierten Bewegungen angewendet worden (vgl. 53 ff.). Im Prinzip ist aber eine Übertragung zur Bearbeitung von Folge-Abhängigkeiten auch bei anderen Bewegungen denkbar. Allerdings würde in diesem Fall dann auf Folge-Aussagen verzichtet werden, die auf Besonderheiten des einzelnen zurückgeführt werden könnten.

Lehrpraktische Konsequenzen

Es ist bis jetzt nur davon gesprochen worden, was folgen wird bzw. kann, wenn bei einzelnen Fph-Operationen vom vorgesehenen Verlauf abgewichen wird und mit welcher Gültigkeit sich diese Voraussage geben läßt. Dabei war festgestellt worden, daß eine gültige Voraussage vor allem deshalb nicht stets erreicht werden kann, weil verschiedene Nebenbedingungen entweder unbekannt sind oder nicht sicher vorhergesagt werden können. Diese Unsicherheit hat nun aber auch ihre Vorteile. Es wird sich zeigen, daß bei der Untersuchung solcher Nebenbedingungen auch Hinweise erkennbar sind, die über die Korrektur von vorausgegangenem Fehlverhalten etwas aussagen können.

Beim Sprung auf dem Trampolin war angesprochen worden, daß als Folge einer Vor- oder Rücklage die notwendig eintretende örtliche Abweichung zwar nicht schon in der unmittelbar sich anschließenden Flugphase, wohl aber mit der nächsten Landung und mit dem nächsten Absprung in begrenztem Maße wieder korrigierbar ist: Der Springer öffnet beispielsweise bei der Saltobewegung etwas früher, wenn er bemerkt, daß er etwas zu viel Vorlage mitgenommen hat. Durch das frühere Öffnen verlangsamt er die Drehung früher und wird infolgedessen mit geringerer Rück- bzw. Vorlage landen. Diese leichte Rück- bzw. Vorlage genügt, um wieder in die Tuchmitte zurückzukommen. Vergleichbares gilt auch für die nur bedingt gültige Folge-Aussage bei der Rolle rückwärts in das flüchtige Handstehen: Der späte Beginn der Hüftstreckung bei der Rolle führt nur dann zu einem flachen Bewegungsverlauf und zu einem Überfliegen des Handstands, wenn der Ausführende ihn nicht mit einer schnelleren Streckung wieder auszugleichen versucht.

Diesen Beispielen ist gemeinsam, daß beim Eintreten einzelner Abweichungen bestimmte Folgeerscheinungen unter bestimmtem Bewegungsverhalten des Ausführenden vorausgesagt werden können. Sie stimmen aber auch darin überein, daß in diesem (unbekannten) Bewegungsverhalten zugleich Hinweise enthalten sind, wie die Abweichungen wieder korrigiert werden können. Da unter funktionalem Bewegungsverständnis ein „fehlerloser", „idealtypischer" oder schlechthin „richtiger" Bewegungsablauf nur als eine von mehreren möglichen (unterrichtsrelevanten) Lösungen einer Bewegungsaufgabe gesehen wird, sollte bei der Analyse der Folge-Abhängigkeiten nicht nur auf das voraussichtlich zu Erwartende, sondern auch auf das gegebenenfalls wieder Korrigierbare eingegangen werden.

Formal gesehen kann das mit den bisher beschriebenen Analysemitteln geleistet werden. Man hat dazu lediglich bei der Analyse der einzelnen auf Fehler oder Abweichungen folgenden Phasen zu beachten, daß mit ihnen eine *zusätzliche* Funktion, eine im Ablauf erst entstandene Teilaufgabe noch zu erfüllen bzw. zu lösen ist: die Funktion, die eingetretenen Abweichungen wieder auszugleichen.

4. Zerlegbarkeit von Bewegungen

Geht man davon aus, daß bei sportlichen Bewegungen stets vieles zugleich, aber auch vieles nacheinander zu tun ist und daß dies in der Regel zu Überforderungen für den Lernenden führen kann, so bietet sich neben den bisher aufgearbeiteten Möglichkeiten zur Reduktion der Überforderungsaspekte auch die Zerlegung einer Bewegung in Teilbewegungen an. Es ist daran zu erinnern, daß die Theorie des sensomotorischen Lernens auf dem Hintergrund informationstheoretischer Überlegungen mit dem Konzept der sensomotorischen Sequenzen eine solche Teil-Lernmethode vorgeschlagen hat (vgl. 64—67). Das Verfahren zur Ermittlung der Sequenzen wurde kritisiert (vgl. 69), weil es bewegungsspezifische Gegebenheiten unberücksichtigt läßt. Nachfolgend sollen nun Anhaltspunkte über den Aufbau von Bewegungen genannt werden, von denen aus auf *sachadäquate* Zerlegungsmöglichkeiten geschlossen werden kann.

Die im vierten Teil konzipierte Verlaufsanalyse mag bei einer ersten oberflächlichen Betrachtung nahelegen, die Gliederung einer Bewegung in Funktionsphasen auch zugleich als Zerlegung dieses Ablaufs in isoliert ausführbare Verlaufsbestandteile zu verwenden. Dies ist — formal gesehen — jedoch schon deshalb nicht ohne weiteres zulässig, weil die funktionale Gliederung zunächst einmal nur als die beste Möglichkeit gesehen wurde, im Rahmen der vorgegebenen Bezugsgrundlagen einerseits die bezugsrelevanten Notwendigkeiten, andererseits aber zugleich auch die dabei noch vorhandenen Operations- und Verlaufsalternativen erkennen zu können. Aber auch inhaltlich ergibt sich ein Widerspruch, wenn man die Phasenübergänge einfach als Trennungsstellen ansehen würde: Überleitende Hilfsfunktionsphasen sind ja zum Teil nur deshalb notwendig, weil die in der vorausgegangenen Funktionsphase erreichte Bewegungssituation vom Ausführenden nicht beibehalten werden kann; und eine notwendig zugleich auszuführende Hilfsfunktionsphase wie etwa das Einnehmen einer Innenlage während des Skidrehens und Skikantens läßt sich von dieser anderen Phase unter Umständen gar nicht trennen. Die funktionale Gliederung hat daher nicht notwendig schon etwas mit der Zerlegung in kleinere, isoliert ausführbare Teilbewegungen zu tun.

Die Zerlegung in funktional abgeschlossene Teilbewegungen

Wenn sich aus dem Konzept der funktionalen Bewegungsanalyse dennoch Anhaltspunkte für eine unter funktionalem Bewegungsverständnis sinnvolle Zerlegung ableiten lassen, so geht dies auf vielfältige Erfahrungen im Sportunterricht zurück. Dort läßt sich beobachten, daß Bewegungsabläufe offensichtlich nur an ganz bestimmten Stellen unterbrochen oder getrennt werden. Diese Erfahrungen lassen sich mit den Begriffen des funktionalen Analysekonzepts zu einem allgemeinen Merkmal funktional sinnvoller Zerlegbarkeit zusammenfassen.

Wenn sich beispielsweise beobachten läßt, daß beim Wasserspringen eine Bewegung in der Regel nach dem Aufsetzen auf dem Brett, also unmittelbar vor dem Absprung, abgebrochen wird oder daß das Abhocken vom Reck oder Stufenbarren meist nach dem Einleiten der Auftaktbewegung wieder beendet wird oder daß beim Skilaufen unmittelbar vor dem Beginn der Skidrehung die angefangenen Operationen wieder aufgegeben werden, dann lassen sich diese Beobachtungen so interpretieren, daß es einerseits so etwas wie besonders günstige Stellen zur Unterbrechung der Bewegung gibt, während andererseits das Überschreiten dieser Stellen mit einem Zwang verbunden sein muß, den Bewegungsablauf erst wieder über einen längeren Zeitabschnitt hinweg fortzuführen.

Bei Überprüfung dieser Beispiele aus funktional-analytischer Sicht fällt auf, daß für die abtrennbaren Teilbewegungen gerade jene Merkmale genannt werden können, die auch den Ablauf einer sportlichen Bewegung bei dessen Abgrenzung aus dem gesamten Bewegungskontinuum des Sporttreibenden charakterisieren: Die Merkmale nämlich,

— daß dem aus einer längeren Geschehensfolge abgetrennten Bewegungsabschnitt ein *Bewegungsziel* zugeordnet werden kann,

— daß dieses Bewegungsziel *mit den im abgegrenzten Bewegungsabschnitt erkennbaren Operationen* ohne Zuhilfenahme weiterer Operationen *erreichbar* ist und

— daß schließlich *in diesem Abschnitt* auch *keine weiteren Operationen* und *keine* besonderen *Verlaufsmerkmale* zu erkennen sind, die eine Funktion erfüllen sollen, die *nicht auf dieses Bewegungsziel gerichtet sind.*

Aus dem Beispiel des Wasserspringens ergibt sich, daß das Abstoppen bzw. Unterbrechen offenbar gerade dort vorgenommen wird, wo wieder ein diesen drei Kriterien genügendes Teil-Gebilde entsteht: Nach dem Angehen, dem Stemmen und Aufsetzen auf dem Brett kann durch eine Amortisationsbewegung der Beine, die zum Aufschlucken und Auffangen der Brettschwingung genutzt wird, ein Abschluß erreicht werden, der alle bis dahin ausgeführten Operationen und deren Verlaufsbesonderheiten funktional erklärt, wenn als Zielsetzung das auf eine optimale Brettauslenkung gerichtete Angehen gewählt wird. Wird jedoch die Brettschwingung nicht aufgefangen und kommt es dadurch zu einem Absprung bzw. zu einem Abwurf, so kann ein weiterer Abschluß erst wieder mit dem Eintauchen in das Wasser erreicht werden. Denn erst wenn diese Situation in das Bewegungsziel miteinbezogen wird, können die restlichen Operations- und Verlaufscharakteristika des Sprungs und des Flugs begründet werden.

Um *Bewegungsabschnitte*, die den obigen *drei Kriterien* genügen, besonders hervorheben zu können, werden sie im folgenden als *funktional abgeschlossene* (Teil-)*Bewegungen* bezeichnet werden.

Das Konzept des funktionalen Abschlusses erlaubt nun, einen Bewegungsablauf — für den Fall, daß er in einer Lehr-Lern-Situation zerlegt werden soll — nur in solche Teile zu zerlegen, die unter funktionalem Bewegungsverständnis auch als sinnvoll angesehen werden können. Dazu ist lediglich zu überprüfen, für welche Abschnitte des Gesamtablaufs einer Bewegung ohne Veränderung der Operationen und ohne Modifikation ihrer Verlaufsbesonderheiten ein Teilziel gefunden werden kann, das
— einerseits alle im jeweils herausgegriffenen Abschnitt beobachtbaren Operations- und Verlaufsmodalitäten bedingt, und das
— andererseits auch durch die in diesem Abschnitt liegenden Operationen erreichbar ist.

Entsprechendes soll beispielhaft am Grundschwung im Skilauf aufgezeigt werden.

Funktional abgeschlossene Teilbewegungen des Grundschwungs im Skilauf

Geht man beim Grundschwung im Skilauf davon aus, daß mit ihm das Ziel einer ersten, schwunghaften Richtungsänderung zu erreichen ist und daß durch ihn der Skilaufanfänger „geländegängig" werden soll, so lassen sich die im Lehrplan genannten Operationen und auch ein Teil der dort genannten Verlaufsmodalitäten (vgl. 171) folgendermaßen erklären:

Man beginnt aus dem Schrägfahren heraus mit einem Auswärtsdrehen der Skienden. Damit wird eine Bewegungssituation vorbereitet, aus der heraus der Anfänger auf Grund von früher Gelerntem in die Fallinie einfahren kann: Er kann einpflügen, wenn er den Außenski belastet und beide Ski ein wenig in Richtung Fallinie dreht. Wird auf diese Weise das Einfahren in die Fallinie erreicht, so schließt sich nun eine stockunterstützte Hochbewegung der Beine an, die als Vorbereitung für das nachfolgende Beidrehen des Innenski zu sehen ist. Durch dieses Beidrehen des Innenski aber erreicht der Ausführende unter Umständen schon die neue Schrägfahrtrichtung. Ist dies nicht der Fall, so muß sich ein Tiefgehen anschließen, das als Entlastung wirkend die restliche Drehung der Ski in die neue Fahrtrichtung ermöglicht.

Versucht man nun, diesen Bewegungsablauf auf funktional abgeschlossene Teilbewegungen hin zu untersuchen, so kann das Schrägfahren zu Beginn der Bewegung bereits als eine erste solche Teilbewegung genannt werden: Alles, was in dieser Phase an Operations- und Verlaufscharakteristika zu nennen wäre, läßt sich über das Teilziel der gerichteten Hangquerung begründen; der Grundschwung erfordert im Unterschied zu anderen Schwungtypen in der Ausgangssituation keine von der üblichen Schrägfahrt abweichenden Operations- und Positionsbesonderheiten.

Fügt man an das Schrägfahren die nächstgenannte Phase des Auswärtsdrehen der Skienden an, so liegt mit dem Schrägfahren und Auswärtsdrehen allein noch keine funktional abgeschlossene Teilbewegung vor. Es ist beispielsweise für diesen Teil nicht erklärbar, bis in welche Winkelstellung die Ski auswärts gedreht werden sollen. Die Weite des Winkels wird ja erst durch die nachfolgende Bewegungssituation bestimmt, in der die für das Beidrehen des Innenski notwendige Abdruckbewegung ausgeführt wird. Erst durch diese Bewegungssituation wird beispielsweise festgelegt, daß im steilen Gelände eine weite, im weniger steilen Gelände dagegen eine weniger weite Winkelstellung angebracht ist. Die Winkelstellung sollte daher gerade so groß sein, daß der Ausführende beim Einfahren in die Fallinie das ursprüngliche Tempo der vorausgegangenen Schrägfahrt beibehalten kann.

Diese Überlegungen weisen daraufhin, daß eine weitere funktional abgeschlossene Teilbewegung sich erst wieder mit der Operationsfolge „Schrägfahren, Ski Auswärtsdrehen und Einpflügen in die Fallinie" abgrenzen läßt. Dieser Folge kann das Ziel „Einfahren in die Fallinie und Tempo beibehalten" gegeben werden. Mit diesem Teilziel wird erreicht, daß alle bis dahin genannten Operationen und auch die entsprechenden Verlaufsbesonderheiten des Grundschwungs funktional erklärt werden können.

Wird dagegen der bis zum Fahren in die Fallinie reichende Bewegungsablauf mit der Hochbewegung weitergeführt, so muß man, um wieder eine funktional abgeschlossene Bewegung zu erhalten, notwendig auch das Beidrehen des Innenski anschließen, da das Hochgehen nur als vorbereitende Hilfsfunktion für eben dieses Beidrehen gesehen werden kann.

Ob nach dem Beidrehen des Innenski auch noch das mit dem Tiefgehen einzuleitende (simultane) Weiterdrehen beider Ski erforderlich ist, hängt davon ab, ob über die bis dahin erreichte Schrägfahrtrichtung hinaus noch ein flacheres Schrägfahren erreicht werden soll oder muß. Die nächste funktional abgeschlossene Bewegung ist daher in beiden Fällen mit der Gesamtbewegung des Grundschwungs identisch.

Eine weitere funktional abgeschlossene Teilbewegung wird schließlich noch dadurch erkennbar, daß nicht mehr von der bislang stets gewählten Ausgangssituation aus begonnen wird. Fährt man nämlich in Pflugstellung in der Fallinie an, und fügt man die Hochbewegung, das Beidrehen des Innenski und gegebenenfalls das mit dem Tiefgehen einzuleitende Skidrehen an, so erhält man auch noch auf diese Weise eine weitere abgeschlossene Teilbewegung.

Die Vielfalt dieser Zerlegungen, die alle die Funktion der entstehenden Bestandteile nicht verändern, dürfte deutlich gemacht haben, daß mit ihr Überforderungen in der Lehr-Lern-Situation durchaus sinnvoll begegnet werden kann.

5. Lokale Bewegungseigenschaften

Bislang wurden funktionale Bewegungseigenschaften behandelt, die mehr oder weniger auf die Operations- und Verlaufsbesonderheiten des *gesamten* Bewegungsablaufs bezogen sind: Funktionale Abhängigkeiten waren ebenso wie die Folge-Abhängigkeiten Beziehungseigenschaften, die nicht nur für einzelne Abschnitte, sondern für alle Phasen eines Bewegungsablaufs charakterisiert werden konnten, und die Eigenschaft der Zerlegbarkeit in funktional abgeschlossene Teilbewegungen betrifft ohnehin immer den gesamten Ablauf einer sportlichen Bewegung.

Es sollen abschließend nun noch Bewegungseigenschaften besprochen werden, die lediglich auf *einzelne Stellen* eines Bewegungsablaufs, d. h. auf Bewegungssituationen innerhalb eines sehr kurzen Zeitabschnitts Bezug nehmen und die daher auch nur für kurzzeitige Ablaufsituationen definierbar sind. Solchen *lokalen* Eigenschaften scheint im Hinblick auf das Erreichen der Bewegungsziele — und insofern auch hinsichtlich des Erlernens der gesamten Bewegung — eine nicht unbedeutende Rolle zuzukommen.

Funktionsschwellen

Verschiedene sportliche Bewegungen sind gelegentlich als Bewegungsvorgänge charakterisiert worden, die einem „Alles-Oder-Nichts-Prinzip" unterliegen: Entweder sie gelingen, oder sie mißlingen; Zwischenstufen eines weniger guten Gelingens sind nicht möglich (vgl. SÖLL 1973). Ein Kind kann fünfzigmal den Umschwung versuchen, und es mag dabei auch aus der Sicht des Lehrers Fortschritte machen: Als *gelungen* wird der Umschwung vom Lehrer wie vom Kind selbst jedoch erst angesehen, wenn das Kind beim Aufschwingen in die Stützposition nicht mehr zurückfällt. Dasselbe gilt für den Kajakfahrer, der mehrmals versucht, mit der Kenterrolle das verlorene Gleichgewicht wieder zurückzugewinnen. Auch wenn er bei diesen Versuchen mit Kopf und Rumpf bereits weit über die Wasserfläche gelangen sollte, als gelungen gilt die Bewegung erst, wenn sie wieder in die Gleichgewichtsphase zurückführt.

Eine solche klare Trennung von gelungenen und nichtgelungenen Versuchen ist nicht für alle sportlichen Bewegungen typisch. Weitspringen oder auch Schnellaufen beispielsweise kann nicht in dem Sinne mißlingen, in dem man beim Turnen vom Mißlingen eines Riesenfelgumschwungs oder im Schwimmen vom Mißlingen einer Saltowende oder im Kajakfahren vom Mißlingen einer Kenterrolle spricht. Wenn jemand nur 5,40 m statt der vielleicht geplanten 5,70 m weitspringt, so wird man zwar gleichfalls vom Nichterreichen des gesetzten Ziels sprechen. Das äußere Erscheinungsbild — und vermutlich auch das subjektive Erlebnis des Ausführenden — unterscheidet sich nicht in der Weise, in der dies beim gelungenen oder nicht gelungenen Umschwung der Fall ist.

Gerade dieser letzte Hinweis auf die sich unterscheidenden äußeren Erscheinungsbilder der gelungenen oder mißlungenen Bewegungen kann genutzt werden, um die Gründe für das Mißlingen mit den Mitteln der funktionalen Bewegungsanalyse näher zu beschreiben. Aus dem äußeren Erscheinungsbild läßt sich die Vermutung ableiten, daß das Gelingen oder Mißlingen dieser spezifischen Bewegungen davon abhängt, ob an einer bestimmten Stelle des Anlaufs so etwas wie eine Funktionsschwelle überwunden werden muß: Bleibt der Ausführende unterhalb dieser Schwelle, so kann er im vorgesehenen Ablauf nicht weitermachen. Das Verfolgen eines neuen Bewegungsziels wird notwendig, andere als die vorgesehenen Operationen sind anzuschließen.

Beim Riesenfelgumschwung beispielsweise muß der Ausführende, wenn er am Ende des Aufschwingens nicht wieder durch entsprechende Aktivitäten bis zur flüchtigen Handstandposition gelangen kann, notwendig an dieser Verlaufsstelle das dem Umschwung entsprechende Weiterführen der Bewegung abbrechen. Er muß versuchen, das als Folge des Nichterreichens dieser Schwelle eintretende Zurückfallen durch neue Operationen — etwa durch ein Abhocken oder ein Umgreifen — auf eine neue Zielsetzung auszurichten. Und in ähnlicher Weise muß auch der Kajakfahrer beim Mißlingen der Kenterrolle sich gegebenenfalls mit neuen Operationen — wie etwa dem Aussteigen unter Wasser — auf neue Ziele ausrichten.

Allgemein soll daher von einer *Funktionsschwelle* dann gesprochen werden, wenn bei einer Fph-Operation das Erreichen einer bestimmten Verlaufssituation notwendige Voraussetzung dafür ist, daß die im Bewegungsablauf nachfolgende Funktionsphase angeschlossen werden kann. Das Nichterreichen dieser Verlaufssituation ist gleichbedeutend damit, daß die ursprüngliche Zielsetzung nicht mehr erreichbar ist, also neue Ziele und gegebenenfalls neue Operationen notwendig werden.

Wenn in einem Bewegungsablauf derartige Stellen vorliegen, so können sie in der Lehrpraxis zu nicht unerheblichen Schwierigkeiten führen. Einerseits ist davon auszugehen, daß der Ausführende beim Erlernen dieses Bewegungsablaufs eine über die Funktionsschwelle führende Verlaufsform noch nicht realisieren kann. Andererseits erscheint das Ausführen-Lassen einer unterhalb des Schwellenwerts liegenden Verlaufsform nicht angebracht zu sein, denn in diesem Fall müssen statt der vorgesehenen Operationen ja andere angefügt werden — was unter Umständen auch zu der Stabilisierung einer nicht richtigen Bewegungsfolge führen könnte. Es wird daher wenig sinnvoll sein, einen Flick-Flack oder Schwünge an Reck oder Stufenbarren mit freiem Griffwechsel lehren zu wollen, wenn zu erkennen ist, daß die Sprung- oder Schwungoperationen des Lernenden nicht ausreichen, um die notwendige Flughöhe oder Flugzeit bereitzustellen. Sinnvoll kann eine solche Lehrweise erst dann sein, wenn entsprechende Vorkehrungen getroffen werden, die dem Ausführenden auch eine wirkliche Chance zur Erreichung der Schwellenwerte geben. Solche Vorkehrungen bieten sich in zweifacher Weise an:

— Es kann versucht werden, den Ausführenden in der zum Erreichen der Funktionsschwelle führenden Bewegeroperationen von außen durch Lehrer oder Mitübende zu unterstützen;
— es kann aber auch versucht werden, die externen Bedingungen so zu verändern, daß der Schwellenwert niedriger liegt und daher auch bereits mit energetisch weniger intensiven Operationen der kritische Grenzwert gewissermaßen überschritten werden kann.

Die erste Möglichkeit wird beispielsweise intensiv bei Hilfeleistungen im Geräteturnen angewendet. Insbesondere sind solche Anwendungen dort zu finden, wo der Ausführende in seinen Operationen von Mitübenden gut unterstützt werden kann (vgl. WIEMANN 1971, KNIRSCH 1974). Ähnliche Überlegungen findet man aber auch im Kajakfahren, wo beim Einüben der Kenterrolle Helfer das vom Lernenden versuchte Aufschaukeln des

Boots in gleichem Drehsinn unterstützen können (vgl. BAUR / HAHN / HOLZ 1977, 311—324).
Die zweite Möglichkeit wird gleichfalls in verschiedenen Sportarten bzw. Disziplinen genutzt. Man stellt dem Weitspringer Sprunghilfen in Form erhöhter oder federnder Absprungrampen zur Verfügung, um damit die Flugzeit verlängern und auch die Schwelle verbessern zu können, die das Erlernen oder Verbessern einer bestimmten Sprungtechnik beeinflussen kann, oder man läßt den Skiläufer über spezifische Geländedeformationen fahren, damit die Zeit der Entlastung ohne Zutun des Ausführenden verlängert wird. Das Besondere an diesen beiden Beispielen ist, daß an den Ausführenden zur direkten Unterstützung seiner Operationen nur schwer „von außen" heranzukommen ist, weil großräumige Bewegungen oder sperrige Bewegersysteme dies verhindern. Daher scheint in diesen Fällen die zweite Möglichkeit der Reduktion der Funktionsschwelle besonders angebracht zu sein.

Funktionslimitierung

Eine weitere mit dem Gelingen oder Mißlingen von sportlichen Bewegungen zusammenhängende lokale Bewegungseigenschaft geht darauf zurück, daß vielfach nicht nur das Einhalten der Abfolge der Funktionsphasen, sondern auch das Einhalten bestimmter zeitlicher Abstände innerhalb dieser Abfolge von zielerreichender Bedeutung ist. Wenn mit der funktionalen Abhängigkeit nur die zeitliche Anordnung der Funktionsphasen, also das „Vorher", das „Zugleich" und das „Danach" festgelegt wird, so soll mit der Eigenschaft der *Funktionslimitierung* auch auf das „Wann-Danach", auf das „Wie-Lange-Danach" oder auf das „Wie-Lange-Zugleich" eingegangen werden. Es sollen damit die zeitlichen Modalitäten der Phasenübergänge in den Situationen hervorgehoben werden, in denen diese von zielerreichender Bedeutung sind.

Wenn beim Richtungsändern im Skilaufen die Operationen, die zur Entlastung der Ski führen sollen, betrachtet werden, so ist auf Grund der vorbereitenden funktionalen Abhängigkeit dieser Phasen klar, daß sie vor dem Einleiten des Skidrehens ausgeführt werden müssen. Ob das Einleiten des Skidrehens jedoch lediglich danach oder ob es unmittelbar danach oder erst sehr viel später auszuführen ist, wird aus der Tatsache, daß hier vorbereitende funktionale Abhängigkeit vorliegt, noch nicht erkennbar. Das ist insofern von großer Bedeutung, als man in diesem Fall weiß, daß gerade diese differenzierte zeitliche Einordnung an dieser Stelle des Bewegungsablaufs von zielerreichender Bedeutung ist: Wer die Entlastungsbewegung im Skilaufen ausführt, aber nicht *unmittelbar danach* die Einleitung der Skidrehung beginnt, kann die vorbereitende Funktion der Entlastung nicht ausnutzen. Er kann infolgedessen auch die Skidrehung nicht mehr einleiten und damit auch das Gesamtziel der Bewegung nicht mehr erreichen.

Um eine solche, in der Lehr-Lern-Situation nicht unbedeutende Eigenschaft einer Bewegung auch mit Hilfe der funktionalen Analyse markieren zu können, wird von der Eigenschaft der *Funktionslimitierung* immer dann gesprochen, wenn sich aus der funktionalen Analyse einer Bewegung ergibt, daß die auf eine andere Phase gerichtete Funktion einer Fph-Operation nur *zeitlich begrenzt* zur Verfügung steht. Das Wesentliche an einer solchen Funktionslimitierung ist, daß der Beginn und der zeitliche Verlauf der nachfolgenden Phase vom Ausführenden nicht mehr frei gewählt werden kann; die Beachtung der zeitlich nur begrenzt zur Verfügung stehenden Bewegungssituation ist notwendig.

Ursache für die Funktionslimitierung ist in sehr vielen Fällen der Einfluß der *Schwerkraft*. Sie zwingt — wie etwa bei den Richtungsänderungen im Skilaufen oder beim freien Griffwechsel im Gerätturnen — zu spezifischen Entlastungsbewegungen, die stets nur für eine begrenzte Zeit in ihrer Funktion genutzt werden können. Als Ursache können aber auch andere Bedingungen in Frage kommen: So liegt beim Freistellen bzw. Freisperren in den Sportspielen gleichfalls Funktionslimitierung vor, die aber hier vom *Bewegungsverhalten des Gegners* bedingt ist: Jeder Gegner wird eine für ihn ungünstige Bewegungssituation schnellstmöglich wieder zu verändern versuchen. Wieder andere Ursachen hat die Funktionslimitierung, die man beim Aufschwung am Hochreck aus dem ruhigen Langhang erkennen kann. Diese Bewegung läßt sich so ausführen, daß der Turnende zunächst durch einen Klimmzug den hängenden Körper aufwärts verlagert und daß er danach die für den Aufschwung charakteristische Vorwärts-Aufwärts-Drehung des Rumpfs und der Beine um Schulter- bzw. Hüftgelenke anschließt. Damit nun die mit dem Klimmzug gewonnene Schwerpunkterhöhung nicht wieder verlorengeht, muß während der zweiten Operation die Beugestellung der Arme beibehalten werden. In vielen Fällen — insbesondere bei Kindern — ist die Leistungsfähigkeit, das eigene Körpergewicht mit gebeugten Armen entsprechend lange zu halten, nicht vorhanden. Die Schwerpunkterhöhung steht daher nur begrenzt zur Verfügung, der Effekt des Klimmzugs kann nur kurzzeitig genutzt werden. In diesem Fall ist jedoch die Funktionslimitierung durch den *Ausführenden selbst* bedingt.

So unterschiedlich die Ursachen für das Vorliegen einer Funktionslimitierung sein können, so unterschiedlich können auch die Maßnahmen ausfallen, die in der konkreten Lehr-Lern-Situation zu treffen sind, um dem Lernenden an Stellen mit Funktionslimitierung helfen zu können.

Entsprechend den Überlegungen zur Überwindung von Funktionsschwellen kann man versuchen, den Zeitraum der Limitierung durch Unterstützung von außen zu verlängern: Das ist dort der Fall, wo der Turnende während eines freien Griffwechsels von außen gehalten wird oder wo Gegenspieler oder Kampfpartner versuchen, beim Einüben einer neuen Angriffsvariante weniger schnell zu reagieren. Man kann aber auch die Fähigkeiten des Lernenden durch vor- oder parallel-geschaltete Übungen zu verbessern versuchen, so daß sich auf diese Weise gewissermaßen von selbst ein größerer Operationsspielraum innerhalb der limitierten Bewegungssituation ergibt.

Schlußbemerkungen

Mit dem Konzept der funktionalen Bewegungsanalyse ist der Versuch unternommen worden, für den Lehrstoff „Sportliche Bewegung" ein Analysebezugssystem zu entwickeln, aus dem unterrichtspraktische Einsichten gewonnen werden können. Einen solchen Versuch zu unternehmen, lag einerseits insofern nahe, als die Unterrichtspraxis im Sport durchaus erfolgreich mit ähnlichen, jedoch mehr oder weniger intuitiv und unsystematisch gefundenen Einsichten arbeitet. Den Versuch weiterzuführen, ergab sich andererseits aus der Tatsache, daß fast alle vorliegenden Analysekonzepte die unterrichtsrelevante Untersuchung von sportlichen Bewegungen ausklammern.

Die Beschreibung des Analysebezugssystem in dieser Arbeit hat nun gezeigt, welche Vielfalt an bewegungsspezifischen Eingriffstellen zur Gestaltung von Lehr- und Lern-Situationen an welchen Stellen zur Verfügung stehen.

Sportliches Bewegen muß hierzu unter einem ganz bestimmten Verständnis gesehen werden. Jede einzelne vom Lernenden zu erreichende Operation und jede dabei besonders zu berücksichtigende Verlaufsmodalität ist nicht einfach mehr als durch eine „Idealbewegung" bestimmt hinzunehmen. Es ist vielmehr stets zu prüfen, inwiefern solche Operationen und ihre Verlaufsformen einen Sinn haben, inwiefern sie in einer tatsächlichen oder aber auch nur vermeintlichen Abhängigkeit zu bestimmten Bezugsgrundlagen stehen. Aus dem Aufdecken dieser Abhängigkeiten kann dann abgeleitet werden, inwieweit vom Lernenden einerseits Notwendiges abverlangt werden muß und inwieweit ihm andererseits aber auch Alternativen angeboten werden können.

Um solche Abhängigkeiten auffinden und überprüfen zu können, ist zunächst auf die bewegungsspezifischen Bezugsgrundlagen einzugehen. Die Differenzierung in die durch Bewegungsziel, Movendum, Beweger, Umgebung und Regel bestimmten Rahmenbedingungen leistet dabei grundlegende Hilfestellung. Erst auf dem Hintergrund eines derart differenzierten Bezugsrahmens ist es sinnvoll, den Verlauf in bezugsrelevante Funktionsphasen zu gliedern. An diese Gliederung schließt sich die Suche nach funktionserfüllenden Operationen und die Abgrenzung der zugehörigen

Verlaufsmodalitäten an. Auf diese Weise erhält man einen Überblick über die möglichen, bezugsrelevanten Bewegungsalternativen. Zu welchen anderen Bewegungen Verwandtschaftsbeziehungen bestehen und ob auf einzelne Phasen oder Phasenübergänge besonders zu achten ist, erkennt man aus der Überprüfung der funktionalen Bewegungseigenschaften.

Dieses Analyse-Bezugssystem ist freilich, weil es nicht für einzelne Bewegungen oder bestimmte Sportarten entwickelt wurde, noch relativ grob ausgefallen. Einwände, daß die verschiedenen Analyseschritte für diese oder jene sportliche Bewegung in dieser oder jener Lehrsituation nicht hinreichend genug differenziert sind, mögen berechtigt sein. Sie dürften sich jedoch bei entsprechender Differenzierung beheben lassen.

Andere Einwände können auf diese Weise jedoch nicht zurückgewiesen werden. So ist beispielsweise die Untersuchung der Bewegungsziele im Hinblick auf das weitere Analysevorgehen auf die situationsspezifischen Bewegungsziele eingeschränkt worden. Es war zwar angesprochen worden, daß im Sport auch noch situations-unspezifische Bewegungsziele von Bedeutung sind (vgl. 83 f.). Aber das, was dazu führt, daß man hier nicht mehr allein mit dem Beschreiben von Bewegungssituationen auskommen kann, ist nur unzureichend erörtert worden. Hier werden weitere Überlegungen notwendig sein.

Ein zweiter Einwand ist nicht ganz unabhängig von diesem ersten. Dem Analysevorgehen lag zugrunde, daß von einem Bewegungsablauf alles das erfaßt werden soll, was eine Funktion hat, was also hinsichtlich einer bestimmten Bezugsgrundlage als sinnvoll beschrieben werden kann. Nun ist aber im dritten Teil der Arbeit vorrangig nur auf das eingegangen worden, was aus einer Art Außenperspektive beschreib- und begründbar ist. Diese Perspektive lag nahe, weil sie — wie die Bildung der Verwandtschaftsklassen dann auch zeigte — für den Sport spezifisch zu sein scheint. Daß manche Modalitäten des beobachtbaren Bewegungsgeschehens im Sport jedoch erst dann einen Sinn bekommen, wenn sie aus der Perspektive des Ausführenden erfaßt werden, ist zwar erwähnt, jedoch nicht weiter verfolgt worden. Zum Verständnis des Geschehens in den Lehr-Lern-Situationen und auch zu ihrer Gestaltung werden daher über die genannten Rahmenbedingungen hinaus auch noch Einsichten notwendig, die etwas über jenen Bezugsrahmen aussagen können, den sich der Ausführende selbst (bewußt oder unbewußt) setzt.

Schließlich ist noch zu berücksichtigen, daß das vorgeschlagene Vorgehen, Bewegungsabläufe in Funktionsbestandteile zu gliedern und diesen Bestandteilen entsprechende Operations- und Verlaufscharakteristika zuzuordnen, in manchen Fällen nur als Programm aufgefaßt werden kann.

Die im Einzelfall vorzunehmenden funktionalen Charakterisierungen mögen nicht immer so einfach möglich sein, wie es in den hier dargestellten Beispielen den Anschein haben konnte. Sie mögen auch zu widersprüchlichen Auffassungen führen, wenn entsprechende Nachweise nur auf die Erfahrungen der Analysierenden gestützt werden können.

Solche Schwierigkeiten sollten jedoch nicht dazu führen, die mit dieser Arbeit in den Vordergrund gerückte Perspektive wieder aufzugeben. Für eine hinreichend offene, an den Eigenheiten der sportlichen Bewegung ausgerichtete Gestaltung der Lehr-Lern-Situation wird diese Perspektive Einsichten bieten, die für einen Sport notwendig sind, den viele — nicht nur die an der Höchstleistung Interessierten — betreiben.

Literatur

Ausschuß Deutscher Leibeserzieher (ADL) (Hrsg.): Sozialisation im Sport. Schorndorf 1974.
Ausschuß Deutscher Leibeserzieher (ADL) (Hrsg.): Sport, Lehren und Lernen. Schorndorf 1976.
BALLREICH, R.: Weg- und Zeitmerkmale von Sprintbewegungen. Berlin/München/Frankfurt 1969.
BALLREICH, R.: Weitsprung-Analyse. Modell und Ergebnisse einer multivariablen Analyse kinematischer und dynamischer Merkmale von Sprungbewegungen. Berlin/München/Frankfurt 1970.
BALLREICH, R.: Grundlagen sportmotorischer Tests. Frankfurt 1970 (a).
BALLREICH, R. / BECKER, P. / KAYSER, D.: Schulsportcurriculum — Probleme und Lösungsansätze. In: Sportwissenschaft 1 (1971), 188—196.
BALLREICH, R.: Probleme und Methoden der Bewegungsforschung. In: Sportwissenschaft 2 (1972), 9—32.
BALLREICH, R. / KUHLOW, A.: Begriffsbestimmung, Objekt- und Problembereich der Biomechanik des Sports. In: Sportwissenschaft 4 (1974), 337—356.
BAUER, W. L.: Mathematische Modellbildung und Optimierung als Hilfsmittel zur Aufklärung des Lernvorgangs bei der Turnübung „Riesenfelge am Reck". In: Regelungstechnik 24 (1976), Heft 10, 11 und 12.
BAUMANN, W.: Zur Biomechanik sportlicher Bewegungen. In: NATTKÄMPER 1974, 13—21.
BAUR, J. / HAHN, H. / HOLZ, P.: Grundlagen des Kanusports. Stuttgart 1977.
BEGOV, F. / BERGNER, K. / SPRENGER, J. / ZÖLLER, H.: Volleyball Spielen — Lernen. In: DIETRICH / LANDAU 1977, 65—80.
BERNETT, H.: Grundformen der Leibeserziehung (1965). 2. Auflage Schorndorf 1967.
BERNSDORF, W. / HARTMANN, H.: Volley-Spielen statt Volleyball-Spielen. In: ADL 1974, 170—176.
BERTRAM, A.: Deutsche Turnsprache (1951). 5. Auflage Frankfurt 1964.
BETSCH, M.: Strukturanalyse und Basaltextdarstellung. In: RECLA / KOCH / UNGERER 1972, 95—99.
BODE, R.: Rhythmus und Körpererziehung. Jena 1923.
BODE, R.: Rhythmische Gymnastik (1953). 2. Auflage Frankfurt a. M. 1957.
BRODTMANN, D.: Lernzielbestimmungen für den Sportunterricht. In: Sportwissenschaft 1 (1971), 119—125.
BROER, M. R.: Efficiency of human movement. Philadelphia-London 1966.
BROOKE, J. D. / WHITHING, H. T. A.: Human Movement — a field of study. London 1973.
BUCHMANN, G. (Red.): Terminologie Gerätturnen. Berlin (Ost) 1972.
BURGER, E. W. / GROLL, H.: Leibeserziehung (1949). 3. Auflage Wien 1971.

BUYTENDIJK, F. J. J.: Allgemeine Theorie der menschlichen Haltung und Bewegung. Berlin/Göttingen/Heidelberg 1956. Nachdruck 1972.
CACHAY, K. / KLEINDIENST, C.: Soziales Lernen im Sportunterricht. In: Sportwissenschaft 5 (1975), 339—367.
CORLETT, H.: Movement Analysis. In: BROOKE / WHITHING 1973, 238—250.
COUNSILMAN, J. E.: The Science of Swimming. Philadelphia 1968.
COUNSILMAN, J. E.: The application of Bernoulli's principle to human propulsion in water. In: LEWILLIE / CLARYS 1971, 59—71.
CRATTY, B. J.: Motorisches Lernen und Bewegungsverhalten. Frankfurt a. M. 1975.
CURL, G. F: An attempt to justify human movement as a field of study. In: BROOKE / WHITHING 1973, 7—17.
Deutscher Verband für das Skilehrwesen (DVS) (Hrsg.): Skilehrplan 1 — Grundschule. München 1971; Skilehrplan 2 — Umsteigeschwingen (1971). 4. Auflage München 1975; Skilehrplan 3 — Parallelschwingen (1972). 3. Auflage München 1975; Skilehrplan 5 — Theorie. München 1972.
DIECKERT, J.: Entwurf eines Curriculum-Modells Leibeserziehung. In: die Leibeserziehung 21 (1972), 221—228.
DIECKERT, J. / LEIST, K.-H.: Auf der Suche nach Theorie-Praxis-Modellen im Sport. Schorndorf 1976.
DIETRICH, K.: Didaktische Überlegungen zum Schulfußball (1964). In: DIETRICH / LANDAU 1974, 45—52.
DIETRICH, K.: Die Kontroverse über die Lehrweise der Sportspiele (1971). In: DIETRICH / LANDAU 1974, 89—97.
DIETRICH, K.: Sportunterricht — Instrument der Sportpolitik und curriculumtheoretischer Konstrukt. In: JOST 1973, 16—37.
DIETRICH, K. / LANDAU, G. (Hrsg.): Beiträge zur Didaktik der Sportspiele, Teil 1 — Spiel in der Leibeserziehung (1974). 2. Auflage Schorndorf 1976; Teil 3 — Sportspiel im Unterricht. Schorndorf 1977.
DIGEL, H.: Möglichkeiten zur Erweiterung der kommunikativen Kompetenz im und durch Sport. In: Z. f. Sportpädagogik 1 (1977), 148—169.
DONSKOI, D. D.: Biomechanik der Körperübungen. Berlin (Ost) 1961.
DONSKOI, D. D.: Grundlagen der Biomechanik. Berlin (Ost) 1975.
DORSCH, F. (Hrsg.): Psychologisches Wörterbuch. Bern/Stuttgart/Wien 9. Auflage 1976.
EHNI, H. / SCHMIDT, G.: Überlegungen zur Eindimensionalität des Skiunterrichts. In: Sportunterricht 23 (1974), 119—125.
EHNI, H.: Sport und Schulsport. Schorndorf 1977.
EICHBERG, H.: Der Weg des Sports in die industrielle Zivilisation. Baden-Baden 1973.
FARRELL, J.: The Classification of Physical Education Skills. In: Quest XXV (1976), 63—68.
FETZ, F.: Beiträge zu einer Bewegungslehre der Leibesübungen. Wien 1964.
FETZ, F.: Bewegungslehre der Leibesübungen. Frankfurt 1972.
FETZ, F.: Allgemeine Methodik der Leibesübungen (1964). 6. Auflage Frankfurt 1975.
FETZ, F. (Hrsg.): Biomechanik des Schilaufs. Innsbruck 1977.
FETZ, F. / KORNEXL, E.: Praktische Anleitungen zu sportmotorischen Tests. Frankfurt 1973.

Frey, G.: Zur Terminologie und Struktur physischer Leistungsfaktoren und motorischer Fähigkeiten. In: Leistungssport 7 (1977), 339—362.

Gagne, R. M.: Die Bedingungen des menschlichen Lernens. 2. Auflage Hannover 1970.

Geesink, A. J.: Geesink-Lehrplan. Methoden und Techniken im Judo. Manuskript für die Übungsleiterausbildung im Deutschen Judo-Bund o. J.

Göhner, U.: Soll- und Ist-Wert nicht im Einklang. In: Sportwissenschaft 2 (1972), 90—98.

Göhner, U.: Zur Strukturanalyse sportmotorischer Fertigkeiten. In: Sportwissenschaft 4 (1974), 115—135 (a).

Göhner, U.: Funktionale Bewegungsanalyse im alpinen Skilauf. In: ADL-Ausschuß Ausbildung im Skilauf (Hrsg.): ADL-Lehrgang Skilauf Riezlern 1974, 19—48 (b).

Göhner, U.: Lehren nach Funktionsphasen. In: Sportunterricht 24 (1975), 4—8 und 45—50.

Groh, H.: Über Entwicklungstendenzen der Biomechanik. In: Sportarzt und Sportmedizin XIX (1968), 351—354.

Groll, H.: Systematiker der Leibesübungen (1955). 5. Auflage 1970.

Grosser, M.: Psychomotorische Schnellkoordination. Empirische Untersuchungen über Sprintverhalten. Schorndorf 1976.

Grumbach, M.: Tischtennis-Grundschule für Schule und Verein. Schorndorf 1975.

Grupe, O.: Was ist und was bedeutet Bewegung? In: Hahn / Preising (1976), 3—18.

Günther, H.: Grundphänomene und Grundbegriffe des afrikanischen und afroamerikanischen Tanzes. Graz 1969.

Gutewort, W.: Zur Problematik der biomechanischen Prinzipien — Ein Traktat über den mechanischen Determinismus in der Biomechanik auf sportwissenschaftlichem Gebiet. In: Theorie und Praxis der Körperkultur 16 (1967), 359—374.

GutsMuths, J. C.: Gymnastik für die Jugend (1973). Quellenbücher der Leibesübungen, Band 1. Dresden o. J.

Hahn, E. / Preising, W. (Red.): Die menschliche Bewegung — Human movement. Schorndorf 1976.

Hanebuth, O.: Grundschulung zur sportlichen Leistung (1949). 2. Auflage Frankfurt 1964.

Hanebuth, O.: Abstrakte Mechanik oder lebensvoller Rhythmus? In: die Leibeserziehung 11 (1963), 11—15.

Hatze, H.: The Complete Optimization of a Human Motion. In: Mathem. Biosciences 28 (1976), 99—135 (a).

Hatze, H.: Eine Fundamentalhypothese der Bewegungslehre des Sports. In: Sportwissenschaft 6 (1976), 155—171 (b).

Hatze, H.: A Method for Describing the Motion of Biological Systems. In: J. Biom. 9 (1976), 101—104 (c).

Hay, J. G.: The Biomechanics of Sports Techniques. Englewood Cliffs, N. J. 1973.

Hecker, G.: Operationalisierung von Lernzielen für den Sportunterricht. In: Sportwissenschaft 5 (1975), 328—338.

Hecker, G. / Hölter, G. / Kuhn, W.: Lehrstoffanalysen im Fach Sport als eine Grundlage für Lehrplanentscheidungen. In: Sportunterricht 26 (1977), 404—411.

HENTING, H. VON: Lerngelegenheiten für den Sport. In: Sportwissenschaft 2 (1972), 239—257.
HEROLD, W. / GÖHLER, J.: Handbuch der Turnsprache. Celle 1973.
HEUSER, I. / MARX, E.: Spiele für alle in Hof und Halle. Wuppertal o. J.
HOCHMUTH, G.: Biomechanik sportlicher Bewegungen. Frankfurt 1967. 3. Auflage 1973.
HÖLTING, N.: Notizen zur Einführung in das Thema: Darstellung und Diskussion methodischer Fragestellungen zur Einführung des Tennisspiels im Gruppenunterricht. In: Kontaktseminar „Tennis". Hannover 1975 hrsg. v. d. Kommission „Tennis" Hochschulen/Deutscher Tennis Bund.
HOPPER, M. B.: The Mechanics of Human Movement. London 1973.
HUTCHINSON, A.: Labanotation or Kinetography Laban. The System of Analyzing and Recording Movement (1954) 2. Auflage New York 1970.
Internationaler Turnerbund (ITB): Technisches Komitee der Frauen: Wertungsvorschriften. Ausgabe 1970.
JAHN, F. L. / EISELEN, E.: Die Deutsche Turnkunst. Berlin 1816.
JOST, E. (Hrsg.): Sportcurriculum. — Entwürfe — Aspekte — Argumente. Schorndorf 1973.
JOUBERT, G.: Ski Perfekter Skilauf — Selbst gelernt. Stuttgart 1971.
KÄSLER, H.: Handball. Vom Erlernen zum wettkampfmäßigen Spiel (1970). 3. Auflage Schorndorf 1974.
KAMINSKI, G.: Bewegung — von außen und von innen gesehen. In: Sportwissenschaft 2 (1972), 51—63.
KAMINSKI, G.: Bewegungshandlungen als Bewältigung von Mehrfachaufgaben. In: Sportwissenschaft 3 (1973), 233—250.
KAMINSKI, G.: Theoretische Komponenten handlungspsychologischer Ansätze. In: THOMAS 1976, 11—22.
KARAS, V.: Grundsätzliches und Gesetze der Biomechanik im Dienste des Kunstturnens. o. O. 1969.
KASSAT, G.: Zur Verwendung der Begriffe „Bewegungsübertragung" und „actio = reactio". In: Leistungssport 7 (1977), 304—307.
KLAUER, K. J.: Neue Entwicklung im Bereich der Lehrstoffanalyse — Schwerpunkt Makroanalyse. In: Z. f. Pädagogik 22 (1976), 387—398.
KLEIN-VOGELBACH, S.: Funktionelle Bewegungslehre. Berlin/Heidelberg/New York 1976.
KNAPP, B.: Skill in sport (1963). 5. Auflage London 1970.
KNAUF, K.: Bewegungs-Funktion versus Bewegungs-Form. In: DIECKERT / LEIST (1976), 171—177.
KNIRSCH, K.: Lehrbuch des Kunstturnens. 2. Auflage Stuttgart 1974.
KNIRSCH, K.: Geräturnen mit Kindern. Stuttgart 1976.
KNUST, A.: Einführung in die Kinetographie Laban. Manuskript 1973.
KRUBER, D. / FUCHS, E. / CORDS, J.: Straddle Flop Stabhochsprung (Lehrerbegleitheft). Schorndorf 1975.
KUHLOW, A.: Analysen moderner Hochsprungtechniken. Berlin/München/Frankfurt 1971.
KUHLOW, A.: Analyse der 2. I. S. U. Sprinterweltmeisterschaften im Eisschnellauf, Inzell. In: Leistungssport 3 (1973), 443—449.
KURZ, D.: Elemente des Schulsports. Grundlagen einer pragmatischen Fachdidaktik. Schorndorf 1977.

LABAN, R.: Principles of Dance and Movement Notation. London 1956.
LANDAU, G.: Zum Begriff der Spielreihe (1969). In: DIETRICH / LANDAU 1974, 68—73.
LEGGE, D. (Hrsg.): Skills. Harmondsworth 1970.
LEIRICH, J.: Kleiner Abriß der Theorie und Methodik des Gerätturnens (XI). In: Turnen (1976), Heft 5, 8—9.
LEIST, K.-H.: Sensomotorisches Lernen oder funktionelles Lernen. In: Sportwissenschaft 7 (1977), 209—229.
LETZELTER, M.: Sprinteigenschaften, Wettkampfverhalten und Ausdauertraining von 200-m-Läuferinnen der Weltklasse. Ahrensburg 1975.
LEWILLIE, L. / CLARYS, J. P. (Hrsg.): Biomechanics in Swimming o. O. 1971.
MARHOLD, G.: Um Begriffe und Definitionen. In: Theorie und Praxis der Körperkultur 14 (1965), 1014.
MARTIN, D.: Grundlagen der Trainingslehre. Teil 1. Schorndorf 1977.
MEINEL, K.: Bewegungslehre. Versuch einer Theorie der sportlichen Bewegung unter pädagogischem Aspekt (1960). 4. Auflage Berlin (Ost) 1971.
MEINEL, K. / SCHNABEL, G. (Autorenkollektiv): Bewegungslehre. Abriß einer Theorie der sportlichen Motorik unter pädagogischem Aspekt. Berlin (Ost) 1976.
MENZE, C.: Die Ziele des Sportunterrichts. In: Sportwissenschaft 5 (1975), 251 bis 271.
MESTER, L.: Grundfragen der Leibeserziehung (1962). 3. Auflage Braunschweig 1969.
MEUSEL, H.: Einführung in die Sportpädagogik. München 1976.
MILLER, G. A. / GALANTER, E. / PRIBRAM, K. H.: Plans and the structure of behavior. New York 1960.
MITTERBAUER, G.: Bewegungsmerkmale, Bewegungseigenschaften, Bewegungsqualitäten — Ein Beitrag zur terminologischen und systematischen Abgrenzung wichtiger Fachbegriffe. In: Leibesübungen 31 (1977), 199—203.
MORRIS, J. F. / LUNZER, E. A. (Hrsg.): Das menschliche Lernen und seine Entwicklung. Stuttgart 1971.
NATTKÄMPER, H. (Hrsg.): Sportwissenschaft im Aufriß. Saarbrücken 1974.
NIGG, B.: Sprung — Springen — Sprünge. Zürich 1974.
NITSCHE, F.: Technik und Taktik im Tennis. Frankfurt 1959.
POULTON, E. C.: On Prediction in Skilled Movements. In: Psychological Bulletin 54 (1957), 467—478. Auch in: LEGGE (1970), 100—117.
RECLA, J. / KOCH, K. / UNGERER, D. (Hrsg.): Beiträge zur Didaktik und Methodik der Leibesübungen. Schorndorf 1972.
REED, G. S.: Geschicklichkeit und Übung. In: LUNZER / MORRIS 1971, 119—160.
RIEDER, H. (Hrsg.): Bewegungslehre des Sports. Schorndorf 1973.
RIEDER, H. / SCHMIDT, I.: Grundlagen der Sportmethodik. In: GRUPE 1973, 265 bis 298.
RIELING, K. / LEIRICH, J. / HESS, R.: Zur strukturellen Anordnung der Übungen des Gerätturnens. In: Theorie und Praxis der Körperkultur 16 (1967), 225—232 (Rieling), 326—332 (Heß/Rieling), 416—424 (Leirich/Rieling), 592—602 (Rieling), 981—990 (Leirich/Rieling); 17 (1968), 130—138 (Rieling), 321 bis 332 (Rieling), 891—900 (Heß/Rieling), 1073—1080 (Leirich/Rieling); 18 (1969), 139—147 (Leirich/Rieling); 428—439 (Rieling).
Robb, M.: The Dynamics of Motor-Skill Acquisition. Englewood Cliffs. N. J. 1972.

Röthig, P. (Red.): Sportwissenschaftliches Lexikon (1972). 3. Auflage 1976.
Schmidt, R. A.: Motor skills. New York 1975.
Schmitz, J. N.: Studien zur Didaktik der Leibeserziehung II. Grundstrukturen des didaktischen Feldes (1967). 2. Auflage Schorndorf 1970.
Schnabel, G.: Zur Terminologie der Bewegungslehre. In: Theorie und Praxis der Körperkultur 14 (1965), 775—786.
Schuppe, H.: Physik der Leibesübungen. Stuttgart 1941.
Singer, E.: Hallenhandball. 3. Auflage Stuttgart 1976.
Singer, R. N.: Motor learning and human performance (1968). 2. Auflage New York 1975.
Singer, R. N. / Dick, W.: Teaching Physical Education. A System Approach. Boston 1974.
Slovik, J. (Red.): Hallenhandball. Berlin (Ost) 1975.
Sobotka, R.: Formgesetze der Bewegungen im Sport. Schorndorf 1974.
Sobotka, R.: Bewegungsstruktur und Methodik des Trampolinturnens. In: Leibesübung — Leibeserziehung 30 (1976), 156—163.
Söll, H.: Biomechanik in der Sportpraxis, Gerätturnen. Schorndorf 1975.
Söll, W.: Vom Bildungswert des Gerätturnens. In: Sportunterricht 22 (1973), 301 bis 305.
Spiess, A.: Die Lehre der Turnkunst. Basel 1840.
Spiess, A.: Das Turnen in den Hangübungen für beide Geschlechter. Basel 1842.
Stiehler, G. (Autorenkollektiv): Methodik des Sportunterrichts. Berlin (Ost) 1974.
Stöcker, G.: Schulspiel Basketball, vom Spielen zum Spiel. Schorndorf 1966.
Streicher, M.: Natürliches Turnen. Gesammelte Aufsätze III, V. Wien 1942, 1958.
Thomas, A.: Psychologie der Handlung und Bewegung. Meisenheim 1976.
Timmermann, H.: Methodische Wege zu Leistungsformen am Stufenbarren. Schorndorf 1977.
Tittel, K.: Beschreibende und funktionelle Anatomie des Menschen (1956). 6. Auflage Leipzig 1974.
Trebels, A. H.: Sportunterricht als Veranstaltung organisierten Lernens. In: Sportwissenschaft 5 (1975), 313—327.
Tscherne, F. (Red.): Skiterminologie 1. Teil. Wien-Schmelz 1975.
Tsarouchas, E.: Die gegenseitige Beeinflussung der Kraftwirkungen in der kinematischen Kette des menschlichen Bewegungsapparats. In: Pressedienst Wissenschaft, FU Berlin 4—6, 1973, 79—85.
Ukran, M. L.: Modernes Turntraining. Berlin (Ost) 1960.
Ungerer, D.: Leistungs- und Belastungsfähigkeit im Kindes- und Jugendalter (1967). 2. Auflage Schorndorf 1970.
Ungerer, D.: Zur Theorie des sensomotorischen Lernens (1971). 2. Auflage Schorndorf 1973.
Vogel, A.: Messungen von Einflüssen auf die Fahreigenschaften am Ski. In Fetz 1977, 15—26.
Volck, G.: Schwimmen in der Schule. Schorndorf 1977.
Volpert, W.: Sensumotorisches Lernen. Frankfurt 1971.
Volpert, W.: Möglichkeiten und Probleme einer Handlungsstrukturanalyse industrieller Tätigkeiten. Projektbericht. Berlin 1973.
Wehlen, R.: Regeln und Sprache des Sports 1 (1972). 2. Auflage Mannheim/ Wien/Zürich 1976.

WHITING, H. T. A.: Acquiring Ball Skill (1969). 3. Auflage London 1973.
WIEMANN, K.: Ökonomie und Rhythmus im Gerätturnen. In: Die Leibeserziehung 11 (1962), 315—322.
WIEMANN, K.: Vom Kippen zum Überschlagen. Vom Schwingen zum Felgen. Schorndorf 1971.
WILLIMCZIK, K.: Zur Bedeutung der Zielproblematik für die Erstellung eines Sportcurriculum. In: Sportwissenschaft 1 (1971), 136—155.
WILLIMCZIK, K.: Leistungsbestimmende Bewegungsmerkmale der 110-m-Hürdentechnik. Berlin/München/Frankfurt 1972.
ZACIORSKIJ, V. M.: Die körperlichen Eigenschaften des Sportlers. Berlin/München/Frankfurt 1972.

Reihe Sportwissenschaft
Ansätze und Ergebnisse
Herausgegeben von Prof. Dr. Ommo Grupe

Band 1   Hartmut Gabler — **Leistungsmotivation im Hochleistungssport**

Auf der Grundlage einer empirischen Untersuchung von jugendlichen und erwachsenen Hochleistungsschwimmern wird nach den Motiven gefragt, die insbesondere den jugendlichen Hochleistungssportler veranlassen, sich mit hohem zeitlichem Aufwand und persönlichem Engagement für das Erreichen sportlicher Höchstleistungen einzusetzen. Innerhalb der zu dieser Frage durchgeführten Persönlichkeits- und Motivationsuntersuchungen steht die Leistungsmotivation im Vordergrund.

Band 2   Karlheinz Scherler — **Sensomotorische Entwicklung und materiale Erfahrung**

Bewegung und Spiel im Vorschulalter ist ein Thema, das nicht nur innerhalb der Sportwissenschaft, sondern auch in Entwicklungspsychologie und Pädagogik ein zunehmendes Interesse findet. In der vorliegenden Arbeit wird versucht, eine vorschulische Bewegungs- und Spielerziehung durch ihren Beitrag zur kognitiven Entwicklung des Kindes zu begründen. Den Kern dieser Begründung bildet die Analyse kindlichen Handelns und der Begriff der materialen Erfahrung.

Band 3   Hartmut Gabler — **Aggressive Handlungen im Sport**

In dieser Arbeit wird versucht, den Aggressionsbegriff so zu klären, daß aggressive und nicht-aggressive Verhaltensweisen im Sport deutlich voneinander unterschieden werden können. Auf der Grundlage dieser Unterscheidung wird im Rahmen empirischer Untersuchungen an Spielen des olympischen Wasserballturniers 1972, wie auch an Spielen von Basketball-, Fußball- und Handballmannschaften überprüft, unter welchen Bedingungen und mit welcher Häufigkeit aggressive Handlungen in diesen Sportarten tatsächlich auftreten.

Band 4   Helmut Digel — **Sprache und Sprechen im Sport**

In der Arbeit wird versucht, Sprachverwendung von Sportlern zu beschreiben und zu erklären. Gespräche mit Handballspielern verschiedener Leistungsklassen in typischen Situationen wie z. B. Training und Wettkampf werden mittels Tonbandprotokolle festgehalten und analysiert. Dabei zeigt sich, daß der Sprachgebrauch der Sportler keineswegs, wie dies oft behauptet wird, unzulänglich ist, sondern daß Sprache situationsangemessen verwendet wird.

Band 5   Hartmut Gabler (Hrsg.) — **Schulsportmodelle in Theorie und Praxis**

Auf der Grundlage einer empirischen Längsschnittuntersuchung an 10- bis 16jährigen Schülern wird dargestellt, wie sich Sportleistungen, Schulleistungen, Persönlichkeitsmerkmale, Gruppenstrukturen und sportmedizinische Trainingseffekte unter dem Einfluß vermehrten Sporttreibens in der Schule entwickeln. Darüber hinaus werden Modellversuche zur Förderung des Schul- und Leistungssports im Überblick beschrieben. In dem damit gegebenen Rahmen werden didaktische Überlegungen zur Konzeption von Sportzügen vorgestellt.

Band 6   Gero Kofler — **Sport und Resozialisierung**

Die vorliegende Arbeit analysiert sowohl die gegenwärtige Sportpraxis im Jugendstrafvollzug, als auch deren Auswirkungen auf eine Gruppe junger Gefangener. Im geltenden Jugendgerichtsgesetz sind „Leibesübungen" zwar als eine Grundlage der Erziehung junger Straffälliger ausgewiesen, in der Reform des Jugendstrafvollzugs wurde Sport jedoch bislang kaum berücksichtigt. Die vom Verfasser angestellten Überlegungen vermitteln wichtige Impulse für eine pädagogische Neugestaltung des Sports junger Straffälliger.